개정판

정부규제의 구조와 논리

KB140149

개정판

The Structure and Logic
of the Governmental Regulation

정부규제의 구조와 논리

김창수 지음

◆ 개정판 서문

2012년 2월 초판 머리말을 쓴 지 10년이 훌쩍 넘어섰다. 강의를 하면서 크고 작은 문제들이 나타났다. 2016년 이후 공무원을 대상으로 규제개혁 특강을 하면서 개정판의 필요성을 절감하였고, 부산광역시에서 적극행정과 규제혁신의 다양한 경험을 하면서 학생들에게 어떻게 규제현장을 잘 전달할 수 있을까 고민이 깊어졌다. 게임물관련 규제의 정당성을 입증하는 과정에서도 다양한 규제영향을 심각하게 고민하지 않을 수 없었다. 그럼에도 불구하고 차일피일 미루다가 이제 개정판을 내놓고자 한다.

제1부 정부규제의 구조의 큰 틀은 그대로 유지하고자 했다. 미세하게 조정된 부분이 있다. 제1장에서 정부규제의 본질과 개념을 먼저 소개하고, 정부규제를 접근하는 정치경제학적 접근방식은 제2장을 만들어 따로 구성하였다. 제도이론을 소개하여 규제의 실행에서 규제제도의 중요성을 강조하였다. 제3장의 정부규제의 유형화 작업은 이론과 현실의 차이를 설명하고, 현장에서는 매우 복잡한 형태의 규제가 실현됨을 대구라는 수산자원을 중심으로 설명하였다. 제4장에서 정부규제의 구조를 구성하는 기본요소를 소개한 다음 역동적인 규제정책변동의 모습을 이슈 네트워크이론을 적용하여 설명해 보았다.

제2부에서는 정부규제가 어떠한 논리로 작동하는지 살펴보고자 했다. 먼저 제5장에서는 윌슨의 규제정치이론을 중심으로 정부규제이론을 소개하고, 제6장에서 미국의 이론과 사례를 중심으로 과잉규제의 역설을 소개하고, 과잉규제의 역설을 예방하기 위한 규제영향분석을 논의하고 사행성 게임물 규제사례에 적용해 보았다.

제3부에서는 경제적 규제와 사회적 규제의 논리를 다루고자 하였다. 제7장에서 경제적 규제의 경우 생산자보호를 위한 진입규제와 소비자보호를 위한 가격규제의 논리를 비판적으로 검토해보고, 4차 산업혁명에 맞추어 진입규제의 완화 논리가 강화되고 있어 이를 반영하였다. 제8장에서 사회적 규제의 경우 세월호참사와 가습기살균제사고뿐만 아니라 중대재해기업처벌법의 제정에서 보여주듯이 규제를 강화하고자 하는 논리가 있어서 이를 반영하였다.

　제4부에서는 정부규제의 개혁에 관한 논의를 추가하였다. 제9장에서는 지방규제의 개혁 사례를 부산광역시의 경험을 중심으로 다루었다. 제10장에서 4차 산업혁명시대에 왜 포괄적 네거티브 규제혁신이 필요한지 논의하고, 그럼에도 불구하고 현장에선 규제혁신의 함정이 여전히 도사리고 있기 때문에 신중을 기해야 함을 강조하였다.

　무엇보다 촉박한 일정에서도 출판을 허락해주신 채종준 사장님과 임직원분들께 감사의 말씀을 전한다. 한국지방정부학회에 참여하시는 다양한 전문가, 부경대학교 행정복지학부 동료교수님들, 학부와 대학원에서 저자의 강의를 수강하는 학생들의 지혜를 많이 빌리게 된 점 역시 감사하게 생각한다. 항상 배려와 사랑으로 함께 해준 가족들에게 고마움을 전한다. 수강생들이 장차 규제주체로서, 규제대상자로서, 정책선도자로서 미래 사회를 꾸려나갈 때 정부규제를 체계적으로 이해하고 접근하는데 작은 도움이 되었으면 하고 기대한다. 일반적인 시민과 독자들은 큰 부담 없이 정부규제의 본질을 이해하고 협력자로서 때로는 비판자로서 정부규제에 접근하는데 작은 지혜를 얻기를 바란다. 저자가 오랫동안 방황할 때도 늘 함께 해주신 하나님께 감사하며 모든 영광을 돌린다.

2022년 7월

저자 씀

인간이 파악하는 세상은 틀지어진 구조의 형태로 인식되는 것이다. 그리고 이러한 틀을 유지하기 위해서는 나름대로의 근거와 논리가 필요하다. 빈약한 근거와 논리는 구조화된 틀의 수정을 요구한다. 이는 개인뿐만 아니라 집단이나 조직의 경우에도 마찬가지이다. 정부규제를 공부하는 학생에게는 구조를 익히는 작업이 정부규제의 전체 그림을 그리는 작업이며, 논리를 학습하는 것은 전체 그림을 깊이 들여다보며 숨은 뜻을 음미하는 것이다.

행정학자인 저자가 정부규제를 이해하는 논리는 경제학자의 논리와 다소 다를지 모른다. 저자가 오랫동안 정부규제를 공부하면서 정부규제의 구조 속에 흐르는 중요한 논리는 결국 효율성과 민주성임을 간파할 수 있었다. 물론 생산자보호와 소비자보호라는 훨씬 세부적인 정부규제의 논리가 환경변화를 수용하면서 개발되고 적용되었지만, 나는 결국 효율성과 민주성이라는 두 가지 논리를 핵심적인 내용으로 파악했다.

무엇보다 저자는 개인이 일상생활에서 영위하는 정치행위와 사회생활에서 겪게 되는 정부규제에 초점을 맞추고 정부규제의 구조와 논리를 인식하였다. 그래서 생활규제라는 다소 생경한 규제유형으로 규제정책을 분석해보는 부분을 별도로 마련해보았다. 지속적인 논의를 통해 검증이 요구되는 부분이다.

저자의 경우 1994년 서울대학교 행정대학원에서 최병선 교수님으로부터 「정부규제론」을 들으면서 '규제와 규제완화'라는 논리에도 흠뻑 빠졌지만 끊임없이 현실과 이론의 씨름을 유도하는 교수님의 강의방식에 더 매료되었다. 그리고 저자가 끊임없이 관련 법제도에 천착하고 법정책학적 관점에서 정부규제를 이해하고 대안을 모색하는 바탕에는 석박사과정의 지도교수이셨던 홍준형 교수님의 가르침이 있었다. 실제로 저자가 감당할 수 있는 범위 내에서 작은 책을 내놓으면서도 어설픈 모방으로 은사님들께 누가 되지 않을까 염려된다.

이 책은 모두 3부 9장으로 구성되어있다. **제1부**에서는 3개의 장에 걸쳐 정부규제의 개념을 바탕으로 정부규제의 구조를 간략하게 소개하고 있다. 독자들이 어떠한 '마음의 창'으로 정부규제를 이해해야 하는지를 프레임으로 보여주고자 했다. **제2부**에서는 3개의 장에 걸쳐 정부규제의 논리를 소개하고 있다. 논리(論理)란 사고나 추리 따위를 끌고 나가는 과정이나 원리를 의미한다. 정부규제를 꿰뚫는 일관된 논리는 무엇일까? 우리 정부의 경제적 규제와 사회적 규제의 논리는 충분하게 정당성을 확보하고 있을까? 제2부에서는 이러한 질문들에 대한 해답을 모색해보고자 한다. **제3부**에서는 실제 현장에서 적용되고 있는 3개의 사례를 소개하고 있다. 실제 현실의 대부분의 정책은 정부규제의 요소를 담고 있기 때문에 사례분석 과정에서 자연스럽게 규제정책을 논의하고자 하였다.

먼저 **제7장**의 사행성 게임물과 관련된 '과잉규제의 역설'이란 제목은 규제가 모자람도 과함도 없는 적정한 수준이어야 함을 강조한 것이다. 규제제도는 게임의 법칙(rule of game)으로서 게임과 관련된 행위자들의 행동을 유도하는 속성이 있다. 따라서 규제제도가 잘못되면 행위자들의 행동을 오도할 가능성이 있기 때문에 규제제도를 합리적으로 설계하는 것이 매우 중요하다. 그리고 규제제도는 규제대상자가 제대로 순응할 수 있을지 그 실현가능성(feasibility)을 고려하여 적절한 수준에서 이루어져야 한다. 정치적 목적으로 이상적인 수준에서 상징적인 규제수준을 정하게 되면 오히려 규제대상자의 반발을 사면서 규제는 겉돌 가능성이 높아지기 때문이다. 여기에서는 매매춘과 사행성 게임과 같은 민간의 행위를 규제할 때 지나치게 이상적인 기준으로 접근하는 것을 경계하고 있다. **제8장**에서는 4대강 살리기 사업에서 발생하는 정책오차와 정책학습을 통한 수정 가능성 문제를 다루었다. 특히 4대강 살리기 사업에 요구되었던 규제와 실제 무력했던 환경규제를 살펴보았다. **제9장**에서는 공동어장을 성공적으로 관리하기 위해서는 어떠한 조건을 충족해야 하는지 파악하기 위해 남해안의 진해만 대구자원관리 성공사례를 거제시를 중심으로 분석하였다. 1980년대 초반부터 1990년대 말까지 진해만의 겨울에는 대구가 거의 잡히지 않는 '공동어장의 비극'이 발생했다. 그러나 1981년부터 대구 수정란 방류사업을 실시하면서 2000년대에 들어서서 '공동어장의 행복'이 시작되었다. 그동안 정부의 제도나 정책에 초점을 맞추거나 어민들의 자율적인 어장관리에 초점을 맞춘 연구는 있었지만, 양자를 포괄하는 협력적 수산자원관리 모델이 없었기 때문에 본 연구를 통해 다양한 실천적인 대안의 모색이 가능하도록 애써보았다. 무엇보다 정책의 성공이 오직 규제만으로 혹은 오직 지원만으로 되는 것이 아니라 규제와 지원의 적절한 혼용과 정부와 민간의 협력으로 가능함을 역설하고자 하였다.

이처럼 저자가 이론과 사례의 비중을 균형을 맞추어 구성한 이유는 학부 3학년과 4학년 그리고 대학원생을 대상으로 하는 강의에서 기본개념과 이론을 숙지한 이후 다양한 사례를 비판적으로 검토하는 것이 매우 중요하다고 판단했기 때문이다. 정부규제 관련 사례들은 감당하기 어려울 정도로 많이 쏟아지고 있어서 결국 이 책은 그 해에 중요한 이슈들을 사례분석을 통해 학생들과 함께 고민하고 토론해보고자 하는 의도에서 간략하게 구성된 것이다.

그러나 이 책은 괜찮은 이론서도 아니고, 더구나 쓸 만한 사례분석 연구서도 아니다. 그럼에도 불구하고 독자들이 우리사회 정부규제의 현실을 인식하고, 과소규제 혹은 과잉규제의 상황을 비판적으로 인식하는 계기가 되기를 기대한다. 무엇보다 우리 사회의 진보를 위해 좀 더 똑똑하고 착한 규제(smarter regulation)가 탄생할 수 있도록 끊임없이 질문하는 많은 학생들이 등장하기를 바란다.

한국학술정보(주)는 저자가 2006년 「수질환경정책의 구조와 논리: 한강과 낙동강의 스키마와 메타포」와 2008년 「환경정책의 구조와 논리: 갈등과 협력의 대위법」, 2009년 「관료제와 시민사회: 비판과 협력의 이중주」 그리고 2010년 「행정학의 구조와 논리」를 집필할 수 있도록 배려해준 인연이 있었다. 촉박한 일정에서도 출판을 허락해주신 채종준 사장님과 임직원분들께 감사의 말씀을 전한다.

저자가 2002년부터 부경대학교 행정학과에서 근무하게 된 것은 큰 행운이었다. 특히 부산과 경남이라는 같은 공간에서 함께 호흡하며 늘 진지하게 토론할 수 있는 분위기를 제공해주시는 교수님들과 전문가 분들의 배려와 사랑에 진심으로 감사드린다. 특히 그림 그리기와 사진촬영뿐만 아니라 어려운 책을 끝까지 열성으로 읽어주고 교정을 도와준 부경대학교 행정학과 김민석 군, 김수진 양, 그리고 김명진 군의 도움이 큰 힘이 되었다. 부경대학교 행정학과 학부와 대학원에서 저자의 강의를 수강하는 학생들의 지혜를 많이 빌리게 된 점 역시 감사하게 생각한다. 항상 막내 동생내외의 든든한 울이 되어주시는 형님과 누님들, 한결같은 사랑으로 물심양면 도움을 주시는 장인어른과 장모님 그리고 처가식구들에게 감사드린다. 나의 영원한 동반자인 사랑스런 아내와 지혜롭고 따뜻하게 성장한 보배 기현과 동현에게 고마움을 전한다. 저자가 이 책을 집필하던 올 겨울, 일생을 자녀들을 위해 헌신하셨고, 지혜와 사랑을 온 몸과 마음으로 가르쳐주셨던 어머님께서 8년 전 영면하신 아버님 곁으로 돌아가셨다. 두 분의 영전에 이 작은 결실을 바친다.

2012년 2월
저자 씀

◆ 목차

제2부 정부규제의 논리

제5장 정부규제이론 118

정부규제의 구조

제1부에서는 4개의 장에 걸쳐 정부규제의 개념을 바탕으로 정부규제의 구조를 간략하게 소개하고 있다. **제1장**은 정부규제의 본질과 개념을 논의하고 있다. 본질적으로 규제란 개인과 기업의 자유선택과 경쟁에 맡겨져 왔던 영역이 정부의 간섭과 통제 하에 놓이게 됨을 의미한다. 그리고 세 가지 제도이론을 바탕으로 제도의 논리와 정부규제의 정당성을 논의하였다.

제2장에서는 정부규제의 양면성과 접근방법을 논의하고 있다. 먼저 정부규제를 통한 공정한 사회의 구현 등 긍정적인 얼굴과 정부규제로 인해 오히려 불공정이 심화될 수도 있는 어두운 얼굴을 다루었다. 현실에서 정부규제는 이해관계에 따라 어두운 얼굴로 다가올 수도 있고, 반대로 밝은 얼굴로 다가올 수도 있다. 특정 규제는 특정 집단에게는 이득이 되지만, 다른 특정 집단에게는 손해를 끼친다. 정부규제에 대한 정치경제학적 연구의 핵심은 규제정책과정 속에서 누가, 어떤 이해관계를 갖고 있는지 그리고 누가 이득을 보고, 누가 손해를 보는지를 분석하는 데 있다.

제3장은 정부규제의 유형을 다루었다. 현실적으로 상호배타성과 포괄성의 기준을 완벽하게 충족하는 유형분류는 없기 때문에 먼저 규제대상을 기준으로 경제적 규제와 사회적 규제로 나눈 후 독과점규제와 자율규제를 보완적으로 적용하고, 규제개혁위원회에서 등록규제로 분류되는 행정적 규제와 저자가 새롭게 구성을 시도한 생활규제의 개념을 소개하고 있다. 행정적 규제란 규제행정의 효율성 향상을 목적으로 민간에 새로운 의무와 부담을 가하거나, 일반적인 규제의 집행과정에서 관련 행정기관의 내부 운영절차와 의사결정 과정을 합리화하기 위한 목적을 가진 규제이다. 생활규제란 개인과 집단의 사회적·정치적 행위 등 일상생활과 관련된 사항에 대한 정부의 규제로 정의했다.

제4장은 정부규제의 구조를 통해 정부규제의 효과가 규제활동의 장(regulatory arena)에서 어떤 경로를 거쳐서 나타나는지 보여주고자 했다. 사람마다 정부규제를 인식하는 틀이 서로 다를 것인데, 따라서 이러한 구조에 저자의 수관적인 인식과 프레임이 작용하고 있음을 부인하지는 않는다. 규제효과를 의미하는 종속변수에는 다양한 독립변수들이 영향을 미치고 있다. 먼저 규제내용은 규제목표와 규제수단의 조합을 의미하는 것으로 법령 등 규제제도로서 표현된다. 그리고 규제주체와 규제대상이 부정적으로 결탁하여 집행이 느슨하게 이루어지면 규제효과가 반감되는데, 이때 통제를 위한 사회적 비판과 감시 메커니즘이 잘 작동하면 부정적 효과가 감소할 것이라는 가정이 가능하다. 여기서 규제주체와 규제대상의 기회주의적 속성과 도덕적 해이를 차단할 수 있는 구조의 형성이 요구된다. 이러한 맥락에서 언론과 시민단체와 같은 정책선도자(policy entrepreneur)의 협력과 비판을 이끌어낼 규제제도 설계와 이들에 의한 정책학습과 제도변화 역시 중요한 비중을 두고 다루고자 하였다. 물론 여기서 규제효과는 규제완화 효과와 규제개혁의 효과를 포함하는 것이다. 특히 그 동안 간과되어 왔던, 규제제도의 영향으로 인한 규제주체의 유인 구조와 행태변화에 대해서도 분석하고자 한다.

제1장 정부규제의 본질과 개념

제1절 정부규제의 본질 - '말'을 통한 권리관계의 변화

우리는 의료보험제도를 당연히 복지제도로 인식한다. 그러나 병원과 약국은 사업자로 지정 받아야 하며, 환자들은 1차 혹은 2차 진료권의 규제를 받아야 하며, 진료수가를 보건복지부가 가격규제의 형태로 규제하기 때문에 규제정책의 속성을 많이 지니고 있는 것이다. 5.2%의 대출이자율 적용을 받는 학자금 대출의 경우에도 20년간 복리로 상환하는 경우 원금의 3배 이상을 지불해야 하는 계산이 나오게 되면 이는 복지제도가 아니라 규제제도라는 인상을 준다. <그림 1-1>은 한강 발원지인 검룡소 가는 길에 걸린 강원도지사와 태백시장의

<그림 1-1> 강제와 설득에 의한 순응 유도 방식

명령지시에 근거를 둔 규제방식과 장산계곡 오르는 길에 시민들의 양심에 호소하는 설득에 의한 규제방식을 대비해본 것이다. 해운대구청에서는 장산계곡수를 관리하면서도 구민들이 수질오염행위를 할 수 없도록 협조를 사실상 강제하고 있다.

사실 모든 정책은 규제의 측면을 내포하고 있다. 따라서 신문에 보도되는 실제 정책사례들을 보면서 '왜 이러한 문제가 발생했을까?' 그리고 '담당기자는 왜 이러한 방향으로 기사를 썼을까?' 등 비판적 사고와 인식이 필요하다. 연구자들은 언론보도에 숨어있는 규제주체와 규제대상자들의 정치·경제적 상호작용을 분석하고 해석할 수 있어야 한다. 기업형 슈퍼마켓(SSM)이 전통상점가에 파고드는 것은 진입규제의 부재 때문이었는데, 2010년 11월 이후 2차례에 걸쳐 진입규제가 이루어지고 강화되기도 했는데 이는 과연 소비자에게 유리한가? 일견 공리주의 입장에서 보면, 진입규제가 없어 무한 경쟁이 이루어지면 총체적 효용이 증가할 것 같지만, 장기적으로 시장의 다양성이 사라지고 독점이 형성되면 또다시 약탈적 상행위가 이루어져 소비자들이 고스란히 피해를 떠안을 수도 있다.

독점(monopoly)이 존재하거나, 기업들이 담합(예: 카르텔의 형성)과 같은 불공정거래를 할 경우에는 불완전경쟁이 발생한다. 불완전경쟁은 가격기능을 마비시킨다. 시장 전체에 대한 총공급을 1개의 기업이 담당하는 독점(monopoly) 상태에서는 독점기업이 가격설정자(price-setter)가 되어 소비자 잉여가 독점자의 이윤으로 전환되기 때문에 불공평을 심화시킨다. 생산규모가 증가함에 따라 평균비용(average cost)이 감소하는 규모의 경제가 작용하면, 중소기업은 시장에서 구축되어 독점이 형성되고 전력, 상수도, 전화, 철도사업 등 공익사업은 자연독점 산업이 된다. 독점기업의 경우 <그림 1-2>와 같이 P>MC에서 가격을 결정한다.

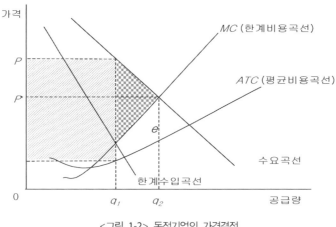

<그림 1-2> 독점기업의 가격결정

정책목적을 가지고 정부가 민간 활동에 개입하는 이유는 나름대로의 타당성이 있기 때문이다. 정부의 개입은 주로 정책수단을 통해 이루어진다. 통상 정책수단은 지원, 설득 그리고 규제로 대별된다. 서울대학교 최병선 교수는 정부가 민간 활동에 개입하면서 하는 일은 '돈 쓰는 일 아니면 말하는 일'(financial support and regulatory words)이라고 한다. 정부의 공평성 실현을 위한 복지행정이나 사회간접자본을 구축하는 배분정책은 대표적으로 돈 쓰는 일이다. 그리고 그린벨트 안에서는 특정 건물의 신축이 안 된다거나 군사시설보호구역 안에서는 몇 층 이상이 건물을 지을 수 없다고 한다면, 이는 정부가 규제를 통해서 민간에 대해 말하는 행위이다. 이러한 의지가 담긴 정부의 말에는 강제력이 뒷받침되고 있다.

정부규제의 본질은 정부규제가 사회구성원 사이에 존재하던 권리관계를 변화시킨다는 데 있다(최병선, 1993: 25). 가령 공공장소에서의 금연조치는 비흡연자의 맑은 공기에 대한 권리를 회복시켜주는 것인 동시에 흡연자에게는 기득권의 상실을 초래한다. 「경범죄처벌법」 제1조에 의하면, 금연 장소에서의 흡연 즉, 담배를 피우지 못하도록 표시된 곳에서 담배를 피운 사람은 10만 원 이하의 벌금, 구류 또는 과료의 형으로 벌한다고 규정하고 있다. 버스 전용차선제를 실시하면 버스운송업자와 대중교통이용자는 이득을 보지만 자기용 운전자와 택시운전자 등은 손해를 본다. 상수원 보호를 위한 토지이용규제 등 각종 규제조치는 규제대상자에게 권리제한을 하면서 일반시민들에게는 맑은 물이라는 편익을 제공해준다. 이러한 권리관계의 변화 때문에 정부규제는 강제력을 가지고 있어야 하며, 정치경제학적 관점에서 정부가 하는 일이 도대체 누구의 이익에 봉사하는 것인지 먼저 고찰하여 판단해야 할 필요성이 있는 것이다. 그리고 결정된 규제내용은 '강항령'(强項令)과 같이 일관되고 공정하게 집행해야 한다. 그러나 명령통제에 바탕을 둔 규제 장치가 위협은 주지만 실제로 설득력 있게 집행될지는 의문이 든다.

OECD(2003: 3-70)는 과도한 정부규제(red tape)는 기업과 시민에게 불만을 초래하고 혁신을 방해하고 무역에 장애를 초래할 뿐만 아니라 심지어 규제의 정당성과 법의 지배 원칙을 해친다고 경고한다. 그래서 정보기술을 활용한 기업부담의 경감, 시민과 기업을 위한 창구단일화(one-stop shop), 허가절차의 단순화, 행정부담의 측정과 정책결정 시간의 제한 등 영리한 규제(smart tape)를 통해 OECD 국가들이 행정단순화를 구축할 것을 주문하고 있다. 그러면 정부규제란 도대체 어떤 뜻일까?

행정규제기본법 제2조 제1항에 따르면, 행정규제라 함은 국가 또는 지방자치단체가 특정한 행정목적을 실현하기 위하여 국민(국내법을 적용받는 외국인을 포함한다)의 권리를 제한하거나 의무를 부과하는 것으로서 법령 등 또는 조례·규칙에 규정되는 사항을 말한다. 제5조(규제의 원칙)에 따르면, ① 국가나 지방자치단체는 국민의 자유와 창의를 존중하여야 하며, 규제를 정하는 경우에도 그 본질적 내용을 침해하지 아니하도록 하여야 한다. ② 국가나 지방자치단체가 규제를 정할 때에는 국민의 생명·인권·보건 및 환경 등의 보호와 식품·의약품의 안전을 위한 실효성이 있는 규제가 되도록 하여야 한다. ③ 규제의 대상과 수단은 규제의 목적 실현에 필요한 최소한의 범위에서 가장 효과적인 방법으로 객관성·투명성 및 공정성이 확보되도록 설정되어야 한다.

제2절 정부규제의 개념

1. 최병선 교수의 프레임

규제(regulation)란 개인, 기업, 조직의 활동에 대한 특정한 목적을 가진 국가의 개입(intervention)인데(Mitnick, 1980: 2), 정부가 기업이나 일반 국민에게 의무를 부과하는 다양한 형태의 수단으로 볼 수 있다(OECD, 1997: 6). 결국 정부규제란 바람직한 경제사회 질서의 구현을 위해 정부가 시장에 개입하여 기업과 개인의 행위를 제약하는 것이다(최병선, 1993: 18-24). 즉 규제란 개인과 기업의 자유선택과 경쟁에 맡겨져 왔던 영역이 정부의 간섭과 통제 하에 놓이게 됨을 의미한다. 규제완화(deregulation)는 정부의 간섭과 통제 하에 놓여 있던 영역이 시장경쟁에 맡겨지게 됨을 의미한다. 「행정규제기본법」 제2조 제1항에서는 행정규제란 국가 또는 지방자치단체가 특정한 행정목적을 실현하기 위하여 국민의 권리를 제한하거나 의무를 부과하는 것으로 법령 등 또는 조례·규칙에 규정하는 사항이라고 한다. 이러한 정부규제의 개념을 다음과 같이 분설할 수 있다(최병선, 1993: 18-24; 최유성, 2007: 18-20).

첫째, 정부규제의 주체는 누구일까? 정부규제는 정부가 민간 부문의 기업과 개인의 의사결정과 행위를 제약하는 것이다. 정부규제의 주체는 정부이고, 정부는 정부규제의 객체가 될 수 없다는 것을 의미한다. 물론 민간 자율규제와 정부와 민간의 공동규제는 예외가 된다.

둘째, 정부규제의 대상 혹은 객체는 민간부문을 구성하는 기업과 개인이다. 기업의 설립과 운영 등 모든 측면에서 정부의 규제가 이루어진다. 가령 공장을 운영할 때 환경오염물질의 배출에 대한 규제를 받는다. 개인의 경우에도 금연 장소에서의 흡연이나 낙태행위 등의 규제를 받는다.

셋째, 정부규제의 목적은 무엇일까? 정부규제를 특정 목적의 실현을 위한 의도적 개입으로 이해한다면, 정부규제는 바람직한 경제사회질서의 구현을 목적으로 한다. 그런데 이러한 목적이 매우 추상적이기 때문에 정치경제학적 입장에서 보면 특정 정부규제가 누구의 입장에서 볼 때, 그리고 누구에게 바람직한 것인지의 문제가 남는다. 가령 미국 민주당에서 바람직한 사회질서를 위해 총기규제(gun control)를 하려고 법령개정을 추진하면 전미총기협회(NRA, National Rifle Association)에서 강력하게 반발하고, 총기규제를 위한 어떠한 장치도 도입되지 못하고 공화당은 이러한 이익집단의 입장에 동조한다.[1] 이때 과연 바람직한 사회질서는 누구를 위한 것인가? 한편 독과점규제가 중소기업을 위한 것인지, 아니면 소비자를 위한 것인지 정책목적이 상충되는 경우가 대부분이다. 기업형 슈퍼마켓인 SSM의 동네 영세상권 진입을 규제하거나 허용하는 것도 동일한 문제를 안고 있다. 내가 소비자로서 더 저렴한 가격으로 깔끔하게 정리된 상태의 SSM을 이용하는 것이 더 이득이 될 수 있다. 그러나 내가 전통상점에 납품을 담당하다가 SSM의 진입으로 전통상점이 문을 닫고 내 일자리가 없어진다면 어떻게 할 것인가? 또한 바람직한 경제사회라는 것은 사회의 변화에 따라 그 의미가 변하기도 하며, 그런 변화에 맞추어 정부의 역할 또한 변하게 된다. 그리고 정부가 상정하는 바람직한 경제사회질서란 성장과 분배, 효율과 공정 등을 생각해볼 수 있다. 이명박 대통령은 2010년 광복절 경축사에서 후반기 정책기조로서 '공정한 사회'를 내세웠는데 이 역시 같은 맥락에서 이해할 수 있다. 다소 추상적이긴 하지만 오늘날에 있어서는 환경오염을 줄이고, 인권을 보장하며, 재해를 방지하는 것 등이 바람직한 경제사회 질서로 받아들여지고 있다.

넷째, 정부규제는 어떻게 이루어지는가? 정부규제는 정부가 민간의 행위를 제약하는 것이다. 정부가 민간의 행위를 제약하는 방법은 다양하지만, (1) 강제력에 의존하여 기업과 개인이 정부의 요구에 응하지 않을 때 불이익을 주고 처벌하는 금지(매매춘이나 마약 등의 거래에 대한 규제), 인가·허가·면허, 보조금 등을 통한 진입의 규제, 단속과 감시(식품위생규제나 환경규제), 정부의 가격 결정방식(공공요금규제, 독과점 가격규제, 금리규제, 보험료와 증권수수료규제) 등을 정부규제에 포함할 수 있다. (2) 비강제적 방법은 행정법상 행정지도와 같이 정부의 권위 또는 도덕적 설득을 통해 이루어지는데 이는 우리나라와 일본과 같이 관료주의 문화가 뿌리내린 곳에서 흔히 이루어진다.

---

1) 이러한 문제는 규제포획이론(regulatory capture theory)의 관점에서 접근할 수 있을 것이다.

2. 정부규제의 넓은 지평

그런데 규제의 대상에 따른 정부규제 분류방식은 규제등록 및 관리에서 치명적인 문제점을 초래한다면서 규제를 형식이 아닌 속성으로 파악해야 한다는 주장이 있다(이혁우, 2009: 335-358). 즉, 규제개념의 정확한 이해를 위해서는 정부활동을 규제대상자의 입장에서 해석해야 할 뿐만 아니라 강제성과 공식성 그리고 동태성에 대한 이해가 선행되어야 한다는 것이다. 규제대상자의 입장에서 보면, 중소기업이 정책자금을 받을 때 이러한 지원프로그램에도 담보나 투자비율에 대한 조건을 강제하는 경우 규제로 등록하여 관리해야 한다는 것이다. 행정지도와 같은 공식적이지 않은 사실행위 역시 강제성을 띠는 경우 규제로 보아야 한다. 1997년의 「벤처기업육성에 관한 특별조치법」에 따른 벤처기업지원정책이 나중에는 투자조합의 투자의무비율 때문에 오히려 중소기업의 투자를 방해하는 걸림돌이 된 경우 역시 규제로 보아야 한다. 그래서 그는 규제란 강제성을 띤 정부의 활동 전체를 가리키는 것으로서 보면서, 그것이 공식적이든 비공식적이든 동태적인 정책상황 속에서 정책대상에 대해 차별적인 효과를 야기해 정책대상 중 일부에 대해서라도 강제성이라는 성격을 띠게 된다면 규제로 판단해야 한다는 것이다. 그래서 그는 규제의 속성과 효과에 착안하여 지원조건에 따른 퇴출을 염두에 두는 지원정책 프로그램, 절차의 제약을 받는 조세행정절차, 법규명령의 내용을 담은 행정내부규칙, 비영리법인의 영리활동 금지규정 등 민상법 내 강행규정은 규제로서의 성격을 가진다고 한다. 나아가 그는 규제등록에 있어서 규제개혁위원회의 내부지침을 개정하여 별도로 이러한 규제를 등록하여 관리할 것을 주장한다. 결국 이혁우(2021: 18-19)는 정부가 제시한 기준에 따라 '해야만 하는 것'뿐만 아니라 정부의 정책설계에 따라 민간에서 '하지 않을 수 없는 것'까지 포함하여 규제를 정의한다.

김용우(2010: 19-30) 역시 규제를 넓게 이해한다. 그는 규제란 정부조직의 하나인 규제기관이 달성해야 할 목적을 효과적으로 추구하기 위해 민간 경제주체인 기업, 개인, 조직의 특정 활동이나 행위를 제한·금지·지시하거나 지도·보호·지원·조정하는 행정작용으로 정의한다. 그러나 규제의 개념에 조성행정의 개념까지 포괄하게 되면 일반적인 정책의 개념과 규제정책의 개념이 혼동되는 문제점을 초래한다. 따라서 이 책에서는 규제의 개념을 좁게 규정하면서 조성행정의 개념은 배제하고자 한다. 정부가 하는 일을 크게 돈 쓰는 일과 말하는 일로 구분할 때 전자를 조성행정, 후자를 규제행정으로 이해하고자 하는 것이다.

제3절 제도의 논리와 정부규제의 정당성

1. 합리적 선택의 신제도주의

Hardin(1968: 1246-1247)은 정당성이 부여된 제도를 수용하고 순응하는 것은 사회적 협정의 산물이라고 한다. 자발적 협력 역시 양심에 호소했기 때문이라기보다는 상호 합의한 규칙 때문이라고 한다. 협력의 정당성은 정책에 영향을 받는 구성원들의 '사회적 합의' 여부에 달려 있는 것이다. 그는 정책의 영향을 받는 대부분의 사람들이 상호 동의하는 상호 강제(mutual coercion)만이 자신이 추천하는 유일한 강제력이라고 한다.

'합리적 선택의 신제도주의'(Rational Choice Institutionalism)에서 상정하는 제도에 주목하고 이를 체계적으로 검토하고자 하였다. 여기서 제도란 사회구성원들이 서로 편익을 증진시킬 수 있는 방향으로 교환과 협력을 하도록 강제하는 장치를 의미한다(하연섭, 2003: 85-86). <그림 1-3>은 독일 한 도시의 개구리 주차구역 표지와 구획인데, 이렇게 구성된 제도는 시민들의 합리적인 선택에 도움을 준다.

<그림 1-3> 독일 Müssingen의 개구리 주차구역 표지

제도는 '확장된 형태의 게임의 장'이며, 개인의 행동은 이러한 게임의 규칙에 의해서 구조화된다. 나아가 제도란 단지 합의를 이끌어내는 데 그치지 않고 정해진 목적을 달성하기 위한

장치이다(Putnam, 1994). 특히 공식제도(formal institution)는 기회주의적 행동(opportunism)을 극복하고 계약이행을 감시하고 통제하는 데 드는 거래비용을 감소시켜 효율적인 대응을 가능하게 한다. 그런데 North(1990)는 헌법과 법률 등 공식적 규칙 외에도 금기, 관습, 행동규범, 전통, 상벌제재 등 비공식적 규칙에도 관심을 가졌다. 그에게 있어 제도는 사람들의 상호작용을 구조화시킴으로써 서로에 대한 안정적이고 예측 가능한 기대를 형성할 수 있게 함으로써, 그들 간의 상호작용을 원활하게 통합 조정할 수 있게 해준다. 제도란 행위자들의 게임을 규율하는 규칙으로 본다. 다양한 행위자들이 규제와 관련된 게임에 참여하여 상호 자율성을 존중하며 연계망을 형성하여 신뢰를 바탕으로 협력을 지속시키는 힘은 상호 합의한 규칙에서 나온다. 지속가능성은 Ostrom(1990: 185-191)이 말하는 신뢰할만한 이행약속과 상호감시를 전제할 때 높아진다. 관련 행위자들이 협력규칙, 감시규칙, 반칙에 대한 처벌규칙 등에 대해 사회적 합의를 이루어 정당성을 확보하는 것이 중요하다. 이론모형은 매우 다양한데, 규제정치 현상을 설명할 수 있는 대표적인 모형은 다음과 같다.

1) 게임이론

상호의존적 선택에 관한 이론이다. 게임이란 상호의존적 이해관계를 갖는 둘 이상의 개인들을 포함하는 사회상황 또는 사회적 규칙과 자연적 법칙에 의해서 구성되는 사회상황을 의미한다. 사회현상은 자연현상과는 달리 '규칙에 매인 관계'라는 점을 고려하면, 어떤 규칙에 의해서 이루어진 사회상황에서의 개인들의 상호작용의 결과는 어떤 것일까를 예측할 수 있게 해 주는 게임이론은 매우 유용한 분석기법이 될 수 있다. <표 1-1>의 용의자의 딜레마(Prisoner's dilemma) 게임은 게임 당사자의 의사소통이 불가능하고 게임이 반복이 안 되는 경우를 가정할 때 합리적인 개인들의 합리적인 선택이 비관적인 결론에 이르게 되는 게임 상황을 묘사하고 있다(전상경, 2005: 376-378).[2] 공공재의 공급을 개인들의 자발적인 협상에 맡길 때 비관적인 결론이 나고, 과거 미소의 핵무기 감축협약이 개발전략으로 결론이 난 것이 대표적인 예이다(이준구, 1992: 486-488). 아이들을 학원에 보내는 것이 못마땅하지만, 모든 부모가 학원을 선택하는 이유도 용의자의 딜레마에 기초한다.

---

2) 각각 구금되어 있는 두 사람의 공범 용의자가 문초하는 검사에게 범죄사실에 대하여 자백할 것인가, 자백하는 경우에는 어떻게 할 것인가(전략), 또 그 결과로서 검사의 구형(손실 또는 이득)을 둘러싸고 어떻게 해야 할 것인가에 대해 혼란을 겪는 상황과 비유되는 논리적 구조에 관한 것이다. 한 용의자가 자기는 자백하고 다른 용의자가 침묵하면 자백한 자는 가벼운 처벌을 받게 된다고 추리한다. 그러나 반대로 자기가 침묵하고 다른 용의자가 자백하면 최고형을 받게 된다. 또한 둘 다 자백하면 둘 다 중간 정도의 형을 받게 되고, 쌍방이 묵시적으로 협조하여 자백하지 않으면 둘 다 가벼운 형을 받게 된다는 것이다. 결국은, 두 용의자는 서로를 믿지 못해 둘 다 자백하여 최적결과를 가져오지 못하게 된다.

<表 1-1> 용의자의 딜레마 게임의 보상구조

용의자 A		용의자 B	
		부인	자백
	부인	(3월, 3월)	(3년, 사면)
	자백	(사면, 3년)	(1년, 1년)

그리고 규칙은 전략선택의 폭을 결정하고 변화시킬 수 있다. Hardin(1968: 1243-1248)이 말하는 개인의 합리적 선택이 공동목장의 황폐화를 초래한다는 '공유재의 비극'의 경우, 목초지에 방목할 수 있는 가축의 수를 규제하는 규칙을 제정·실행한다면 결과는 달라져서 공유재의 비극은 더 이상 존재하지 않을 수도 있다. 목초지 사용의 경우에도 일정한 숫자 이상의 가축을 방목하는 경우에는 벌금을 부과시킨다면 역시 공유재의 비극은 발생하지 않을 것이다. 이렇게 벌금을 부과하는 것이 사회적 규칙의 변화를 통한 보수함수 변화의 대표적인 예이다. 그리고 문화나 사회규범 등의 공동체적 속성이나 물리적 속성의 변화를 통해서도 보수함수의 변화를 가져올 수 있다.

2) 거래비용이론

거배비용이론은 Coase와 Williamson 그리고 North 등의 노벨경제학상을 수상한 학자들에 의하여 발전하여 왔다. 1991년 노벨경제학상을 수상한 Coase는 거래비용을 거래를 원하는 사람이 누구인지 찾아내고, 거래하고자 하는 사람에게 거래 조건을 알려주고, 흥정이 이루어지도록 협상하고, 계약서를 작성하고, 계약이 잘 준수되는지를 확인하는데 필요한 조사를 수행하는데 들어가는 비용이라고 정의한다. 즉, 그는 정보비용, 탐색비용, 의사결정에 소요되는 비용, 집행비용, 감시비용 등을 거래비용으로 보고 있는 것이다(Coase, 1960: 15).

2009년 거래비용이론으로 노벨 경제학상을 받은 Oliver Williamson(1985)은 물리학에서 말하는 마찰의 경우처럼 경제제도를 운영하는 비용, 즉 거래과정에서 발생하는 부대비용을 거래비용으로 보고 있다. 그는 거래하고 합의하는 데 들어가는 사전적 거래비용과 거래 후 조정비용과 분쟁비용을 포함하는 사후적 거래비용으로 나누고 있다. 그는 거래비용을 감소시켜줄 수 있기 때문에 경제적 제도와 지배구조가 발전했다고 주장한다. 그의 거래비용 인식은 인간과 거래에 대한 기본적인 가정에서 출발한다. 특히 인간에 대한 가정에서 완전경쟁시장의 완정정보에 대한 가정 대신에 Herbert Simon의 제한된 합리성(bounded rationality)

을 수용하고, 기회주의 속성(opportunism)에 착안한 점이 흥미롭다. 쉽게 풀어보면, 그는 거래에 수반되는 불확실성이 높고, 합리성의 제한 정도가 심하고, 기회주의적 행태가 발생할 가능성이 높고, 거래대상의 자산특정성이 높아 다른 거래관계에서는 자산의 가치가 석은 경우 시장보다는 기업내부조직을 통한 거래가 거래비용을 최소화한다고 주장한다.

한편 1993년 노벨경제학상을 수상한 Douglas North(1990: 27-28)의 관점에서는 경제적 재화의 생산에 필요한 생산비용(production cost)은 전환비용(transformation cost)과 거래비용(costs of transaction)으로 구성된다고 한다. 거래비용은 교환하려는 재화의 가치와 특성을 측정하는데 들어가는 측정비용(measurement cost)과 권리를 보호하고 계약의 집행을 보장하는데 들어가는 집행비용(enforcement cost)으로 구성되어 있다. 이처럼 거래비용에 대한 인식은 정부의 정책을 설계하고 집행하는 데 많은 시사점을 준다. 거래비용을 고려하지 않은 정책의 설계 및 집행은 기회주의, 용의자의 딜레마 상황, 무임승차 등 다양한 문제를 야기하고 이러한 문제들의 해결을 위해 또 다른 정책이 형성된다. 거래비용에 대한 고려가 없는 경우, 행위자들의 거래비용 증가는 경제적 성과 혹은 사회적 효율성을 저해하게 되고 행위자들은 스스로 거래비용을 감소시키려는 노력을 하게 된다.

3) 주인-대리인 모형

주인과 대리인은 각각 자신의 효용과 이익을 극대화하려고 하기 때문에 상충되는 이해관계를 가진다. 주인은 대리인보다 그 과업에 관하여 지식이 부족하고 또 실제로 대리인의 업무수행과정을 관찰하기 어렵다. 따라서 만일 대리인이 자기 이익의 극대화를 추구한다고 가정한다면, 대리인이 주인을 위하여 적정한 행동을 취하고 있는지를 보장할 수 없게 된다. 이러한 제약조건 하에서 어떻게 하면 대리인이 최대한 주인의 이익을 위하여 업무를 수행하도록 할 수 있을 것인가(incentive compatibility) 하는 것이 대리인 이론의 가장 근본적인 물음이다. 주인-대리인 양측이 갖는 정보가 같지 않을 경우, 더 많은 정보를 갖고 있는 대리인으로서는 이러한 기회를 자신에게 유리하도록 이용해보려는 유혹을 갖게 되는데, 이를 '기회주의 속성'(opportunism)이라고 부른다. 정보의 비대칭성은 위임계약 체결 단계에서 원하지 않는 결과가 초래되는 역선택(reverse selection)의 문제와 위임계약의 체결 후에 무책임해지는 도덕적 해이(moral hazard)의 문제가 있다. 특히 후자의 문제는 성과급의 도입 등 적절하게 인센티브를 제공하는 방법이 가장 기본적인 해결방법이다.

4) 관청형성모형

Dunleavy(1985, 1991)는 관료들의 합리적 의사결정에는 몇 가지 '구조적 상황'이 작용하며, 그로 인해 기존 이론과는 다른 모습의 국가기구 발전이 이루어지게 된다고 한다. ㉠ 관료제는 단일체적 관청이 아니기 때문에 합리적인 관료들은 기관 전체의 예산을 극대화하기 전에 자신의 예산증대 노력비용과 예산증가로 인한 자신의 편익을 고려한다. ㉡ 관료들의 효용은 전체 예산액이 아닌 자신들이 직접 지출하는 운영비와 관련된다. ㉢ 관료들의 개인후생이 예산증가와 관련되는 정도는 소속기관의 유형에 따라 크게 차이가 있다. ㉣ 고위관료들은 예산을 내부 최적 수준까지만 극대화할 것이다. ㉤ 고위관료들은 금전적인 편익보다는 수행하는 업무성격에 따른 효용증대에 더 관심을 갖는다. ㉥ 따라서 예산극대화 전략보다는 관청형성 전략(bureau-shaping strategy), 가령 소관부서를 소규모 참모적 기관으로 재구성함으로써 계선적 책임으로부터 벗어나는 전략을 통한 효용증대에 노력을 기울인다. 결국 그는 관청형성 전략이 이루어짐에 따라 더 분산화된 국가구조의 발전을 가져온다고 한다. 정부조직구조에서 위원회의 증가현상을 설명하는 유력한 이론이다. 가령 17대 대통령직인수위원회는 위원회의 난립으로 의사결정 속도가 떨어지고 책임행정이 저해된다면서 지속가능발전위원회를 포함한 416개 위원회 중에서 215개를 폐지한다고 발표했지만, 이명박 정부에서는 녹색성장위원회를 포함하여 439개로서 오히려 노무현 정부에 비해 23개가 늘어났다 (http://www.mopas.go.kr/2009.12.31 기준).

5) 공유자원의 문제에 대한 자치적 해결모형

Ostrom(1990)의 공유자원(common-pool resource) 관리 모형은 Hardin(1968)이 제시하는 강제력(mutual coercion mutually agreed upon) 없이 그것의 활용에 관한 제도적 장치의 보장을 통하여 공유재의 비극(tragedy of the commons)을 극복할 수 있다는 것이다. 일반적으로 자원사용자를 배제하기 어렵고 사용할수록 편익이 감소하는 특성을 지닌 공유자원의 활용에 관한 규칙은 최초에 비공식적 제도의 성격을 띠고 발생하다가 공유자원이 고갈되어 감에 따라 새로운 재산권의 설정이나 활용의 양을 규정하여야 하는 필요성이 생기게 되고, 이때 공식적 제도의 제공자인 정부가 그 역할을 할 수 있다는 것이다. 미국 인디애나 대학에 근무하면서 공유자원에 대한 연구 성과로 2009년 여성 최초로 노벨 경제학상을 받은 그녀는 공유자원을 지나치게 사용하지 말아야 하는 개인들이 그것을 지나치게 사용하는 것이 합리적인

'사회적 함정'(social traps)이 발생한다고 한다. 그녀는 이러한 공유자원의 사용과 유지를 위해서 '협동의 문제'가 발생하는데, 이는 흔히 정부의 간섭이나 규제를 정당화하는 수단으로 사용된다고 한다. 그러나 5,000명 미만의 소규모 공동체에서 지하수와 어장과 같은 공유사원 사용자들의 자치적인 조직이 정부가 관리하는 조직보다 더 성공적으로 공유자원을 관리하는 경우도 보고되고 있기 때문에 정부의 개입에 의한 공식적인 법률의 제정보다 유인구조의 변화가 더 중요하다고 한다.

2. 사회학적 신제도주의

사회학적 신제도주의는 조직론의 한 분야로서 출발한 것이다. 이러한 이유로 사회학적 제도주의를 조직론에서의 제도주의(organizational institutionalism)라고도 부른다. 사회학적 제도주의를 인지-문화적 접근법(cognitive-cultural approach)이라고도 부른다(하연섭, 2003: 107).

사회학적 제도주의는 현대사회에서 당연시되고 있는 것에 대해 질문을 제기하는 데에서부터 시작한다(하연섭, 2003: 108). 예를 들면, 효율성을 추구하는 수단으로서의 조직이라는 기본명제에 대해서 "왜 현대의 조직들은 자신들의 구체적인 기능과는 상관없이 모두 비슷비슷한 모습을 보이고 있는가?"라는 질문을 제기한다. 사회학적 제도주의에서는 이러한 질문에 답변하기 위해 의미(meanings)와 상징(symbols)에 초점을 맞춘다. 무엇보다도 사회학적 제도주의는 합리적 선택모형에 대한 비판, 독립변수로서의 제도에 대한 관심, 인지적·문화적 측면에 대한 강조, 그리고 개인행위의 단순한 합으로 설명할 수 없는 초개인적 분석단위(supra-individual units of analysis)에 대한 관심 등을 특징으로 한다.

조직의 구조와 형태를 설명함에 있어서도 사회학적 제도주의는 문화적 영향력에 주목한다(하연섭, 2003: 107-108). 각 조직은 자신의 과업을 가장 효율적으로 수행할 수 있는 수단으로서 조직구조를 설계하는 것이 아니라, 가장 그럴듯하다고 인정받고 있는 조직구조와 형태를 닮고 싶어 하는 경향을 보인다는 것이다. 즉, 각 조직은 가장 그럴듯하다고 인정받고 있는 조직구조를 닮아감으로써 그럴듯한 조직으로 보이고 싶어 한다는 것이며, 이러한 과정을 통해 모든 조직이 비슷비슷해지는 결과가 나타난다는 것이다.

조직구조가 비슷해지는 과정을 DiMaggio & Powell(1983)은 동형화(isomorphism)라고 부르고 있다. 동형화의 과정은 조직의 기술적 효율성을 높이기 위한 목적에서 진행되는 것이 아니다. 대신, 적절하다고 사회적으로 인정받는 조직형태를 갖춤으로써 조직의 정당성

(legitimacy)을 높이는 동시에 생존(survival) 가능성을 높일 수 있기 때문에 조직구조와 형태가 비슷해져 간다는 것이다. 사회적으로 인정받는 조직형태가 조직의 공식적 목적을 달성하는 데는 오히려 더 비효율적일 수도 있다. DiMaggio & Powell(1983)은 동형화가 나타나는 과정을 다음과 같이 세 가지 과정으로 나누어 설명하고 있다. 전 세계의 자전거도로는 어떻게 유사한 모습을 갖게 된 것일까?

<그림 1-4> Venezia의 자전거도로와 보행자도로

첫째, 강제적 동형화(coercive isomorphism)는 어떤 조직이 의존하고 있는 다른 조직(예를 들면 자금의 원천 역할을 하는 조직으로부터 공식적·비공식적 압력이 있거나 혹은 조직에 대한 사회의 문화적 기대라는 압력에 의해 조직형태가 수렴되어 가는 과정을 뜻한다. 정부의 직·간접적 영향력 때문에 조직형태가 변화하는 경우도 나타나는데, 우리나라 대학들이 교육부의 압력에 의해 학부제나 입학단위 광역화를 추진하게 된 것이 대표적인 예라고 할 수 있다. 둘째, 모방의 과정(mimetic processes)은 정당성을 인정받고 있거나 성공적이라고 평가받는 조직을 모방해 가는 과정의 결과, 조직형태가 유사해지는 경우다. 이러한 모방은 조직의 목적이 뚜렷하지 않거나 조직의 환경이 불확실하기 때문에 조직의 나아갈 방향을 정하는 데 상당한 어려움이 있는 경우, 비슷한 기능을 수행하는 조직 중에서 성공했다고 평가받는 조직의 예를 좇아감으로써 불확실성에 대처하는 방편으로 나타난다는 것이다. 셋째, 규범

적 압력(normative pressures)은 전문화(professionalization)의 결과 나타나는 것이다. 보다 구체적으로, 대학과 전문교육기관을 통해, 혹은 전문가 조직이나 협회 등을 통해 전문 관리자들 사이에 조직형태에 대한 규범이 보편화된다는 것이다. 즉, 전문화를 통해 조직의 관리자들이 조직형태에 대한 규범을 공유하게 되고, 이것이 조직형태의 동형화로 나타난다는 것이다.

Meyer & Rowan(1997)은 관료제의 전 세계적 보편화 현상을 설명하면서 문화적 가치의 영향력에 주목하고 있다. 관료제적 조직형태가 전 세계적으로 보편화된 것은 관료제가 각 조직이 봉착하고 있는 문제를 합리적이고 효율적으로 처리하기 위한 수단이었기 때문이라는 기존의 해석을 근저에서부터 비판하고 있다. 이들은 이러한 비판의 근거로서 두 가지 이유를 제시하고 있다. 첫째, 많은 국가에서 관료제의 등장을 위한 전제조건이라 할 수 있는 시장의 발달과 기술복잡성의 증대라는 현상이 관료제의 등장 이전에 나타난 것이 아니라 관료제의 등장 이후에 나타났다는 것이다. 둘째, 공식적인 조직구조와 조직의 실제운영 사이에는 상당한 괴리가 존재하고 있다는 것이다. 관료제가 실제로는 합리적으로 운영되고 있지 않는 한 관료제 확산의 이유로서 조직운영의 효율성 증진을 제시하기는 어렵다는 것이다. 그들은 관료제라는 조직형태가 전 세계적으로 확산된 이유를 조직의 환경에서 찾고 있다. 즉, 관료제는 그것이 문제해결을 위한 효율적인 수단이기 때문에 확산된 것이 아니라, 조직을 둘러싸고 있는 환경이 관료제를 가치 있고 정당성이 있는 것으로 인정하기 때문에 전 세계적으로 확산되었다는 것이다. 이때 조직을 둘러싸고 있는 이러한 환경이 의미하는 바가 바로 '문화'이며, 특정한 조직형태를 정당한 것으로 인정하는 이러한 사회적 가치가 다름 아닌 문화적 가치(cultural values)라는 것이다. 관료제적 조직구조가 보편화되어 가는 현상은 이를 통해 조직이 자신의 정당성과 생존 가능성을 높일 수 있기 때문이라고 해석하고 있다.

3. 역사적 신제도주의와 경로의존성 그리고 경로이탈 가능성

세상이 크게 변화했는데도 어떤 규제제도는 왜 변화하지 않고 지속되는 것일까? 역사적 제도주의는 행태주의, 다원주의, 합리적 선택이론에 대해 비판적인 입장에 선다(정용덕 등, 1999: 9-36). 무엇보다 개인의 행위를 제약하는 공식적·비공식적 제도의 영향력을 강조한다. 다원주의와 행태주의와는 달리 개인선호를 합산하는 것이 불가능하고, 행위가 개인의 진정한 선호를 반영한다고 볼 수 없다고 한다. 그리고 경로의존성(path dependence)이라는 개념으로 역사적 발전과정의 복잡성과 비효율성을 강조한다. 결국 유사한 정책문제에도 불구하고 국가 간 정책의 차이가 존재하는 이유를 발견하고자 하는 것이 역사적 제도주의자들의 문제의식이다.

역사적 제도주의에서 제도란 장기간에 걸친 인간행동의 정형화된 패턴을 의미한다. 역사적 제도주의의 관심은 제도 그 자체에 있는 것이 아니라 개인행위와 행위자들 간의 상호작용을 제약하고 규율해주는 제도의 영향력과 제도의 관계적 측면에 초점을 맞춘다. 역사적 제도주의에서는 제도의 지속성을 강조하는 동시에 제도의 변화와 발전을 설명하는 데 경로의존과 의도하지 않았던 결과를 중시한다(Hall and Taylor, 1996: 938). t 시점에서의 기능적 요구에 부응하기 위해 어떤 특정한 제도가 형성되었다 할지라도 이렇게 형성된 제도는 애당초 제도가 성립될 수 있었던 사회적 환경이 변화하고 이에 따라 전혀 새로운 기능적 요구가 제기된다고 할지라도 그 자체가 지속되는 경향을 지닌다. 그리하여 t 시점에서 형성된 제도는 t+1 시점에서의 선택과 변화방향을 제약하게 되는 것이다. 전혀 다른 환경변화에 대처하기 위한 목적으로 형성된 제도가 미래의 시점에서도 지속적으로 정책선택의 여지를 제한한다는 것이다(Krasner, 1988: 67-82). 따라서 제도의 모습은 t 시점에서는 종속변수이지만 t+1 시점에서는 독립변수 역할을 수행한다. 그래서 제도주의자들은 오늘의 정책은 오늘의 문제에 대한 대응이 아니라 어제 이루어진 정책의 유산에 대한 대응이라고 주장한다(하연섭, 2003: 299).

그러면 역사적 신제도주의에서는 새로운 제도의 도입과 기존 제도의 변화를 어떻게 설명하는가? 전통적으로 역사적 제도주의에서는 제도변화의 요인으로서의 외적인 충격을 강조한 것이 특징이다(하연섭, 2003: 58-60). 제도는 환경변화에 빠르고 유연하게 적용하고 변화해 나감으로써 계속적이고 점진적인 변화패턴을 보이는 것이 아니라, 매우 급격하게 간헐적으로 일어난다는 것이다. 이러한 제도의 결정적·근본적 변화는 심각한 경제위기나 군사적 갈등이 발생할 경우에나 일어날 만큼 매우 이례적인 현상이다. 위기상황에서 위기에 대응하기 위해 취해진 행위들이 새로운 제도의 모습을 형성시키게 된다. 제도의 지속성 때문에 이러한 위기상황이 중요한 의미를 갖게 된다고 할 수 있다. 위기상황에서 정치는 주어진 규칙 하에서 자원을 배분하는 문제가 아니라 게임의 규칙을 새롭게 설정하는 문제로 전환된다. 이러한 이유로 역사적 제도주의에서는 정치적·경제적 위기가 사회관계와 제도를 재형성하는 역사적 전환점(historical junctures)에 주목하는 것이다(Ikenberry, 1988). 그렇지만 위기가 극복되고 나면 위기에 대응하기 위해 새롭게 형성된 게임의 규칙, 즉 제도적 모습이 고착화되는 경향을 지닌다. Krasner(1988: 66-94)는 제도의 모습이 근본적으로 변화하게 되는 중대한 전환점(critical junctures)과 이렇게 형성된 제도에 의해 역사적 발전과정이 새로운 경로를 밝게 되고 또 그것이 지속되는 시기로 구분할 수 있다고 본다. 이를 그는 단절된 균형(punctuated equilibrium)이라고 부른다. 나아가 그는 어떤 선택이 우연일지라도 일단 선택되고 나면 역사적 궤도(historical trajectories)는 경로의존성을 띠기 때문에 좀 더 나은 경로의 출현을 막을 수 있다고 한다. Pierson(2000: 251-267)은 경로의존성을 자기강화 되먹임 과정인 수확체증(increasing returns)의 역동성에 기초하여 나타나는 사회과정으로 이해한다. 따라서 특정한 정치과정이나 정치발전 그리고 행동경로의 경우 결정적 순간이나 전환점이 없다면 돌이키는 것이 거의 불가능하다고 해석한다. Pierson(1993: 606-610)은 정책에 영향을 받는 대상자는 정책으로 인해 얻는 이득과 작용으로 인해 지속적으로 정책에 대한 이해관계를 가지게 되는 잠금 효과(lock-in effect) 때문에 계속해서 그 정책을 지지하게 되면서 경로의존성을 띠게 되는 정치경제적 속성을 강조한다.[3]

<그림 1-5>에 나타난 바와 같이 살충제 계란 사태를 계기로 경로창조가 이루어진 사례가 있는데, 2017년 10월부터 계란에 산란일-사육환경 표시 규제가 도입되었고, 유기농-방사-축

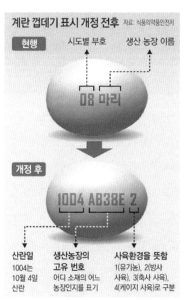

출처: 동아일보(2017. 9. 13).

<그림 1-5> 계란 안전을 위한 표시규제의 도입

---

3) 한편 경영학과 사회심리학에서 경로의존성(path dependency)은 한번 일정한 경로에 의존하기 시작하면 나중에 그 경로가 비효율적이라는 사실을 알고서도 여전히 그 경로를 벗어나지 못하는 경향성을 의미한다(Arthur, 1994).

사-케이지 등 구분, 껍데기에 표시 위조 땐 영업소 폐쇄가 이루어지게 된 것이다(동아일보, 2017. 9. 13).

역사적 제도주의에 있어서 제도변화의 근본적인 요인은 외적인 충격에 의한 위기상황이다. 그렇지만 제도의 형성과 변화과정을 설명함에 있어서도 역사적 제도주의는 기존의 제도가 엄연히 존재하고 있는 상태에서 새로운 제도가 형성됨을 강조한다. 즉, 제도의 변화과정을 설명함에 있어서도 기존 제도가 새로운 제도가 취할 모습을 제약한다는 '경로의존'을 강조한다는 것이다. 특히, 기존 제도에 의해 형성된 권력관계가 새로운 제도의 형성과정에 대한 각 행위자들의 영향력을 상이하게 만든다는 것이다(Hall & Taylor, 1996). 낙동강특별법에 따라 낙동강수계기금이 배분되는 구조가 10년 이상 지속되면서 견고한 권력관계와 먹이사슬이 형성되면서 돌이키기 어려운 경로의존을 보일 가능성이 높은 것이다.

연구문제

1. 정부가 말을 통해 권리관계를 변화시킨 사례를 들어보시오.
2. 규제, 행정규제, 제한, 금지, 허가 등 다양한 용어로 표현되는 정부규제의 개념을 정의하시오.
3. 규제와 관련한 제도의 기능과 역할에 대해서 설명할 수 있겠는가?
4. 특정 사회에 적합하지 않는 규제제도를 도입하는 이유는 무엇일까?
5. 4차 산업혁명과 관련한 규제개혁과정에서 각 부처와 각 나라의 제도가 유사해지는 이유는 무엇일까?
6. 규제가 고착되거나 내재되어 지속될 가능성을 역사적 신제도주의 관점에서 논의할 수 있겠는가?
7. 세상이 크게 변화했는데도 어떤 규제제도는 왜 변화하지 않고 지속되는 것일까?

제2장 정부규제의 양면성과 접근방법

제1절 정부규제의 두 얼굴

1. 정부규제의 밝은 얼굴

20세기 말 이후 작은 정부론 혹은 정부경영의 바람이 불면서 규제완화의 도그마가 지배했다. 개인과 기업의 자유로운 경제활동을 방해하고 옥죄는 규제를 과감히 철폐하자는 주장에 이론(異論)을 달기 어려웠다. 우리나라도 1980년대 이후 기업의 경쟁력 강화를 위해 규제완화를 꾸준히 추진하고 있다.

그런데 현실에서 과연 그럴까? 우리나라에서 미성년자 성폭행범인에 대해 전자발찌를 채워 규제하는 데는 많은 국민들이 동의하여 시행하고 있다. 2010년 7월 23일에는 미성년자 성폭행범인에 대해 화학적 거세를 할 수 있는 근거를 마련하였다. 「성폭력범죄자의 성충동 약물치료에 관한 법률」(제정 2010.7.23 법률 제10371호 시행일 2011.7.24)을 만든 것이다. 물론 친고죄와 공소시효를 폐지하는 등 성범죄 관련 처벌을 강화하는 데는 법무부를 중심으로 하는 규제집행부처에서 집행비용 문제를 거론하며 난감해하기도 한다. 이때 성폭력상담소라든지 광주인화학교 사건을 담은 공지영 작가의 「도가니」란 소설과 이를 바탕으로 영화의 상영 등 용기 있는 행위자들의 역할은 모래알처럼 흩어져있던 시민들을 하나로 묶기도 한다. 2011년 10월 28일 장애인과 아동을 대상으로 한 성폭행 범죄에 대해 공소시효를 없애는 내용의 「성폭력범죄의 처벌 등에 관한 특례법 개정(안)」(일명 '도가니법')이 국회 재석의원 208명 중 207명의 압도적 찬성으로 가결되면서 본회의를 통과한 것이다. 이 법안은 장애인과 13세 미만 아동을 성폭행하면 최대 무기징역까지 처할 수 있도록 형량을 높였고, 광주인화학교와 같이 장애인 보호시설의 종사자들이 장애인을 대상으로 성범죄를 저지르면 형의 2분의 1을 가중 처벌하도록 했다.

여하튼 우리는 규제의 도입과 폐지에 따른 이해관계의 분석에는 냉철해야 한다. 특히 국민과 소비자에게 어떠한 이익과 손해를 가져다주는지 꼼꼼하게 살펴보아야 한다. 즉 이러한 규제로 인해 이익을 보는 사람과 손해를 보는 사람을 어떻게 나눌 수 있겠는가? 2010년 8월 부터 법무부에서 테러와 성범죄 용의자의 색출을 위해 입국심사 때 지문인식과 안면인식을 하고자 하는 것은 일반시민들에게 유리한 것인가? 과적차량을 단속하거나 적재불량 차량을 단속하지 않는다면 바로 내가 심각한 교통사고의 피해자가 될 수도 있다. 여하튼 우리가 태어나서 죽을 때까지 우리의 거의 모든 삶은 규제와 엮여있다고 해도 과언이 아니다.

<그림 2-1>에 나타난 것처럼 우리의 일상생활에서 규제법령을 위반하면 과태료 등 처벌을 면하기 어렵다. 행정청에 의한 입산통제 안내도와 국립공원 내 행위규제 표지판을 통해 일상생활에서 규제를 받게 되는 것이다.

<그림 2-1> 일상생활의 규제안내판

국제정치경제로 눈을 돌려도 마찬가지이다. 미국을 중심으로 하는 세계 자본주의경제의 첨병들은 규제의 사다리를 걷어차서라도 자본의 지배를 추구하고자 했다. 그러나 2008년 이후 미국 월가에 대한 금융규제 완화가 이곳 종사자들의 도덕적 해이를 초래하고 결국 세계 금융위기를 초래했다는 주장에 대해 동의한다면 무조건적인 규제완화는 재검토되어야 할 것이다. 그뿐만 아니라 2010년 8월 서울행당동에서 압축천연가스(CNG, Compressed Natural Gas) 버스의 가스통이 폭발하면서 피해를 입은 사람이 발생했는데, 정기적으로 가스통의 정밀안전검사를 강제할 규제제도가 없었기 때문이라는 사실 앞에서 우리는 규제에 대해 다시

생각하게 된다. 2010년 대체복무 기능요원이 근무를 마치고 동료들로부터 폭력피해를 입은 경우가 발생했는데, 국방부 소속의 민간인도 아니고 민간업체의 직원도 아닌 상태에서 어디에서도 보호를 받지 못한다면 무조건 규제가 없거나 완화하는 것이 능사일까? 규제의 사각지대(死角地帶)가 발생하여 국가와 국민에게 심대한 피해가 초래된다면 정부의 규제적 개입은 정당한 것이 아닐까? 또 다른 예를 들어보자. 가령 음주운전을 하거나 차선을 지키지 않고 중앙선을 침범한다면, 버스전용차선제 규정을 위반한다면, 그리고 금연구역에서 흡연을 한다면 해당 위반자는 처벌을 받게 된다. 규제는 무질서를 질서로 전환시키는 공권력의 행사이다. 이처럼 정부규제에는 밝은 얼굴(bright faces)이 있다. 2010년 들어 부동산경기가 침체되면서 DTI(Debt-to-Income Ratio, 총부채상환비율) 규제완화 문제가 논란이 되었다. 단기적으로는 부동산경기 부양에 기여하겠지만 장기적으로는 가계부채를 늘여서 결국 2008년 미국의 서브 프라임 모기지론 사태와 같은 부작용을 초래하지 않을지 우려하는 목소리가 높았다. 어느 방송사의 시사기획 프로그램에서는 '빚 중독 사회'를 질타하는 내용을 보도하기도 했다. 여하튼 정부규제는 우리사회의 바람직한 사회질서를 형성하는 긍정적인 작용을 한다.

2020년 5월 3일 이천 물류창고 화재 참사로 38명의 노동자가 희생되고 노동자들의 잇단 사고와 사망 소식이 전해지자 「중대재해기업처벌법」을 21대 국회가 우선 입법시켜야한다는 노동계의 목소리가 높아지고 있다. 중대재해기업처벌법은 중대재해 발생 시 노동자, 하급관리자만 처벌이 가능한 현행법과 달리 기업법인과 최고책임자의 처벌이 가능하며 명목상 책임자가 아니더라도 사고 원인이 실질적 영향력을 행사한 실소유주 및 책임자도 처벌할 수 있도록 했다. 중대재해기업처벌법은 3년 이상의 유기징역, 또는 5억 이하 벌금에 처하도록 하고 있으며 2명 이상인 경우에는 장기 또는 다액 합산 가중된다. 법인의 경영 책임자 등이 명시적 또는 묵시적으로 위험방지 의무를 소홀히 하도록 지시하거나 법인 내부에 생명, 위험방지 의무 소홀을 조장하거나 용인, 방치할 경우에는 매출액 또는 수입액의 10분의 1 범위에서 벌금을 가중하는 게 가능해진다. 이와 함께 고의 또는 중대한 과실일 경우 손해액의 10배를 넘지 않는 한도에서 손해배상을 하도록 해 기업에 손해배상의 책임을 물리게 한 것도 현행법과 다른 점이다. 민주노총은 2008년 이천 물류창고 40명 노동자 산재사망에 진상규명과 책임자 처벌이 제대로 이루어졌다면, 국회에서 산재사망 처벌을 강화하는 중대재해기업처벌법이 통과되었다면 2020년 이천 물류창고 참사는 없었을 것이라고 밝혔다. 반면 재계에서는 '기업 대표에 대한 과한 처벌만 있을 뿐 예방은 없다'면서 법 자체에 문제가 많다고 주장하고 있다. 한편 고용노동부 관계자는 "처벌 강화 방안에 대해 최근 연구용역을 만들고 검토를 진행하고 있다. 대법원 양형위원회에서 양형 기준을 조정해달라는 말을 전했다. 양형위원회 위원장과 장관이 만나 이에 대해 논의하기로 했으며 노동계의 의견도 모니터링하고 있다"고 밝혔다. 중대재해기업처벌법은 노동자의 희생에 대한 기업의 책임 범위를 가른다는 점에서 많은 논의와 찬반 주장이 엇갈릴 것으로 보인다. 지금처럼 그 책임을 기업에 맡겨야할 지, 아니면 국가가 기업에게 책임을 묻는 구조가 될 지가 법안 통과 여부에 달려있는 것이다(시사주간, 2020. 5. 26). 중대재해기업처벌법은 2021년 1월 8일 국회를 통과해 2022년 1월 27일부터 시행에 들어갔다.

2. 정부규제의 어두운 얼굴

정부규제의 어두운 얼굴들(dark faces) 역시 간과할 수 없다. 가령 다양한 맛의 맥주를 원하는 우리나라의 소비자가 국산맥주의 선택의 폭이 너무 좁은데서 실망하고, 그 원인이 맥주생산의 시설규제가 지나치게 강화되어 있어 진입장벽으로 작용했기 때문이라는 사실을 알면 진입규제의 어두운 면을 보게 될 것이다. 정부는 매춘에 대해 강력한 단속을 하다가 수그러들기도 하고, 사행성 게임물에 과잉단속으로 사업자들이 도산하는 데도 수수방관하기도 했다. 부산광역시의 경우 중학교 학생의 60%만이 인문계 고교에 진학할 수 있도록 제한하는데, 서울시의 80%보다 강화된 규제이다. 이는 학부모의 입장에서는 무거운 부담으로 다가오기도 한다. 2007년에는 광우병과 관련한 미국산 쇠고기에 대한 과학적이고 명확한 근거를 바탕으로 하지 않은 수입규제완화조치 때문에 촛불시위를 비롯하여 우리사회가 많이 시끄러웠다. 무엇보다 진보적인 시각에서 보면, 정부규제가 경제계급과 정치계급을 중심으로 하는 지배집단의 지배도구로서 이용된다고 인식하면 사회적 약자들은 이를 매우 무거운 부담으로 수용하게 된다. 푸드 트럭과 같은 신산업이 등장할 경우 기존산업과 충돌하면서 영업제한 등 규제적 부담을 겪고 있다.

지난 2014년 식품위생법, 도로교통법 등 적극적인 법 개정을 통해 푸드 트럭 영업이 합법화 됐다. 2015년에는 박근혜 정부가 청년창업과 규제개혁의 상징으로 육성하기 시작하면서 날개를 달았다. 하지만 영업장소와 관련 법규의 미비 등으로 푸드 트럭 사업자 폐업률은 2018, 2019년도 각각 60%, 70%를 넘어섰다. 푸드 트럭의 활성화를 가로막는 주된 원인은 규제와 관련 정책의 부재에 있다. 특히 입지에 대한 규제가 절대적인 영향을 미치고 있다. 푸드 트럭 산업에 대한 합법화 조치가 이뤄졌던 초기와 비교하면 영업 가능 구역이 늘어나긴 했지만, 지자체가 시장 활성화를 주도하기에는 부담이 크다는 게 업계의 설명이다. 기존 지역 상인과의 마찰이 심화되면서 지자체가 푸드 트럭 입지에 대한 입찰공고에 적극적으로 나서기 어려운 상황이다. 잇츠고 푸드 트럭 O2O플랫폼 관계자는 "푸드 트럭 업계의 가장 큰 문제는 **영업지역이 제한적**이라는 점"이라며 "상대적으로 영업지역을 자유롭게 선택할 수 있는 해외와는 다르게 한국의 푸드 트럭은 영업구역을 지자체의 푸드 트럭 입찰공고를 통해 낙찰 받아야 영업을 할 수 있고, 이 공고마저도 경쟁률이 심해 영업을 할 수 있는 푸드 트럭은 소수에 불과하다"라고 설명했다. 이어 "조례를 살펴보면 공원이나 경기장 등 영업이 가능한데 유동인구가 없어 애로사항이 많다"라며 "보다 나은 수입을 얻기 위해 외부행사에 눈을 돌리는 푸드 트럭 사업자들이 있지만 참여 대수가 한정적이고 수익을 얻을 수 있는 기간도 짧다. 여기에

수수료도 비싸 부담이 영업을 지속하기엔 부담이 크다"라고 덧붙였다. 그러면서 "영업장소를 찾지 못 해 행사장 근처에 찾아가거나 도로 위에서 **불법영업**을 하며 생계를 유지하고 있는 사업자도 있다"라고 토로했다(데일리안, 2020. 8. 26).

3. 평가

그런데 이러한 정부규제의 양면성(two faces of governmental regulation)을 제대로 이해하기는 정말 어렵다. 2006년부터 동네 영세 슈퍼마켓들이 영업하는 시장 영역에 GS슈퍼마켓, 홈플러스 익스프레스, 롯데슈퍼 등 SSM(Super Super-Market, 기업형 슈퍼마켓)이 진입하면서 심각한 사회문제를 초래하고 있다.[4] 2009년 8월 9일 'MBC 2580'이라는 시사프로그램에서「빼앗긴 골목상권」이라는 제목으로 영세 상인들이 주차편리성이나 가격과 서비스경쟁에서 SSM에 무참하게 무너지는 모습을 보도하였다. 500m 상권보호 등 영업범위와 시간대 등을 놓고 여야의 논란이 심한 가운데「유통산업발전법」의 개정이 뜨거운 감자가 되었다.[5] 전문가들은 SSM의 모기업 제조 및 유통계열화 획신에 따른 네트워그 경쟁력, 높은 브랜드 인지도, 막대한 자본력, 이에 기반한 막강한 거래 협상력은 중소 유통사들에는 생존권 위협으로, 납품협력업체에는 불공정 거래로 나타나고 있다고 한다. 소매유통그룹에 의한 유통시장 독과점화와 시장 장악은 장기적 관점에서 결국 소비자 편익을 막고 물가상승을 유발하는 요인으로 작용할 수 있기 때문이다. 따라서 현재 최고 5000만 원 이하인 과징금 수준을 상향 조정해 SSM의 무분별한 확산을 방지하는 등 SSM 규제를 탄력적으로 운용할 필요가 있다는 지적이 있다. 정부는 중소통합물류유통단지 건립, 공동브랜드, 공동판매지원 등 유통인프라 구축을 통해 중소상인들의 경쟁력을 강화시키는 데 주력해야 한다고 한다. 중소기업청에서 2010년부터 골목가게를 '나들가게'(http://www.nadle.kr/)로 지정하여 지원하는 사업이 다소 미흡하지만 소기의 성과를 거두고 있다. 무엇보다 헌법 제119조 제2항에 따라 국가는 균형 있는 국민경제의 성장 및 안정과 적정한 소득의 분배를 유지하고, 시장의 지배와 경제

---

4) 기업형 슈퍼마켓(Super Supermarket)이란 대형 유통업체들이 새로운 대형마트의 부지확보와 출점이 어렵게 되자 이를 극복하기 위하여 개인업자가 운영하던 슈퍼마켓 시장에 진출을 확대 하면서 생긴 중·대형 슈퍼마켓을 뜻한다. 매장면적 330㎡(약 100평) 이상, 3,000㎡(약 900평) 이하의 규모로, 대체로 일반 슈퍼마켓과 편의점보다는 크고 대형마트보다는 작다(http://www.naver.com/).

5) 지난 2010년 11월에 의결된「유통산업발전법(법률 제10398호, 2010.11.24 시행)」에 의한 전통상업보존구역은 그 범위가 협소하여 대규모 유통 상점에 대한 전통시장과 중소유통업의 보호라는 개정취지를 충분히 살리지 못할 우려가 있어, 그 실효성을 높이기 위하여 전통상업보존구역의 범위를「전통시장 및 상점가 육성을 위한 특별법」에 따른 전통시장이나 중소기업청장이 정하는 전통상점가의 경계로부터 현행 500m 이내에서 1㎞ 이내로 확대하고 그 유효기간을 현행 3년에서 5년으로 연장함으로써 대규모유통업과 중소유통업의 상생·균형발전을 도모하고자 2011년 6월 30일 법률개정과 시행이 이루어졌다.

력의 남용을 방지하며, 경제주체간의 조화를 통한 경제의 민주화를 위하여 경제에 관한 규제와 조정을 할 수 있다. 그리고 제123조 제2항과 제3항에 따라 국가는 지역 간의 균형 있는 발전을 위하여 지역경제를 육성할 의무를 지며, 중소기업을 보호·육성하여야 한다.

「서울특별시 서울광장 사용 및 관리에 관한 조례」에 근거하여 이명박 서울시장 시기인 2004년 5월 20일부터 오세훈 서울시장 때인 2010년 9월 27일까지 서울광장의 집회를 허가제로 하였는데, 2010년 6월 2일 지방선거 이후 민주당 중심의 서울시의회는 이를 신고제로 전환하는 조례안을 통과시키고 오세훈 시장이 이를 거부하자 의장 직권으로 공포하였다. 현재 대법원에서 법정공방이 벌어지고 있는 가운데, 과격시위는 없었고 무단점유는 오히려 줄어들었다(http://www.seoul.go.kr/plaza; 중앙일보, 2010. 12. 23; 경향신문, 2011. 7. 20). 서울광장의 집회가 누구에게나 쉽게 허용되는 신고제로 전환되었는데 이익구조는 어떻게 변했을까?

왜 어떤 사람들은 특정 규제를 찬성하고 왜 어떤 사람들은 이를 반대하는 것일까? 이러한 찬반집단들은 어떠한 이해관계를 가지고 있을까? 이 책에서는 정치행정의 영역에서 선택의 문제를 다루는 정치경제학적 접근이란 틀로써 이러한 이해관계의 구조를 밝히고 좀 더 나은 규제제도(smarter tape)의 설계를 고민해볼 것이다.

제2절 정부규제의 접근방법

1. 정치경제학적 접근방법의 의미

정부규제를 이해하기 위해서는 어떠한 학문적인 접근방법(approach)이 유용할까? 정치경제학(political economy)은 정치와 경제의 체계적 관계를 고찰함으로써 현실을 보다 정확하게 그리고 사실적으로 설명하려고 하는 노력의 표현이다(최병선, 1993: 4-7). 정부규제에 대한 정치경제학적 연구의 핵심은 규제정책과정 속에서 누가, 어떤 이해관계를 갖고 있느냐 그리고 누가 이득을 보고, 누가 손해를 보는지를 분석하는 데 있다. 예를 들면, 2006년 우리사회를 떠들썩하게 했던 바다이야기와 같은 게임 산업을 육성할 때와 규제할 때, 설립요건이 까다로운 허가제에서 요건이 완화된 신고제로 바뀔 때 누구에게 이득이 되고 손해가 되는지 고민할 필요가 있다. 좀 더 나아가면 공공영역에 대한 경제학적 분석을 시도하는 공공선택론의 시각에서 규제와 규제완화의 효과를 분석하게 될 것이다.

한편 민영화와 규제완화 등의 용어가 유행어가 된 시점에서 정부와 시장이 각각 어떤 측면에서 장단점을 지니는지 분석할 필요가 있다. Wight(2002)의 「아담 스미스 구하기」(*Saving Adam Smith*)란 소설에서는 자유경쟁시장에서 행위자들의 도덕적 공감이 우선해야 함을 강조하는 「도덕감정론」을 부각시키고 있다. 지금 세계 각국에서 부자의 기부행위라든지 세금을 더 많이 내겠다는 보도는 물론이고 '공정한 사회'와 '자본주의 4.0' 논의는 이러한 맥락에서 이해할 수 있다. 이명박 정부 들어 일류의 흑자기업인 인천공항공사를 민영화하고자 하는 논의가 진행되면서 민영화의 도그마에 심각한 문제제기가 이루어지고 있다. 이 문제에 깊이 천착한 한 경제학자는 '황금알을 낳는 거위를 잡는 우'를 범하는 것이라고 질타하기도 했다. 정치경제학적 시각에서 볼 때 Adam Smith(1776)나 Karl Marx(1984) 이래로 사회를 조직하고 통제하는 두 가지 기본원리 또는 기본적인 방법을 정부와 시장으로 파악하고 있다 (유광호, 1999: 25-28). 여기서 정부는 권력 또는 권한을 상징하고, 시장은 민간의 자유로운 교환관계를 상징한다. 시장에서는 사회구성원이 자기의사에 따라 자유로이 서로 어떤 것을 교환하고 그 결과에 대한 선택이 이루어진다(최병선, 1993: 7). 정부규제가 작동하면 개인과 기업의 자유선택과 경쟁에 맡겨져 왔던 영역이 정부의 간섭과 통제 하에 놓이게 되는 것이다. 그런데 정부의 시장 개입에 대해서는 시장의 불만과 불신이 있을 수 있다.

2. 적용 – 정부와 시장의 논리

우리 사회에서 만연하고 있는 정부불신의 원인도 정부가 당연히 해야 할 일은 하지 않고 잘 할 수 없는 일은 하겠다고 덤벼드는 데서 비롯된다. 우리의 경우 정부가 스스로 문제를 만들고 고치는데 대부분의 에너지를 소비하고 있다는 비판을 받는다. 1994년까지 6년간 공사 끝에 갇힌 물이 썩으면서 2001년 2월 정부가 담수화사업 포기선언을 한 시화호 간척사업의 예를 들 수 있다. 이명박 정부에서 세종시 원안과 수정안을 놓고 정치권에서 공방이 벌어지다가 다시 원안으로 결정된 것도 마찬가지이다. <그림 2-2>는 저자가 2011년 3월 27일 방문한 4대강 살리기 사업 함안보 공사 현장의 모습인데, 4대강 사업에 관해서는 수량과 수질의 문제는 물론 홍수와 침수피해 문제를 놓고 끊임없는 공방이 펼쳐지고 있다. 무엇보다 정부는 환경영향평가를 충실하게 진행하지 않았는데, 공사 주체의 입장에서는 이를 중요한 환경규제와 비용으로 인식하기 때문에 규제회피유인으로 작용한 것으로 판단된다. 행정국가에서는 정부가 거대사업을 많이 펼치게 되고, 이는 자연스럽게 국민과의 갈등으로 표출되기 쉬운 특징이 있다. 정부가 이익집단 간에 발생하는 갈등의 중재자가 아니라 갈등당사자가 되는 경우가 허다한 것이다. 특히 정부와 공공기관이 편법과 탈법 나아가 불법을 자행하면서 공사를 추진할 경우에는 매우 심각한 분쟁양상이 되는 것이다.

<그림 2-2> 4대강 살리기 사업 함안보 공사현장

정부가 벤처산업이라는 명목으로 특정 산업에 집중적으로 공적 자금을 투입할 때 성공을 보장할 수 있는가? 만약 실패한다면 그 책임을 누구에게 물을 것인가? 여기서 정부와 시장의 적정한 역할분담의 문제가 제기되는 것이다.

Massey(1993: 190-201)는 행정은 단연코 시장이 될 수 없다고 한다. 자유주의의 영향으로 경영화의 향수가 강하지만, 민주주의 국가에서 공공 영역은 정당하게 강제력을 행사하여 시민들의 사적 이익을 보호하기 때문에 고유한 영역을 가지고 있다고 한다. 따라서 관료와 경영자와 시장이 이음매 없는 거미줄(seamless web)이라는 주장은 옳지 않다는 것이다.

저자의 경우 2010년 7월 13일 보길도 예송리에 갔을 때 국립공원규제 때문에 마을주민들은 그들이 원하는 방향으로 상록수림을 가꿀 수 없어서 안타깝다고 했다. 그러나 만약 규제가 풀린다면 무자비하게 상록수림이 사라질 위기 역시 다가올 수 있을 것이다. 여기에 규제의 정당성이 있다.

한편 사람들이 한 사안에 대해서 각양각색의 의견을 가지고 있어 쉽사리 합의를 볼 수 없는 것이 보통이다. 이 경우 우리는 정치적 과정을 거쳐 상반되는 의견을 조정하고 통합하여 집단적인 합의 즉, 공공선택에 이르는 길을 모색할 수밖에 없다. 행정학과 정책학에서 정의하는 공공선택이론(public choice theory)이란 비시장적 결정인 정치·행정적 결정에 대한 경제학적 연구 혹은 정부의 의사결정방법을 연구하는 경제이론이다. 공공선택론은 방법론적 개인주의(methodological individualism)를 취하면서 합리적 경제인을 가정하고 연역적 이론화와 과학적 공식을 사용한다. 정책의 파급효과를 중시하여 정부개입을 통한 부작용과 정부실패를 강조하면서 작은 정부의 논거인 분권화, 민영화, 규제완화의 논리를 제시하고 있다.

1960년대 이후 공공선택론을 연구하는 학자들은 매우 다양하다. Buchanan과 Tullock(1962)은 투표를 통한 공공선택, 즉 직접민주제하에서 최적다수결제(optimal majority)의 방법을 제안했다(이준구, 1999: 130-132). <그림 2-3>에서 의사결정비용은 의결에 필요한 찬성표가 많을수록 커지게 된다. 반면 의안이 통과되면 손해를 본다고 느끼는 사람들의 비용은 반대로 인식된다. 여하튼 그들은 공공선택론은 만장일치나 다수결의 원칙에 의한 선거나 투표방식 등이 최선의 공공선택방법이 될 수 없으며 적정참여자가 결정에 참여해야 한다는 것이다. 다만, 현실에서 이 비용곡선들의 모양을 알아낸다는 것은 매우 어렵다. 특히 James Buchanan은 공공선택이론 창시자로 1986년 노벨 경제학상을 받았다. 한편 Anthony Downs는 대의민주주의 하에서 정부는 정치가와 관료에 의해 움직이는데, 정치가와 유권자의 목표와 행동을 분석하여 정치가의 득표극대화 모형을 제시하였다(이준구, 1999: 142).

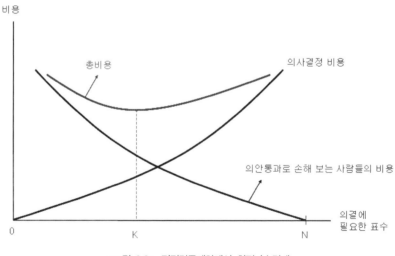

<그림 2-3> 직접민주제하에서 최적다수결제

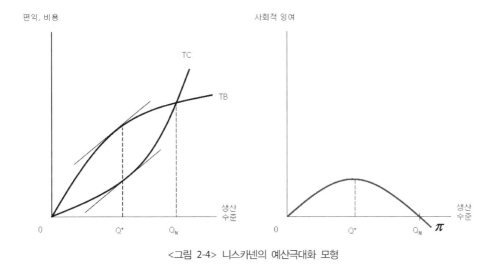

<그림 2-4> 니스카넨의 예산극대화 모형

　　<그림 2-4>와 같이 Niskanen(1971)은 관료들이 그들의 권한과 영향력에 대한 관심 때문에 그가 속한 부서의 예산을 극대화하는 데 목표를 두고 있다는 기본가정에서 출발하여, 관료들의 예산극대화 행태를 통한 관료기구의 비효율성을 분석하였다. 결국 그는 관료들이 국민들에게 돌아갈 잉여를 관료적 생산의 확대에 사용한 결과 적정한 생산수준을 넘어서는 과다생산(overproduction)을 초래함을 연역적 모형으로 설명하고 있다.

　　특히 Ostrom(1974)에 의하면, 중첩되는 관할권(overlapping jurisdictions)과 권한의 분산(fragmentation of authority)은 경쟁원리를 통해 다양한 공공재와 공공서비스의 생산을 촉진시킨다고 한다. 이는 권한분산이 미국 정부에 있어서 제도상의 중요한 실패의 원인이라고 주장한 고전적 행정이론의 근본적 전제와 대립하는 것이다. Wilson-Weberian Paradigm은 단일의 권력중추를 가진 계층제 혹은 피라미드식 관료제로서 능률성 위주의 집권적인 패러다임이다(유광호, 1999: 126-127). 즉, Ostrom(1974)은 계층제 조직은 시민의 요구에 민감하지 못하여 정부실패를 초래했기 때문에 시민 개인의 선호와 선택을 존중하고 경쟁을 통하여 공공서비스를 공급하는 민주행정의 패러다임을 제시한 것이다. 결국 작은 정부를 주장하는 공공선택론의 다른 유파들과 동일한 결론에 도달하게 되는 것이다.

　　이처럼 공공선택론은 개개인의 선호를 결합하여 집단적 선택으로 전환시켰고, 대응성 높은 민주행정의 구현에 기여했지만, 이론이 지나치게 다양하고 비민주적인 행정체계에서는 현실적합성이 낮다는 한계를 갖는다.

　　현장에서는 어떤 규제제도나 지원제도를 도입하는 공공선택이 매우 어렵고, 진정한 담론을 통해 합의형성에 도달하는 지혜가 필요함을 알 수 있다. 2016년~2019년 구포가축시장 상인들과 동물보호단체간의 공공갈등은 조정과정을 통해 성공적인 합의형성에 이를 수 있었다(김장수, 2020: 47-71). 한편 저자가 법정책전문가들과 동물보호난체 관계사고 년남하고 언론보도 자료(매일경제, 2020. 7. 26)를 참고한 결과, 동물보호단체는 개는 축산법상 가축이라는 이유로 대량 사육이 가능해 철창에 갇힌 채 사육되는 반면 축산물 위생관리법의 규율 대상에는 포함되지 않아 허가받은 작업장에서 도살하지 않더라도 처벌할 수 없다고 한다. 법정책전문가들은 현행법의 모순을 바로잡기 위한 입법적 해결책은 둘 중 하나라면서 축산물 위생관리법상 가축에도 개를 포함해 사육 과정에서의 동물복지를 보장하는 제도적 장치를 마련하거나, 축산법상 가축의 범위에서 개를 제외하는 것이라고 한다.

연구문제

1. 정부와 시장의 개념을 분리하여 정의해 보시오.
2. 규제로 인해 이득이나 어려움을 겪은 사례(개인적인 사례 혹은 언론보도사례)를 제시하고 이유를 설명해 보시오.
3. 우리나라 관세청의 면세한도는 적정한가?
4. 대형 유통업 영업 규제의 근거는 무엇인가?
5. 주택시장 규제가 쉽게 성공하지 못하는 이유는 무엇인가?
6. 최근 우리나라 맥주 맛이 다양해지고 나아진 이유는 무엇일까?

제3장 정부규제의 유형

제1절 정부규제 유형분류 이론

1. 규제자와 규제대상자 기준에 따른 분류

정부규제의 유형 분류는 매우 다양하다. 이는 상호배타성과 포괄성을 만족시키는 완벽한 규제유형분류가 쉽지 않음을 의미하는 것이기도 하다. 먼저 Mitnick(1980: 14)은 <표 3-1>과 같이 규제자와 규제대상자가 공공영역에 속하느냐 민간영역에 속하느냐에 따라 네 가지 유형으로 규제를 분류한다. (1) 우리가 생각하는 좁은 의미의 전통적 규제는 정부가 민간영역에 개입하는 Ⅱ유형이다. 예를 들면, 제주특별자치도청이라는 행정관청에서 구럼비 해안을 절대보전지역으로 지정하여 특정한 개발행위를 제한하는 경우이다. 정부가 개인의 낙태행위를 금지하거나 기업의 독과점행위를 금지하는 경우이다.

<표 3-1> 규제의 유형(Typology of Regulation)

구 분		규제대상자	
		공공영역 규제대상자	민간영역 규제대상자
규제자	공공영역 규제자	정부 자율규제 (Ⅰ)	전통적 규제 (Ⅱ)
	민간영역 규제자	포획 (Ⅲ)	민간 자율규제 (Ⅳ)

출처: Mitnick(1980: 14)

(2) 한편 의사협회나 변호사협회에 의한 구성원 규제가 민간 자율규제(Ⅳ)의 예이다. <그림 3-1>과 같이 아파트에서나 상가에서 무단주차로 통행에 방해를 받을 경우 주차금지 표지를 두어 개인이 다른 개인을 상대로 규제하는 경우도 있다.

<그림 3-1> 민간 자율규제의 현장

자율어업규제의 경우 <그림 3-2>와 같이 섬진강 재첩의 경우는 규정을 어겨가며 촘촘한 어구로 작은 재첩을 잡아 씨를 말려가는 나쁜 사례가 있다. 「수산자원관리법 시행령」제6조 제2항에 따른 별표 2에 근거하면 포획금지체장이 기수재첩의 경우 1.5㎝ 이하이며 위반 시 세53조에 근서하여 과태료를 물어야 하지만 1㎝ 미만의 재첩이 포획되고 있어 공유자원의 비극이 우려된다. 경남 하동과 전남 구례의 어업구역 갈등도 있어 이러한 비극의 가능성이 더 높아지고 있기 때문에 협력 방안이 요구된다. 자율규제가 어려울 경우 명령지시 규제에 의한 정부의 개입이 요구된다. 한편 대게 포획금지체장은 9㎝이다.

<그림 3-2> 섬진강 재첩 잡이 어구와 대게 포획금지체장

당연히 성공적인 사례도 많다. 서해의 어청도 주민들은 스스로 어촌계 규약을 제정하여 15년째 동력선이나 그물을 사용하지 않고 오직 낚시로 어업을 하고 있다. 처음에는 생계를

염려했던 주민들도 풍족한 삶을 보장받으면서 지금은 자신들의 선택이 옳았음을 확신하고 있다(KBS환경스페셜, 2004. 1. 14). 서해의 장고도 어민들도 지역실정에 맞는 공유자원 관리규칙의 제정과 실행으로 공유어장을 잘 관리하여 풍부한 어장으로 만들어 놓고 있다. 이들 어장에서는 그물 사용금지, 주낙사용, 잡는 고기의 크기와 양 제한 등을 통해 풍성한 어장을 형성하고 있다(최재송 등, 2001). 이들의 성공원천은 수산자원 관리규칙이다(Ostrom, 1990).

최근 거제도 외포항의 경우 스스로 체장 35㎝ 이하의 대구는 잡지 않기로 규약을 정하고, 지방정부의 방류사업에 어민들이 적극 협력하여 풍성한 대구어장을 되살리고 있다. 공동체의 어민들은 약속 지키기가 장기적으로 '공유의 행복'으로 이어짐을 확인하고 있다(김창수, 2011).

<그림 3-3> 거제시 외포항의 대구어장

(3) 정부 자율규제(Ⅰ)에는 내부 감사기관에 의한 직무감찰과 공직자윤리에 따른 내부규제 등이 해당될 것이다. 2010년 9월 외교부를 중심으로 5급 사무관 특별채용의 공정성이 문제가 되었을 때 행정안전부가 감사를 실시했고, 이후 특별채용점검위원회를 통해 특별채용의 공정성을 자체 심사하도록 하는 내부규제를 도입한 예를 들 수 있다. 현실에서는 관할구청에서 장애인을 위한 편의시설을 합법적으로 설치하지 않았을 때 이를 어떻게 강제할 수 있

을지 역시 관청 내의 자율규제의 문제에 해당된다.

(4) 포획(Ⅲ)은 민간 기업이 월등한 정보력과 자금력을 동원하여 오히려 규제기관을 원하는 방향으로 끌고 가는 특이한 병리현상을 일컫는다. 김어준(2011: 42)은 이명박 정부가 성남비행장에 피해를 줄 가능성이 있다고 군에서 반대를 해도 제2롯데월드 허가를 내주는 이상한 우파라고 비판한다. 그는 전통과 자유와 원칙에 목숨까지 거는 기개가 있어야 진정한 보수라고 한다(김어준, 2011: 233). 이러한 기개가 없으면 규제포획의 가능성이 상존한다. 부산광역시의 경우 2000년 이후 건축규제를 완화하여 업무지구를 주택지구로 변경하는 허가를 통해 업자의 수익을 보장해주는 경우가 있었는데, 이는 업자의 애로사항 호소에 부산광역시가 끌려가는 모습으로 이해된다.

2. 규제대상 영역과 규제수준에 따른 분류

Mitnick(1980: 15)은 또한 규제 대상영역과 규제수준의 차이에 따라 규제를 분류하고 있다. 그는 규제대상에 따라 (1) 국민에게 직접적인 영향을 미치는 정부행위를 사회적 규제, (2) 시장 활동에 영향을 주는 정부행위를 경제적 규제로 분류한다. 그리고 이를 규제의 수준에 따라 분류하고 있다. 이러한 그의 논의는 이후 정부규제를 경제적 규제와 사회적 규제로 나누어 분류하는 데 시금석을 제공한다. 가령 「경범죄처벌법」에 따른 금연 장소에서 흡연에 대한 규제라든지 「성매매알선 등 행위의 처벌에 관한 법률」에 따른 매매춘에서 2004년 9월 26일 이후 성 매수자에 대한 처벌이라든지 「게임 산업 진흥에 관한 법률」에 따른 사행성게임에 대한 규제는 사회적 규제로 이해할 수 있는 것이다. 물론 국민생활에 직접적인 영향을 미치는 규제를 생활규제 혹은 행정규제로 개념 구성하는 방안도 고민해볼 수 있다. 이는 규제대상에 따른 경제적 규제와 사회적 규제 분류를 취하는 최병선(1993)의 규제분류 이론으로는 명확하지 않은 부분을 해소해주는 것이다.

3. 규제방식과 규제시기에 따른 분류

한편 최유성(2007: 33)은 선행연구를 검토하면서 규제방식과 규제시기에 따라 네 가지 규제유형을 제시하는데, 이는 정부규제의 다양한 수단을 논의하는데 유용한 시사점을 제공한다.

<표 3-2> 정부규제의 분류(Typology of Governmental Regulation)

구 분		규제시기	
		사전 규제	사후 규제
규제방식	명령지시 규제	사전 명령지시 규제 (Ⅰ) (수단규제, 투입기준, 기술기준, 설계기준)	사후 명령지시 규제 (Ⅱ) (성과기준 규제, 행정형벌과 행정질서벌)
	시장유인 규제	사전 시장유인 규제 (Ⅲ) (오염배출권거래제)	사후 시장유인 규제 (Ⅳ) (총량규제, 사후 인센티브 기준)

출처: 최유성(2007: 33) 수정 보완

첫째, 자동차에 OBD(On-Board Diagnosis) 장착의무를 부과하는 경우나 에어백 설치의무 부과는 물론 아파트의 소방방재시설 의무 부과 등은 사전 명령지시 규제에 해당된다(Ⅰ). 물론 OBD는 차량에 내장된 컴퓨터(On-Board Computer)로 차량의 운행 중 배출 가스 제어 부품이나 시스템을 감시, 고장이 진단되면 운전자에게 이를 알려 정비소로 가도록 유도하는 시스템을 장착하도록 한 규정인데 미국의 경우 1996년 이후 대기환경오염규제의 맥락에서 도입되었다. 미국에서 2008년 내가 사용하던 자동차에서 펑크가 난 사인이 보드에 나타났기 때문에 안전하게 정비를 받은 경험이 있다. 본격적인 사업을 시행하기 전에 환경영향평가라든지 사전환경성검토를 의무화하는 것도 사전적인 명령지시규제에 해당된다고 볼 수 있다.

둘째, 한편 BOD 수준이라는 성과기준으로 배출부과금을 부과하는 것은 사후적인 명령지시 규제에 해당한다(Ⅱ). 대부분의 경우 환경오염행위나 경범죄 등 규제기준을 위반한 경우 다양한 형태의 벌칙이 부과되는데, 이는 사후적인 명령지시 규제로 볼 수 있다. 셋째, 대기 오염이나 수질오염 총량규제의 경우 규제대상기업이 사후적으로 오염총량을 줄였는지 아니면 늘였는지에 따라서 부과금이 달라질 수 있는데, 이는 사후적인 시장유인 규제로 볼 수 있다(Ⅳ). 넷째, 물론 총량규제가 사전적인 유인을 제공하는 점에 유의하여 이를 사전적인 시장유인 규제로 해석하는 경우도 있다(Ⅲ).

제2절 정부규제 유형분류의 적용

1. 경제적 규제와 사회적 규제 분류의 의미

이처럼 정부규제의 유형은 다양한 기준으로 분류가 가능하기 때문에 어떠한 분류기준을 취하든지 간에 장점과 단점을 지닌다. 이 책에서는 일단 큰 틀에서 규제대상을 기준으로 경제적 규제와 사회적 규제로 나누기로 한다(최병선, 1993: 43). 왜냐하면 규제목적을 기준으로 하면 포괄적이고 상호배타적인 분류가 용이하지 않기 때문이다. 가령 건축규제의 목적을 보면 안전 목적도 있지만, 토지이용 원활이라는 목적도 섞여 있기 때문에 목적에 따른 분류는 어려움이 많다. 독과점규제나 불공정거래규제는 공정한 사회를 목적으로 하기 때문에 사회적 규제의 성격이 강한데, 규제대상 기준으로 보면 경제적 규제이다. 그래서 김용우(2010: 202-260)는 독과점 금지 및 불공정거래 규제를 별도로 논의하기도 한다. 여기서는 규제대상에 따른 유형 분류의 의미만 살펴보면 다음과 같다(최병선, 1993: 43-49).

첫째, 규제의 이론적 근거의 차이이다. (1) 사회적 규제의 이론적 근거는 대부분 시장실패에서 찾을 수 있다. 환경문제는 외부불경제 때문이고, 소비자 문제는 정보의 불완전성 때문이다. (2) 경제적 규제는 자연독점산업의 경우를 제외하면 대부분 시장경쟁의 효과성과 공평성에 대한 불신에서 비롯된다.

둘째, 규제대상의 차이이다. (1) 경제적 규제는 기업의 본원적인 경제활동, 즉 진입·가격·생산량·거래대상·방법 등에 대한 규제이다. (2) 반면 사회적 규제는 개인과 기업의 활동과정에서 부수적으로 발생하는 사회적 문제를 다루기 위한 규제이다. 따라서 사회적 규제는 그 범위가 매우 넓다.

셋째, 시장경쟁과의 관계에서 차이가 난다. (1) 경제적 규제는 시장경쟁을 직접적으로 제한하는 속성을 가지고 있다. (2) 그러나 사회적 규제는 기업의 사회적 책임을 강조하여 기업의 활동이 인간의 보건과 생명, 삶의 질, 기본권을 침해하지 않도록 한다. 간접적으로 환경규제 등을 통해 중소기업의 경쟁력을 약화시킬 수는 있지만 시장경쟁과는 직접적인 관련이 없다. 참고로 중국산 메밀을 국산 메밀로 둔갑시켜 몇 배의 이득을 챙기면서 소비자에게 피해를 입히는 악덕업자를 대상으로 하는 국립농산물품질관리원의 소비자 보호 규제는 시장정보의 불완전성 때문에 정부가 소비자에게 상품 정보를 제공하는 것으로, 이 경우에는 시장경쟁을 제한하기 보다는 오히려 도와주는 것이다.

넷째, 정치경제학적 속성의 차이이다. (1) 정치경제학적 시각에서 볼 때 특정 산업을 규제하는 경제적 규제에서는 규제기관이 피규제산업의 요구에 호응하고 피규제산업에 대해 동정적 입장을 취하는 규제기관의 포획현상(regulatory capture)이 곧잘 일어난다. (2) 반면 거의 모든 산업을 대상으로 하는 사회적 규제의 경우에는 포획현상이 잘 일어나지 않는다. (1) 정치과정에서 경제적 규제는 '피규제산업-소비자-정부' 사이의 문제이지만, (2) 사회적 규제의 경우에는 제3자 집단인 공익단체와 언론매체의 역할이 두드러진다. 우리나라의 경우 사회적 규제의 주체인 식품의약품안전청이 주류업계의 대대적인 반대로 발암물질 규제를 제대로 못하는, 과일주 업계에 의한 포획모습을 보여주는 사례가 있다(MBC 9시 뉴스, 2008. 12. 15). 만약 언론의 보도조차 없다면 시민사회에서는 알기 어려운 내용들이다.

다섯째, 규제기관의 차이이다. (1) 미국의 경우 경제적 규제는 독립규제위원회에서, 사회적 규제는 연방환경보호청(EPA)과 식품의약품안전청(FDA)과 같이 행정부처의 내부조직 또는 산하기관에서 수행한다. (2) 우리나라에서는 규제기관들이 공정거래위원회, 식품의약품안전청, 영상물등급위원회, 중국산 냉동조기가 영광굴비로 둔갑하고, 중국산 붕어에서 발암물질이 검출되는 등 불법행위에 대한 규제를 담당하는 국립수산물품질검사원, 그리고 음식점 재료 원산지 표시와 유전자변형작물(GMO) 표시 제도를 운영하는 국립농산물품질관리원 등이 예외 없이 행정부에 소속되어 있다.

2. 규제대상에 따른 유형 분류

1) 경제적 규제

경제적 규제(economic regulation)란 기업의 본원적 경제활동이라 할 수 있는 특정 산업분야에 대한 진입, 생산제품 또는 서비스의 가격·이윤·품질 등을 규제하는 것이다(최병선, 1993: 239). 시장경쟁의 결과 자원배분과 소득분배에 사회적으로 문제가 있을 때 경제적 규제가 이루어진다. 한·EU 혹은 한·미 자유무역협정(FTA) 등은 나라 간의 관세 및 비관세 장벽이라는 진입규제를 완화하는 것이다. 한국석유관리원이 유사석유를 도심 속의 시한폭탄으로 간주하고 이루어지는 품질검사는 품질에 대한 규제로 볼 수 있다.

경제적 규제는 기업의 본원적 활동에 대한 정부규제이다. 여기서 기업은 학교, 은행, 약국 등 제조업 이외의 기업도 포함한다. 진입, 가격, 품질, 생산량, 공급대상·조건·방법 등에 대한 규제이다. 경제적 규제는 시장경쟁을 제한하는 방법이며, 규제 대상에 따른 분류이므로 규제의 목적과는 상관이 없다. 그러나 독과점 및 불공정거래 규제는 시장 활동을 제한하기보다는 시장성과를 확보하므로 그 성격이 다르다 하겠다.

2010년 우리나라 저축은행들이 프로젝트 대출(project financing) 등으로 인한 부실운영으로 몸살을 앓았다. BIS 자기자본비율(BIS capital adequacy ratio) 등을 고려하여 진입규제를 통해 금융기관의 난립을 막고, 지속적으로 규제와 감독을 해야 할 책임은 금융감독원을 포함한 정부가 담당해야 할 몫이다.[6] 1973년 국세청은 소주 업체의 난립을 막고자 '1道 1社 원칙'을 세우면서, 한때 우리나라 소주시장에는 자도주(自道酒)가 있었고 지역제한이 존재하였는데, 1992년 이러한 지역제한이 풀리면서 이제 다양한 업체들이 선 지역에 나양한 맛과 알코올 농도의 소주를 제공하고 있다. 최근 맥주시장에는 시설기준이 완화되면서 제주특별자치도 등 새로운 업체들이 맥주시장에 진입할 준비를 하고 있다. 병입 먹는 샘물 역시 해양 심층수를 비롯한 100여 가지가 넘는 다양한 샘물을 즐길 수 있는 이유도 여기에 있다. 경제적 규제의 완화는 대부분 소비자의 이익으로 돌아가는 경우가 많다.

2) 사회적 규제

사회적 규제(social regulation)란 민간부문인 기업과 개인의 사회적 행위에 대한 규제이다(최병선, 1993: 39).[7] 즉 기업의 사회적 행위인 환경오염, 산업재해, 소비자 안전사고 등을 규제하는 정부의 활동이다. 주로 사람의 생명, 건강과 관련된 규제들이다. 소방, 식품첨가물, 위생, 보건, 대기, 수질, 소음·진동에 대한 규제를 포함한다. 예를 들면 2004년 식품의약품안전청이 썩은 단무지 단속을 한 경우라든지, 수산물품질검사원이 중국산 뱀장어 등에 대해 원산지 표시 단속을 하는 경우를 들 수 있다. 성(性)과 종교적 차별도 정부의 규제적 개입의 대상이 된다. 기업의 사회적 책임을 강제하고, 기업의 사회적 횡포를 막기 위한 규제인 환경규제, 작업장안전 및 보건규제, 소비자보호규제, 사회적 차별에 대한 규제 등을 예로 들 수 있다.

이러한 사회적 규제는 정부가 하기 싫어도 해야 하는, 우선적으로 강화해야 하는 규제이다. 경제적 규제의 경우 인간의 생명, 건강, 안전과 다소 무관하기 때문에 정부의 보이는 손이 물러가고 보이지 않는 손이 작동해야 하는 영역이지만, 사회적 규제의 경우 정부의 개입이 없으면 기업의 횡포로부터 국민의 생명과 안전을 보장해주기 어렵기 때문이다. 가령 한때 고속도로 휴게소에서 남자들은 화장실을 빨리 다녀와 늦게 오는 여성들을 타박하는 경우를 종종 보았다. 그러나 남자들의 소변기에 비해 여자들의 소변기가 지극히 적었기 때문이라는 사실을 인지하고 「공중화장실 등에 관한 법률」 등 관련규정을 개정하여 여자화장실의 변기 수를 50% 더 늘린 것은 공정성을 실현하는 것으로서 지극히 최근의 일이다. 민물진주와 해수진

---

6) 국제결제은행(Bank for International Settlement)이 정한 은행의 위험자산(부실채권) 대비 자기자본비율로 1988년 7월 각 국 은행의 건전성과 안정성 확보를 위해 최소 자기자본비율에 대한 국제적 기준을 마련하였다. 이 기준에 따라 적용대상은행은 위험자산에 대하여 최소 8% 이상의 자기자본을 유지하도록 하였다.

7) 환경규제의 주요 대상은 기업이라고 할 수 있지만 개인이나 가정도 환경오염의 원인자로서 사회적 규제의 대상이 될 수 있다. 금연 장소에서 흡연의 경우가 대표적인 경범죄로서 규제대상의 예이다.

주의 구별이 쉽지 않은 소비자를 위해서 정부가 상대적으로 값싼 전자를 후자로 허위 판매하는 경우 정부가 강력하게 단속하는 것은 소비자보호를 위한 사회적 규제에 해당된다.

3. 규제개입범위에 따른 유형 분류

규제는 개입의 범위에 따라 네거티브 규제와 포지티브 규제로 구분된다. 네거티브 규제는 '원칙 허용', '예외 금지'를 의미하는 것으로 '~할 수 없다', 혹은 '~가 아니다'의 형식을 띤다. 네거티브 규제 방식에서는 명시적으로 금지하는 것 이외에는 모든 것을 자유로이 할 수 있다. 포지티브 규제는 '원칙 금지', '예외 허용'의 형태를 띠는 방식으로 '~할 수 있다' 혹은 '~이다'의 형식을 띤다. 따라서 포지티브 규제에서는 명시적으로 허용하는 것 이외에는 원칙적으로 모든 행위가 금지된다. 네거티브 규제가 포지티브 규제에 비해 피규제자의 자율성을 더 보장해준다는 측면에서 바람직하다고 평가받고 있다.

예를 들어, 동일한 규제라 하더라도 '대기업은 프랜차이즈 사업에 진출할 수 없다' 와 '대기업은 프랜차이즈 사업에 진출할 수 있다'는 그 효과에서는 완전히 다르다. 전자와 같이 네거티브 방식으로 규제설계를 하게 되면 대기업은 프랜차이즈 사업 이외에는 다른 모든 사업에 진출할 수 있게 되지만, 후자와 같이 포지티브 방식으로 규제설계를 하면 대기업은 프랜차이즈 사업만 할 수 있고 그 밖의 사업에는 진출하지 못하게 되기 때문이다. 당연히 전자와 같은 네거티브 규제가 포지티브 규제보다 피규제자에 더 많은 자율성을 보장해준다(이종수 등, 2014: 520).

포괄적 네거티브 규제를 소개하면, 빠른 환경변화 대응을 위해 규제체계의 민첩성과 유연성 확보 필요하다. 기존 네거티브 리스트 규제(원칙허용-예외금지) 개념을 확대하여 포괄적 네거티브 규제(사전허용-사후규제) 전환 추진을 하는 것이다. ① 입법방식 전환은 법령개정 없이도 신제품·서비스를 수용하는 방식이다. 첫째, 법령의 한정적·열거적 개념 정의를 포괄적 개념 정의로 전환하는 것이다. 둘째, 제품·서비스 관련, 경직된 분류체계를 유연한 분류체계로 전환하는 것이다. ② 혁신제도 도입은 기존 규제에도 불구, 신사업 시도가 가능토록 하는 방식으로서 '규제샌드박스'를 도입하는 것을 의미한다. 첫째, 혁신 제품·서비스에 대해 시범사업·임시허가제 도입, 둘째, 필요시 규제를 탄력적용(면제·유예·완화)할 수 있는 근거를 마련하는 것이다.

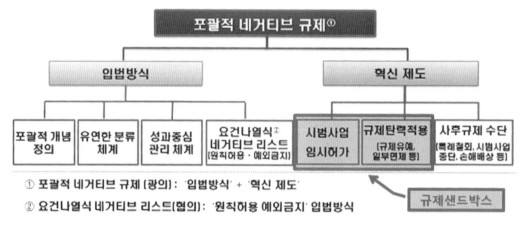

출처: 국무조정실. (2017). 「새 정부 규제개혁 추진방향」. 2017. 9. 7.

<그림 3-4> 포괄적 네거티브 규제 개념도

규제개혁(regulatory reform)이란 규제제도의 불합리한 요소를 혁신하는 과정(불합리한 규제는 보완, 불필요한 규제는 폐지, 필요한 규제는 신설)이다. 규제개혁의 큰 방향은 경제적 규제는 대폭 완화하고 사회적 규제는 합리적으로 강화하며 행정적 규제는 감축(cutting red tapes)하는 것이다.

행정규제기본법 제5조(규제의 원칙)에 따르면, 첫째 국가나 지방자치단체는 국민의 자유와 창의를 존중하여야 하며, 규제를 정하는 경우에도 그 본질적 내용을 침해하지 아니하도록 하여야 한다. 둘째, 국가나 지방자치단체가 규제를 정할 때에는 국민의 생명·인권·보건 및 환경 등의 보호와 식품·의약품의 안전을 위한 실효성이 있는 규제가 되도록 하여야 한다. 셋째, 규제의 대상과 수단은 규제의 목적 실현에 필요한 최소한의 범위에서 가장 효과적인 방법으로 객관성·투명성 및 공정성이 확보되도록 설정되어야 한다.

그리고 행정규제기본법 제5조의2(우선허용·사후규제 원칙)에 따르면, 첫째, 규제로 인하여 제한되는 권리나 부과되는 의무는 한정적으로 열거하고 그 밖의 사항은 원칙적으로 허용하는 규정 방식(네거티브 리스트), 둘째, 서비스와 제품의 인정 요건·개념 등을 장래의 신기술 발전에 따른 새로운 서비스와 제품도 포섭될 수 있도록 하는 규정 방식(포괄적 개념 정의), 셋째, 서비스와 제품에 관한 분류기준을 장래의 신기술 발전에 따른 서비스와 제품도 포섭될 수 있도록 유연하게 정하는 규정 방식(유연한 분류체계), 넷째, 그 밖에 신기술 서비스·제품과 관련하여 출시 전에 권리를 제한하거나 의무를 부과하지 아니하고 필요에 따라 출시 후에 권리를 제한하거나 의무를 부과하는 규정 방식(성과중심 관리체계) 등 규제혁신의 핵심내용이 담겨있다.

제3절 규제대상 유형분류의 평가와 대안의 모색

1. 규제대상에 따른 분류의 평가

정부규제의 유형은 경제적 규제와 사회적 규제가 있다. 이는 규제의 대상에 따른 분류이며, 그 목적과는 상관이 없다. 경제적 규제의 경우에는 기업의 본원적 활동인 진입, 가격, 생산량, 거래대상 등을 직접적으로 규제하므로 시장경쟁을 제한하는 속성을 가진다. 그러나 이 경우에 포함이 되지 않는 경우로 독과점 및 불공정거래 규제가 있는데, 이는 오히려 시장활동을 제한하기 보다는 정보의 제공과 시장성과를 확보하므로 시장 활동을 도와주는 측면이 강하다.

첫째, 경제적 규제는 근본적으로 시장경쟁을 제약한다. 가령 가격규제는 제품의 질을 떨어뜨리고 제품의 다양성과 기술개발을 제약한다. 특히 진입규제는 인허가를 통해 이권을 만들어주기 때문에 부정부패의 온상이 되기도 한다. 예를 들면 2006년 바다 이야기 상품권 관

<그림 3-5> 바다 이야기 게임기

련 비리의 예를 들 수 있는데, 특정 업체에게 특혜를 주는 형식의 진입규제는 부정한 연결고리를 형성할 가능성이 높아진다. 그리고 진입규제는 기득권의 프리미엄을 유지해주기 때문에 기회균능의 문제를 야기한다. 무엇보다 신입규제는 성생을 통한 기술개발의 유인을 세공해주지 못한다. 따라서 가능하다면 대폭 완화해야 할 규제가 바로 경제적 규제이다.

둘째, 한편 사회적 규제는 기업의 활동과정에서 부수적으로 발생하는 사회적 문제를 다루는 규제이므로 규제의 범위가 경제적 규제보다 더 넓다. 기업의 경제적 활동으로 인해 사회적 책임이 약해지는 경우 이는 사회적 횡포로 이어진다. 이 경우 환경규제, 보건규제, 소비자보호규제, 사회적 차별에 대한 규제를 통해 기업의 사회적 책임을 강조하고, 인간의 존엄을 보호하고 삶의 질을 향상하기 위해 기업 활동을 규제하게 되는 것이다. 예를 들면, 자동차 급발진 사고로 인해 소비자들이 피해를 보는 경우 정부의 규제가 요구된다.

셋째, 이러한 규제는 모두 바람직한 경제사회질서의 구현을 목적으로 실시된다. 그러나 바람직한 경제사회질서를 이루는데 꼭 정부가 개입해야 되는 것은 아니며, 정부가 개입하게 되는 경우 바람직한 경제사회질서의 의미 또한 사회의 변화에 따라 달라지므로, 규제의 방법도 다르게 적용된다. 즉 정부의 역할이 변하는 것인데, 오늘날에 있어서는 환경문제, 인권문제, 재해문제에 집중하는 경향이 있다.

넷째, 무엇보다 기존의 규제대상에 따른 경제적 규제와 사회적 규제 분류 방식에 따르면 공정거래규제, 자율규제, 최저임금제, 소비자보호규제 그리고 서울시청 광장 사용 허가제 등 규제대상과 규제목적 면에서 획일적으로 한 유형의 규제에 포함하기가 곤란한 경우도 있다. 그리고 기업이나 개인이 정부에 대해서 진정으로 부담을 느끼는 규제가 무엇인지에 대한 고민이 필요하다. 따라서 OECD(1997)는 경제적 규제와 사회적 규제 외에 행정적 규제(administrative regulation)를 추가하고 있다. 정부의 업무수행과 관련된 서류작업이나 요건, 그리고 행정적인 요식행위를 행정적 규제로 분류하고 있는 것이다(최유성, 2007: 107-109). 본 연구에서는 이와 관련하여 개인의 정치사회적 행위와 관련하여 일상생활 속에서 정부와 부딪히는 규제의 개념을 구성하고 논의의 장으로 끌어들일 필요에서 생활규제 내지 생활공감규제(regulation on living empathy)의 개념을 구성하고자 한다.

2. 성격별 유형분류에 대한 실증적 연구

1) 최유성의 연구

최유성(2007: 40-133)은 규제의 성격별 기준을 적용하여 처음으로 등록규제를 분류하였다. 성격별 규제분류기준은 「규제등록 정비지침」(2006. 8)을 통해서 새로 작성된 것으로 내용은 기본적으로 규제를 경제적 규제, 사회적 규제, 행정적 규제로 구분하고 있다. (1) 경제적 규제는 진입규제, 가격규제, 거래규제, 품질규제로 세분하고 있다. (2) 사회적 규제는 투입기준 규제, 성과기준 규제, 시장유인 규제로 구분하였다. 아울러, 규제의 내용에 따라 환경규제, 산업재해 규제, 소비자안전규제, 사회적 차별에 관한 규제로 구분하고 있다. (3) 그는 행정적 규제는 규제의 집행과정에서 부수적으로 수반되는 것들로서, 실질적으로 개인이나 기업에 부담을 주거나 새롭게 의무를 부과하는 경우가 많다는 점, 그리고 실제적으로 이러한 유형의 규제가 민간이 규제개혁 체감도에 커다란 영향을 미친다는 점에서 경제적 규제나 사회적 규제와는 다른 관점에서 다루어져야 한다고 한다. 즉, 행정적 규제의 정비는 민원사무의 간소화와 상당 부분 중복되는 측면이 있는데, 현재 행정적 규제가 전체 규제 중 18%를 차지하고 있다는 것은 규제의 관리 측면에서 다각적인 검토를 할 필요가 있다는 것이다.

<표 3-3> 등록규제의 성격별 분류 결과(2006년)

합계	경제적 규제	진입	가격	거래	품질	사회적 규제	규제방식			규제영역				행정적 규제
							투입	성과	시장유인	환경	산업재해	소비자안전	사회적차별	
5,011	2,289	763	78	900	548	1,824	1,708	59	57	466	189	887	282	898

출처: 최유성(2007: 46)

2) 최유성의 연구결과 평가

그의 분석결과에 의하면, 총 5,011건의 규제 중 경제적 규제 2,289건(45.7%), 사회적 규제 1,824건(36.4%), 그리고 행정적 규제 898건(17.9%)으로 나타났다. 현재 등록된 규제는 경제적 규제가 사회적 규제보다 다소 많다는 것을 알 수 있다. 그러나 단순히 경제적 규제와 사회적 규제의 건수를 비교하여 경제적 규제나 사회적 규제의 수량적인 적정성에 대한 판단은 의미가 없다. 새롭게 정비된 규제를 세부적 기준에 근거하여 살펴보면 다음과 같다.

첫째, 총 2,289건의 경제적 규제 중 규제의 강도가 가장 강한 것에서 약한 순서대로 살펴보면, 진입규제는 763건(33.3%), 가격규제는 78건(3.4%), 거래규제는 900건(39.3%), 품질규제는 548건(24.0%)으로 나타났다. 이 결과는 우리나라의 경제적 규제가 경제활동의 자유를 근원적으로 제약하는 진입규제가 3분의 1을 차지하고 있는 것으로 나타나 여전히 규제의 강도가 강한 규제의 비중이 높은 것으로 나타났으나, 전체적으로 보았을 때 거래규제와 품질규제 등 상대적으로 규제 강도가 낮은 규제가 과반수(63.3%)를 차지하고 있다.

둘째, 사회적 규제의 경우 세부기준인 규제방식에 의한 분류에 따라 살펴보면 전체 1,824건의 사회적 규제 중 투입기준규제가 1,708건(93.7%)으로 절대 다수를 차지하고 있고, 다음으로 성과기준 규제 59건(3.2%), 시장유인적 규제가 57건(3.1%)으로 나타났다. 이는 우리나라의 사회적 규제가 규제의 강도가 높고, 규제의 효과가 낮은 투입기준 중심의 규제에 지나치게 의존하고 있음을 보여주고 있다. 따라서 사회적 규제의 품질을 제고하기 위해서는 성과기준 규제나 시장유인적 규제와 같은 방식의 규제 전환을 적극적으로 모색할 필요가 있다.

셋째, 사회적 규제의 분류와 관련하여, 사회적 규제를 규제영역별로 분류한 결과를 보면, 소비자안전 규제가 887건(48.6%)으로 가장 많고, 다음으로 환경규제가 466건(25.5%), 사회적 차별 관련 규제가 282건(15.5%), 그리고 산업재해 관련 규제가 189건(10.4%)순으로 나타났다.

(생각해보기) ···

2007년 SBS드라마 「쩐의 전쟁」에서 보았듯이, 제3금융권의 경우 66%의 고리를 받고 있다. 어떤 구조적 원인 때문에 이러한 제3금융권이 여전히 활성화되어 있는가? 한편 2010년 우리 사회를 뒤흔들었던 저축은행에 대한 부실감독과 도덕적 해이는 어떻게 이해해야 하는가? 대부업체 금리규제에 따라 49%, 36% 수준까지 낮아졌지만, 한국은행에 따르면 2021년에는 가계부채가 1,845조원을 넘어섰다고 한다.

---

3) 부산광역시 등록규제 연구결과 평가

<표 3-4>는 부산광역시 본청 272건의 등록규제를 근거 법령과 관련 조문을 분석한 결과이다. 경제적 규제가 148건(54.4%)으로서 가장 많았고, 행정적 규제가 78건(28.7%), 그리고 사회적 규제는 46건(16.9%)을 차지하고 있는 것으로 나타났다. 현재 부산광역시에 등록된 규제는 경제적 규제가 사회적 규제보다 월등하게 많다는 것을 알 수 있다. 경제적 규제 중에서는 진입규제가 142건으로서 대부분을 차지하고 있는 것으로 나타났다. 규제의 강도가 높

고 경제활동의 자유를 근원적으로 제약하는 진입규제가 거의 96%를 차지하고 있어 민원인들이 현장에서 느끼는 규제강도가 매우 컸던 것이 우연이 아님을 알 수 있다.

<표 3-4> 부산광역시 성격별 등록규제 현황 분석

합계	경제적 규제	진입	가격	거래	품질	사회적 규제	규제방식			규제영역					행정적 규제
							투입	성과	시장 유인	환경	산업 재해	소비자 안전	사회적 차별	공공복리 및 사회질서	
272	148	142	1	5	-	46	38	-	8	24	-	19	-	3	78

출처: 김창수·김성우(2016)

사회적 규제의 경우 세부기준인 규제방식에 의한 분류에 따라 살펴보면 전체 46건의 사회적 규제 중 투입기준규제가 38건(82.6%)으로 절대 다수를 차지하고 있고, 다음으로 시장유인적인 규제가 8건(17.4%), 성과기준 규제는 없는 것으로 나타났다. 이는 부산광역시의 사회적 규제가 규제의 강도가 높고, 규제의 효과가 낮은 투입기준 중심의 규제에 지나치게 의존하고 있기 때문에 규제순응에 부정적으로 작용할 우려가 있는 것으로 나타났다. 따라서 사회적 규제의 품질을 제고하기 위해서는 성과기준 규제나 시장유인적인 규제와 같은 규제방식의 전환을 적극적으로 모색할 필요가 있는 것으로 나타났다. 사회적 규제를 규제영역별로 분류한 결과를 보면, 46건의 사회적 규제 중에서 환경규제가 24건(52.2%)이고, 안전규제가 19건(41.3%), 공공복리 및 사회질서 규제가 3건(6.5%)으로 나타났다. 그런데 사회적 차별에 관한 규제와 산업재해 관련 규제가 등록되어 관리되고 있지 않은 점은 다각도의 검토를 요한다. 이 부분은 중앙행정기관의 규제정책방향과 어떻게 조율할지의 문제와 맞물려있기 때문에 좀 더 심층적인 분석이 요구된다(김창수·김성우, 2016).

3. 정부규제의 현실적 분류

결론적으로 이 책에서는 규제대상에 따라 경제적 규제와 사회적 규제로 나누는, 학문적으로 가장 보편적인 방법을 따르기로 한다. 그러면서도 규제대상에 따른 분류기준의 포괄성의 한계를 보완하기 위해 목적별·성격별 규제유형 분류를 보충적으로 적용해보고자 한다.

1) 독과점 및 불공정거래규제

독과점 및 불공정거래규제(antitrust and unfair trade regulation)는 시장경쟁을 제한하는 것이 아니고 시장경쟁을 창달하기 위한 목적에서 이루어지는 규제라는 점에서 일반적인 경제적 규제와는 근본적으로 성격을 달리한다. 독과점규제의 목적은 무엇인가? 소비자보호를 위한 것이냐? 중소기업을 대기업의 횡포로부터 보호하기 위한 것이냐?

「국가보위입법회의 법」에 따르면 우리나라의 경우 경제력 집중의 완화가 독과점규제법의 목적이었다. 전두환 정권이 지배하던 제5공화국 시절 재벌의 횡포를 다스리는 데 정책목적이 있었기 때문에 중소기업 보호 쪽으로 법의 초점이 맞추어졌다. 소비자 주권 확보와 사업자간 경쟁을 유도하기 위해 경쟁정책이 필요했다.

우리나라의 경우 1980년 공정거래법의 제정 등에서 보듯이 재벌의 반대가 있어도 경제기획원과 같은 정책선도자(policy entrepreneur)가 있을 때 소비자나 중소기업의 별다른 정치적 행동이 없어도 정치적 의제화가 가능했다. 예를 들면, 2011년 9월 4일 병원과 의사들에게 거액의 리베이트를 제공해온 제약사들에 대해 공정거래위원회가 과징금 110억 원을 부과했는데, 이는 불공정거래를 규제하는 행위이다(http://www.ftc.go.kr/). 이명박 정부는 2011년 후반기에 접어들면서 동반성장위원회(http://www.winwingrowth.or.kr/)를 통해 중소기업 적합 업종을 지정하면서 두부와 원두커피와 같이 대기업이 확장을 자제하거나 어묵과 김치 등은 사업철수를 통해 손을 떼도록 권고하고 있다. 공식적으로 권고이지만 대기업의 입장에서는 강제권고 수준이기 때문에 레미콘이나 LED조명 등에 대한 사업철수 권고에 대해서는 강력하게 반발하고 있는 실정이다.

2) 자율규제

자율규제(self-regulation)는 정부의 직접적인 간섭을 받지 않으면서 업체나 공동체에서 스스로 규약을 만들어 상호 규제하는 형식을 의미한다.[8] 의사협회나 변호사협회에 의한 소속 구성원 규제의 경우와 같이 민간의 자율규제를 의미하는 경우가 대부분이다. 그러나 이하영·이민창(2011)이 지적하고 있듯이 의약품 리베이트 자율규제와 같이 이해관계의 불일치와 신뢰할만한 공약의 부재 등의 이유로 태생적으로 실패할 가능성을 내재하고 있는 경우가 많다.

---

8) 이종수 등(2014: 520-521)은 규제주체를 기준으로 직접규제, 자율규제, 공동규제로 분류하기도 한다. 규제의 주체는 정부가 일반적이지만 민간기관이 수행하는 경우도 있다. 정부의 규제 수행을 직접규제라 하고 민간기관에 의한 규제는 자율규제와 공동규제가 있다.

물론 자율어업규제의 좋은 사례도 있다. 예를 들면, 서해의 장고도 어민들도 지역실정에 맞는 공유자원 관리규칙의 제정과 실행으로 공유어장을 잘 관리하여 풍부한 어장으로 만들어 놓고 있다. 최근 거제도 외포항의 경우 어촌계 규약을 통해 35㎝ 체장규정을 준수하고 지방정부의 방류사업에 어민들이 적극 협력하여 풍성한 대구어장을 되살리고 있다(김창수, 2011). 공동체의 어민들은 약속 지키기가 장기적으로 '공유의 행복'으로 이어짐을 확인하고 있다.

3) 행정적 규제

'행정적 규제'(administrative regulation)란 규제행정의 효율성 향상을 목적으로 민간에 새로운 의무와 부담을 가하거나, 일반적인 규제의 집행과정에서 관련 행정기관의 내부 운영절차와 의사결정 과정을 합리화하기 위한 목적을 가진 규제이다. 행정적 규제는 크게 두 가지 유형으로 구분할 수 있다. 첫 번째 유형은 인사, 조직, 재정운영의 효율성 향상을 목적으로 행정기관 내부적으로 적용되는 규제로서 공무원의 의사결정이나 행동에 일정한 제한을 가하거나 공무원이 따라야 할 행동지침이나 원리들에 관한 내용으로 이를 '행정내부규제'라고도 부른다. 최유성(2007: 107-109)은 이를 등록규제에 포함하지 않고 있다. 두 번째 유형은 경제적 규제나 사회적 규제에 속하지 않으면서 규제의 집행과정에서 부수적으로 수반되는 것들로서, 실질적으로 개인이나 기업에 부담을 주거나 새롭게 의무를 부과하는 경우가 많다는 점, 그리고 실제적으로 이러한 유형의 규제가 민간의 규제개혁 체감도에 커다란 영향을 미친다는 점에서 규제로 등록하여 관리할 필요성이 높다.

현행 「행정규제기본법」의 규정에 따르면 행정기관이 행정기관을 대상으로 하는 규제는 '행정내부규제'로 행정규제기본법의 행정규제의 범위에 포함시키지 않고 있다. 따라서 '행정적 규제'는 위에서 설명한 '행정내부규제'를 제외한 행정규제만을 의미하는데, 민원사무 간소화는 이러한 맥락에서 논의된다. 서울시청의 광장 사용 허가제라든지 흡연규제 그리고 스쿨 존 규제 등은 행정규제에 해당된다고 볼 수 있다. 이는 같은 규제 유형을 놓고 정부의 입장에서 접근하는 행정규제와 달리 개인의 입장에서 접근하는 생활규제와 다소 중복되기도 하고 용어의 적합성에도 의문이 들기 때문에 실증연구를 통해서 유형 분류를 보완하는 작업이 요구된다.

4. 생활규제 개념의 형성 가능성

1) 의미와 논리

저자가 생활규제라는 새로운 규제유형을 논의하는 이유는 규제대상에 따른 최병선(1993)의 경제적 규제와 사회적 규제라는 이분법이 가져오는 한계 때문이다. 특히 그는 정부와 시장의 관점에서 기업의 경제적 행위와 사회적 행위를 주된 정부규제의 대상으로 삼기 때문에 개인이 일상생활에서 직면하는 규제적 부담을 이해하고 접근하지 못하는 한계가 있기 때문에 저자의 경우 이를 보완하고자 하는 의도가 있다.

예를 들면, 서울시청 광장 허가제를 유지할 경우 이는 개인과 집단의 정치적 행위에 대한 진입규제이면서, 사회질서 유지라는 사회적 목적을 추구하고 있기 때문에 경제적 규제로도 또한 사회적 규제로도 볼 수가 없다. 어떤 개인이 탈세행위를 한 경우 이는 각종 세법에 규정한 납세의무를 위반한 경우로서 이에 대한 벌칙이 가해질 때 개인의 경제행위에 대한 규제로 볼 수 있다. 어떤 개인이 국립대학 총장선거에 출마했다가 선거법 위반을 했다면 개인의 정치행위에 대한 규제를 위반한 것이다. 개인의 흡연행위에 대한 규제와 사행성게임물에 대한 규제라든지 성추행에 대한 규제와 매매춘에 대한 규제 등은 많은 개인의 일상생활과 연관되면서 기존의 규제 유형에 담아내기에는 한계가 있기 때문이다. 성폭행 범인에 대해 4주마다 호르몬 주사를 맞혀 화학적 거세를 하는 규제 장치를 도입하는 경우도 생활규제로 볼 수 있을 것이다.

그러므로 저자는 생활규제 내지 생활공감규제(regulation on living empathy)를 개인과 집단의 사회적·정치적 행위 등 일상생활과 관련된 사항에 대한 정부의 규제로 정의한다. 성폭행 범인에 대해 4주마다 호르몬 주사를 맞혀 화학적 거세를 하는 규제 장치를 도입하는 경우도 생활규제로 볼 수 있을 것이다. 강용석 의원의 성희롱발언에 대한 규제라든지, 고려대학교 의대생의 성추행에 대한 규제 역시 동일한 맥락에서 개념구성이 요구된다.

2) 사례

박근혜정부에서는 생활도로구역(일명 이면도로)인 9m 이하 도로에 대해 30km 제한속도 어기면 13만원 범칙금을 부과하기로 했다(JTBC, 2015. 9. 15). 생활공감규제라는 이름으로 규제개혁을 추진하고 있는데, 이러한 규제는 많은 개인의 일상생활과 연관되면서 기존의 규제 유형에 담아내기에는 한계가 있다. 앞서 언급한 바와 같이 강용석 의원의 성희롱발언에 대한 규제라든지, 고려대학교 의대생의 성추행에 대한 규제 역시 동일한 맥락에서 개념구성이 요구된다. 스쿨존에 진입한 경우 30km/h 속도규제에 순응해야 하는 것은 개인이 일상생활을 하면서 준수해야 하는 생활규제로 볼 수 있다. 물론 2020년 3월 25일부터 본격 시행되고 있는 일명 민식이법의 규제는 훨씬 강력하다.[9]

바다 이야기와 같은 사행성 게임물과 매매춘에 대한 규제 그리고 음탕하고 난잡한 내용을 담은 음란물을 유통하는 음란매체에 대한 규제는 그것이 사행행위의 조장과 청소년의 왜곡된 성의식 형성 등 사회전반에 끼치는 사회적 문제 때문에 이루어진다. 사이버수사대를 통한 24시간 인터넷 감시체제, 24시간 불법유해정보 신고센터의 운영, 청소년 유해정보 접속제한 프로그램 등은 이러한 규제의 예이다. 물론 이러한 생활규제에서도 풍선효과 등 부작용을 초래할 가능성이 높기 때문에 섬세한 접근이 요구된다.

제4절 현실정책에서 규제 찾아보기

1. 4대강 사업에 나타난 규제 현상

김창수(2011)는 4대강 살리기 사업에 요구되었던 규제와 실제 무력했던 환경규제를 살펴보았다. 2010년 12월 3일에 이르면서 4대강 사업 보 공사가 60% 이상 진척되었고 전체 공정률도 38%를 넘어섰다. 정부는 3년 동안 22조 원 이상을 투입하여 2012년까지 종료하는 미증유의 토건공사를 추진하고 있다. 정부는 4대강 사업을 고용창출을 포함하여 지역경제도 살리고 수량과 수질을 확보하고 홍수와 가뭄에 대비하는 녹색성장 사업이라고 주장한다. 반대집단에서는 사업의 폭을 줄여 영산강만 먼저 수행하든지 환경영향평가와 육상·수중 문화재 지표조사를 꼼꼼하게 수행하면서 속도를 줄일 것을 요구하고 있다. 그러나 정부는 보 공사를 포함하여 이미 진행되고 있는 사업을 중단할 경우 비용 상승이 불가피하기 때문에

---

9) 어린이보호구역 내 과속단속카메라 설치를 의무화하고 해당 지방자치단체장이 신호등 등을 우선 설치하도록 하는 '도로교통법 일부개정안'과 어린이보호구역 내 안전운전 의무 부주의로 사망이나 상해사고를 일으킨 가해자를 가중처벌하는 내용의 '특정범죄가중처벌 등에 관한 법률 일부 개정안' 등 2건의 법안을 말한다. 해당 법안은 2019년 9월 충남 아산의 한 어린이보호구역(스쿨존)에서 교통사고로 사망한 김민식(당시 9세) 군 사건을 계기로 발의됐으며, 12월 10일 국회 본회의를 통과해 12월 24일 공포되었다. 그리고 2020년 3월 25일부터 본격 시행되었다. 특정범죄 가중처벌법 개정안은 운전자의 부주의로 어린이보호구역에서 어린이가 사망할 경우 무기 또는 3년 이상의 징역에 처하는 내용을 담고 있다. 또 피해자가 상해를 입으면 1년 이상 15년 이하의 징역이나 500만 원 이상~3000만 원 이하 벌금을 부과한다.

사업의 큰 틀을 변화시키는 것은 불가능하다고 한다. 따라서 4대강 살리기 사업을 그대로 추진하되 정책비용을 최소화하고 정책효과를 극대화할 수 있도록 다각적인 방안을 강구하고 포스트 4대상 사업을 준비하사고 하는 주장이 설득력을 얻고 있나. 그러므로 지금부터 각 수계별로 생태계는 물론 수질과 치수 문제를 포함하는 환경영향과 문화재 지표조사 그리고 지역경제 파급효과까지 꼼꼼하게 평가하면서 정책오차를 수정하는 진정한 담론과 점진주의의 지혜가 요구된다. 새만금 간척사업과 원효터널 공사와 같이 법원의 판결에 따라 사업이 잠시 정지될 가능성을 배제하기 어렵지만 결국 사업이 지속될 것이라고 전제한다면, 지류와 본류의 연계 시스템을 개선하고 사회적 희생을 포함하는 정책비용을 최소화하며 경제적 효과와 환경개선 효과를 포함하는 정책효과를 극대화하는 것이 타당하다고 본다.

2. 대구자원관리에서 규제 찾아보기

김창수(2011)는 공동어장을 성공적으로 관리하기 위해서는 어떠한 조건이 충족되어야 하는지 파악하기 위해 남해안의 진해만 대구자원관리 성공사례를 거제시를 중심으로 분석하였다. 1980년대 초반부터 1990년대 말까지 진해만의 겨울에는 대구가 거의 잡히지 않는 '공동어장의 비극'이 발생했다. 그러나 1981년부터 대구 수정란 방류사업을 실시하면서 2000년대에 들어서서 '공동어장의 행복'이 시작되었다.

이 연구에서는 협력적 수산자원관리 성공사례 분석을 통해 다음과 같은 분석결과와 정책적 함의를 얻을 수 있었다. 첫째, 거제시 대구호망협회를 중심으로 하는 폐쇄적인 공동체의 자율관리와 더불어 조업구역 획정과 단속을 포함하여 진해만 전체의 공동어장을 관리하기 위한 외부적 개입이 효과적인 것으로 나타났다. 대구의 본격적인 산란시기인 1월 금어기를 지키고 수정란과 어린자어 방류사업에 적극 협조하면서 미래에도 풍어기가 지속되기를 기대하고 있었다. 자체규약으로 불법행위를 신고한 자에게는 300만 원의 포상금을 지급하고 있지만, 이런 경우는 거의 없다고 했다. 「수산자원관리법 시행령」 제6조 제2항에 따른 별표 2에 근거한 30㎝ 포획금지체장이 있지만, 주로 40㎝ 이상을 포획하는 것으로 나타났다.[10] 둘째, 정부의 대구 수정란과 어린 자어 방류 정책은 장기적으로 효율성을 발휘한 것으로 나타났다. 정부 관계자들은 1981년부터 정책의 실질적인 효과가 나타나기까지 20년 동안 포기하

---

10) 2007년 겨울 보도 자료를 보면(거제신문, 2007. 11. 29), 거제시 대구호망협회와 진해 연안자망협회 등 남해안 어민들이 길이 35㎝이하 대구는 잡지 않겠다고 결의하는 등 공식적인 규제기준보다 더 강한 자율규제수단을 선택하였다.

지 않고 수정란 방류사업을 실시하였다. 그리고 매년 12월부터 해양경찰과 경상남도 그리고 관계 시·군을 중심으로 계절성 불법어업을 집중단속하고 있지만 근절되지 않고 있는데, 불법어업으로 인한 기대손실이 그로 인한 기대이익보다 훨씬 크도록 적발확률과 벌금 액수를 적정하게 설계하는 노력이 요구되는 것으로 나타났다. 셋째, 거제시 대구호망협회는 중요한 사항들을 81명의 회원들이 협의를 거쳐 의결하였고, 이에 따라 비공식 공동규범이 강제되는 형식을 취하고 있었기 때문에 정당성과 수용성이 높은 것으로 나타났다. 넷째, 정부와 공동어장 어민들의 신뢰와 협력의 네트워크가 작동하고 있는 것으로 나타났다. 특히 1981년부터 가시적인 성과가 쉽게 확인되지 않은 상황에서 정부가 대구수정란 방류사업을 통해 보여준 신뢰가 좋은 평판을 유지하면서 진해만 공동어장의 어민들의 신뢰와 협력을 이끈 것으로 평가되었다.

특히 거제시 대구호망협회의 자율적 규칙과 자율관리방식은 정당성과 수용성이 높은 것으로 나타났다. 거제시 대구호망협회는 1999년 조직되어 외포 25명, 대계 6명 그리고 소계 4명 등 81명의 회원들이 여러 마을에 흩어져있어 의견결집이 쉽지 않은 단점이 있다고 했다. 2010년 12월과 이듬해 1월에 걸쳐 대구어장을 답사하고 면담한 결과에 의하면, 거제시 대구호망협회의 정관에는 특별히 주목할 만한 규정이 있는 것은 아니었다. 중요한 사항들은 회장이 주재하는 회의에서 81명의 회원들이 협의를 거쳐 의결하였고, 이에 따라 비공식 공동규범(shared norms)이 강제되는 형식을 취하고 있었다. 예를 들면, 불법어업 신고 시 300만 원의 포상금을 지급하도록 하는 등 자율적인 규제를 시행하고 있었다. 12월에서 이듬해 1월까지는 도다리 금어기이기 때문에 몰래 포획하지 않고 풀어주기로 협의하기도 했다. 이틀에 걸쳐 이루어지는 대구축제 기간에는 조업을 중단하고 대구가격도 20~30% 저렴하게 공급하기로 협의하는 등 비교적 협력이 잘 이루어지고 있었다. 대구호망협회 구성원들은 경상남도 수산과학연구소에서 실시하는 수정란 방류사업에 협조하기 위해 1m 이상의 큰 대구는 적극적으로 보급하려고 애를 쓴다고 했다. 그리고 선원들 확보문제와 좋은 자리를 선점하기 위한 경쟁 때문에 회원들 간에 알력이 발생하기도 하지만, 남획을 자제하기 위한 욕심조절에 전반적으로 동의하는 경향이 강하다고 했다. 타 업종과 경쟁이 있는 경우를 대비하여, 이전에는 조업이 끝나면 어구만 철거 했지만, <그림 3-6>에 나타난 바와 같이 2011년부터는 앵커와 로프도 11월에 설치한 후 조업이 끝나는 2~3월에 전부 철거하기로 협의하는 등 자율규세 노력이 돋보였다. 이처럼 거제시 외포어장에서 1980년대 초반에는 100마리 정도의 대구를 잡을 정도로 비극을 경험하였기 때문에 대구호망협회 회원들은 지금처럼 풍성한 대구자원을 지속적으로 보존하고자 하는 의욕이 강했다. 그리고 회원들이 협의한 비공식 공동규범을 반드시 지키고자 노력하는 모습을 확인할 수 있었다.

<그림 3-6> 외포항에 철거된 대구 잡이를 위한 앵커와 로프

이 연구는 이론적인 측면에서 공유자원인 공동어장 관리를 위한 자율조직과 자율관리 이론의 한계를 보완한 것으로 평가된다. 그리고 그동안 정부의 제도나 정책에 초점을 맞추거나 어민들의 자율적인 어장관리에 초점을 맞춘 연구는 있었지만, 양자를 포괄하는 협력적 수산자원관리 모델이 없었기 때문에 본 연구를 통해 다양한 실천적인 대안의 모색이 가능할 것으로 기대된다.

제5절 자유주의적 개입주의와 행동경제학

1. 넛지와 행동경제학

행동심리학자와 오바마행정부 규제정보관인 Thaler와 Sunstein(2008)이 제시하는 자유주의적 개입주의(libertarian paternalism)가 있다. 그것은 넛지(Nudge)인데, 팔꿈치로 슬쩍 옆구리 찌르기다. 선택설계자가 취하는 하나의 방식으로서, 사람들에게 어떤 선택을 금지하거나 그들의 경제적 인센티브를 크게 변화시키지 않고, 예상 가능한 방향으로 그들의 행동을 변화시키는 것이다. 넛지 형태의 간섭은 쉽게 피할 수 있는 동시에 그렇게 하는 데 비용도 적게 들어야 한다. 선택 설계자(choice architect)란 사람들이 결정을 내리는 배경이 되는 '정황이나 맥락을 만드는 사람'이다.

예를 들면, 초등학교 학생들에게 정크 푸드를 금지하기보다 과일을 눈에 잘 띄는 위치에 놓는 것이 넛지다. 스키폴공항의 남자화장실 소변기 중앙 부분에 검은색 파리를 그려서 변기 밖으로 튀는 소변의 양을 80% 감소시킨 사례가 가장 유명하다.

프레이밍 효과를 이해하고 활용하기도 한다. 첫째, 1970년대 신용카드 등장 때에 카드회사는 소매상들이 현금 고객과 차등하는 규칙을 금하는 대신, 신용카드 가격이 정상가(default)이고, 현금가격이 할인가로 간주되어야 한다는 규칙 제시하였다. 둘째, 시카고(Lake Shore Drive, Chicago)에서 과속방지턱이 아닌 하얀 선을 그어 시각적 신호 전달하여 속도방지 효과를 달성한 사례가 유명하다. 셋째, 외과의사가 다음 두 가지 질문을 했을 때 환자의 반응은 어떨까?

A : 이 수술을 받은 사람 100명 가운데 10명이 5년 내에 죽었다.
B : 이 수술을 받은 사람 100명 가운데 90명이 살았다.

2. 비합리적 행동의 예측가능성

도모노 노리오(2006)는 「행동경제학: 경제를 움직이는 인간 심리학의 모든 것」에서 행동경제학(behavioral economics)이란 사람은 실제로 어떻게 행동하는가, 왜 그렇게 하는가, 행동의 결과로 어떤 현상이 발생하는가를 주제로 토론하는 경제학이다. 인간행동의 실제, 원인, 경제사회에 미치는 영향, 사람들의 행동을 조절하기 위한 정책에 관해 체계적으로 규명할 것을 목표로 한 경제학이다. 행동경제학은 인간의 합리성, 자제심, 이기심을 부정하지만 인간이 완전히 비합리적, 비자제적, 비이기적이라는 것을 의미하지 않는다. 행동경제학에서 말하는 '비합리성'이란 개념은 터무니없거나 또는 정형화되지 행동경향이 아니라 합리성의 기준에서 벗어난다는 의미로 사용될 뿐이다. 비합리적이기는 하나 일정한 경향을 띠고 있고 따라서 예측 가능한 행동이다(도모노 노리오, 2006: 35-37). <그림 3-7>은 서울특별시청과 연결되는 제7호 기부하는 건강계단이다. 계단을 걸으면 10원의 기부금이 적립되어 하지장애 아동의 재활훈련도구 지원금으로 사용된다.

<그림 3-7> 서울특별시 기부하는 건강계단

　　결국 행동경제학은 인간은 제한된 합리성(bounded rationality)으로 행동한다는 결론에 이른다. 이는 1978년 노벨경제학상을 받은 Herbert Simon(1945)의 제한된 합리성과 만족모형에 근거한 의사결정, 선택의 과정과 방법을 결과보다 중시하는 절차적 합리성을 기반으로 하면서 1979년 형성된 학문이다. 용의자의 딜레마 상황에서도 경제적 인간이라면 당연히 배신을 택하겠지만, 심리학자나 경제학자가 실험한 결과를 보면 30~70%가 협력행동을 선택한다고 한다(도모노 노리오, 2006: 62-64).

연구문제

1. 경제적 규제와 사회적 규제는 어떻게 구별되는지 비교 설명할 수 있겠는가?
2. 흡연에 대한 규제는 경제적 규제인가, 아니면 사회적 규제인가?
3. 생활공감규제에 대한 개념 구성이 가능하겠는가?
4. 네거티브 규제방식이 규제대상집단에게 더 유리한 이유는 무엇인가?
5. 기득권의 프리미엄이란 무엇인가?
6. 이자율제한은 가격규제인가?
7. 성공적인 수산자원관리를 위해서 규제적 개입으로 충분한가?
8. 건강기부계단은 지하철 등에서 에스컬레이터 대신 계단 이용 시 기부금을 적립하는 방식으로 시민들의 많은 호응을 얻고 있는 기부 프로그램이다. 이러한 프로그램에는 어떠한 원리가 작동하고 있는가?
9. 인간의 비합리적 행동을 어떻게 예측가능한가?

제4장 정부규제의 구조

제1절 정부규제의 프레임

<그림 4-1>에는 정부규제의 효과가 규제활동의 장(regulatory arena)에서 어떤 경로를 거쳐서 나타나는지 제시하고 있다. 규제효과를 의미하는 종속변수에는 다양한 독립변수들이 영향을 미치고 있다. 먼저 규제내용은 규제목표와 규제수단의 조합을 의미하는 것으로 법령 등 규제제도로서 표현된다. 합리적 선택의 신제도주의에 따르면 규제제도란 '행위자의 사회적 상호작용을 제약하는 게임의 규칙'이다. 규제의 내용이 규제주체와 규제대상의 행태에 영향을 미쳐서 '바람직한 사회질서 구현'이라는 규제효과에 영향을 미칠 것이라고 가정하고 있다. 그리고 규제주체와 규제대상이 부정적으로 결탁하여 집행이 느슨하게 이루어지면 규제효과가 반감되는데, 이때 통제를 위한 사회적 비판과 감시 메커니즘이 잘 작동하면 부정적 효과가 감소할 것이라는 가정에서 본 연구는 출발하고 있다. 여기서 규제주체와 규제대상의 기회주의적 속성과 도덕적 해이를 차단할 수 있는 구조의 형성이 요구된다. 이러한 맥락에서 언론과 시민단체와 같은 정책선도자(policy entrepreneur)의 협력과 비판을 이끌어낼 규제제도 설계와 이들에 의한 정책학습과 제도변화 역시 본 연구의 중요한 분석초점이 된다.

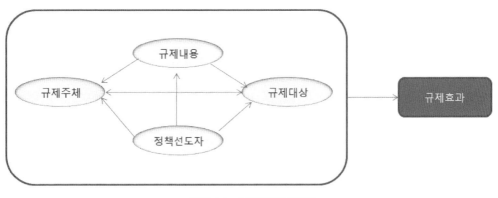

<그림 4-1> 정부규제의 프레임

물론 여기서 규제효과는 규제완화 효과와 규제개혁의 효과를 포함하는 것이다. 특히 그동안 간과되어 왔던, 규제제도의 영향으로 인한 규제주체의 유인 구조와 행태변화에 대해서도 분석하고자 한다.

제2절 규제내용의 이해

규제내용은 규제목표와 규제수단의 조합 하나 하나를 의미한다. 규제내용은 실제로 제도로서 표현된다. 제도연구는 어떻게 적절한 유인체계를 설계하여 행위자들의 기회주의적 속성과 도덕적 해이를 막고, 거래비용을 감소시킬 것인가에 초점이 맞추어진다. 최병선·사공영호(1997)는 불합리하고 비현실적인 정부규제(법·제도·정책)가 부정부패의 중요한 요인이 되는 점을 지적하면서, 부정부패의 소지를 최소화하기 위한 경제적 규제와 사회적 규제의 개혁방향을 각각 제시하고 있다. 제도가 인간의 행태와 사회에 미치는 영향에 착안할 때, 효율적이고 형평성 있는 규제정책과 제도는 집행과정에서 예측가능성과 안정성을 증대시키게 될 것이다. 이를 통해 행정비용과 규제순응비용을 최소화하게 되면 집행의 효율성은 증대될 것이다.

1. 제도, 기회주의 속성 그리고 유인체계

제도(institution)란 '행위자의 사회적 상호작용을 제약하는 게임의 규칙'이다(이민창, 2001). 이런 제도 개념은 North(1990)의 제도 정의에 기반하고 있다. 이 개념에 따르면 제도는 매우 안정적이라는 특성을 보이며, 행위자의 미래의 행위를 안정적으로 예측할 수 있게 해 준다. 이러한 합리적 선택의 신제도주의(Rational Choice Institutionalism) 모형 중 거래비용이론은 Coase와 North 등의 학자들에 의하여 발전하여 왔다(정용덕 등, 1999: 52-78). Coase(1960: 15)는 거래를 원하는 사람이 누구인지 찾아내고, 거래하고자 하는 사람에게 거래 조건을 알려주고, 흥정이 이루어지도록 협상하고, 계약서를 작성하고, 계약이 잘 준수되는지를 확인하는데 필요한 조사비용을 거래비용이라고 정의한다. North(1990: 27-28)의 관점에서 거래비용은 교환하려는 재화의 가치와 특성을 측정하는 데 들어가는 측정비용(measurement cost)과 권리를 보호하고 계약의 집행을 보장하는 데 들어가는 집행비용(enforcement cost)으로 구성되어 있다. 이러한 거래비용은 계약당사자간에 정보의 비대칭성이 존재함으로써 계약내용의 준수 여부를 감시 감독하는 데 비용이 소요된다는 사실에서 발생한다.

<그림 4-2> 독일의 개구리 주차 디자인

<그림 4-2>는 독일 프라이부르크 대학로에서 만난 인상적인 개구리 주차 디자인이다. 우리나라에서도 이를 합법화하여 이면도로 주차시스템에서 고려할 만한 제도설계로 평가된다. 합리적인 제도설계는 규제주체와 규제대상 간의 불필요한 거래비용을 줄여준다. 한편 거래비용이론은 대리인이론(agency theory)으로 설명이 가능하다. 주주와 경영자의 관계처럼 주인과 대리인은 각각 자신의 효용과 이익을 극대화하려고 하기 때문에 상충되는 이해관계를 가진다. 주인은 대리인보다 그 과업에 관하여 지식이 부족하고 또 실제로 대리인의 업무수행과정을 관찰하기 어렵다. 따라서 만일 대리인이 자기 이익의 극대화를 추구한다고 가정한다면, 대리인이 주인을 위하여 적정한 행동을 취하고 있는지를 보장할 수 없게 된다. 이러한 제약조건 하에서 "어떻게 하면 대리인이 최대한 주인의 이익을 위하여 업무를 수행하도록 할 수 있을 것인가?"하는 것이 대리인 이론의 가장 근본적인 물음이다(정용덕 등, 1999: 81-89). 주인과 대리인 양측이 갖는 정보가 같지 않은 비대칭적 정보의 상황이 발생할 경우, 더 많은 정보를 갖고 있는 대리인으로서는 이러한 기회를 자신에게 유리하도록 이용해보려는 유혹을 갖게 되는데, 이를 '기회주의 속성'(opportunism)이라고 부른다. 정보의 비대칭성은 위임계약 체결 단계에서 발생하는 역선택(reverse selection)의 문제와 위임계약의 체결 후에 발생하는 도덕적 해이(moral hazard)의 문제를 발생시킨다. 본 연구는 어떻게 적절한 유인체계를 설계하여 행위자들의 기회주의적 속성과 도덕적 해이를 막고, 거래비용 혹은 대리

인비용을 감소시킬 것인가에 초점이 맞추어진다. 실제로 규제대상인 기업들은 규제나 환경 관련 비용지출을 매출에 직접적으로 공헌하지 못하는 소모적인 것이라고 생각하고 있으며, 그래서 이를 회피하려는 성향을 갖고 있다.

2. 규제제도의 설계

제도설계자(choice architect)는 어떤 제도의 설계를 꿈꾸는가? 전체를 구상하면서 제도설계(institutional mapping)를 추진하는가? Bartlett(1994: 170-176)는 유인(incentive)이 부족하여 편익보다 비용이 더 크게 되거나, 거래비용이 높아지면 정책실패에 이르게 된다고 한다. Stavins(1998: 6-11)는 시장유인 규제수단(market-based instruments)이 비용-대비 효과적이고 동적 유인성이 강하다고 한다.[11] 여기에서는 해양환경오염규제를 중심으로 논의해보자.

가령 해양환경오염 문제를 해결하려면 지원과 협력제도와 규제제도가 유인체계를 바탕으로 합리적이고 효율적으로 설계되는 것이 중요하다. 먼저 육상기인 오염물질의 해안배출관리에 대해서는 환경부와 지방자치단체도 무관심하고 관련법도 정비되어 있지 않았다. 당시 해양수산부가 적극적으로 나서고 싶어도 법적 근거가 없었다(해양수산부 관련인 면담, 2002. 7). 그리고 바다쓰레기를 수거하여 보관하고 효율적으로 처리할 수 있는 일련의 시스템을 완비하도록 법적·재정적 뒷받침이 필요하다. 또한 언론과 시민단체뿐만 아니라 일반시민과 어민들의 협력이 활성화되도록 제도적 장치를 구비할 필요가 있다. 해양환경오염규제의 내용이 규제준수율을 높이도록 설계될 때 집행 불응의 소지는 거의 남지 않게 될 것이다. 규제준수율을 높이기 위해서는 유인체계를 갖춘 규제제도의 설계가 필요하다(Hawkins, 1984).

그러나 우리나라의 어민들처럼 규제대상자가 영세하고 환경의식이 취약하여 순응능력과 순응의욕이 모두 취약하거나, 처벌의 강도가 미약할 때에는 집행불응 가능성이 높다. 어민들의 입장에서 보면 폐어망을 수거하고 처리하는 데 많은 비용이 투입되어야 한다. 이로 인해 법규의 맹점을 이용하거나 해양경찰의 재량권을 우회적으로 활용하여 자신의 비용을 줄이려고 노력하게 된다. 그런데 우리나라는 아직도 환경규제위반에 대한 처벌이 미약하고 규제위

---

11) 실제 미국에서 역사가 매우 짧은 오염배출권거래제도(tradable permits)의 경우 분산된 대기오염물질의 통제에 탁월한 효용을 발휘하여 법령상의 목표를 훨씬 빨리 달성하면서 매년 10억불의 순응비용 절감을 가져온다고 한다. 반면에 명령통제 규제수단은 1972년 이후 규제기준은 강화되어 왔는데도 오염통제비용은 1972년에 비해 300% 증가하였다고 한다. 그러나 이러한 시장유인 규제가 이제까지는 명령통제 방법보다 더 적게 이용되었다고 한다. 그러다가 점차 정부개입을 줄이려는 공화당의 이념적 근거 때문에 시장유인 규제가 정치적 지지를 획득하게 되었다고 한다. 또한 시장유인 규제는 비용효과적일 뿐만 아니라 환경개선에도 유리하여 환경공동체로부터 지지를 받고 정치적으로 수용 가능하게 되었다고 한다.

반으로 발생하는 이득을 회수할 수 있는 제도가 취약하다. 즉, 규제대상자에 대해 신상필벌(信賞必罰)에 바탕을 둔 유인체계(incentive system)가 미흡하면 규제에 순응하기보다 회피하려는 경향이 강화된다.

규제대상자의 입장에서 보면 막대한 경비가 소요되는 규제를 단순히 도덕적인 정당성만 가지고 준수하기는 힘들 것이다. 따라서 규제위반 행위에 대한 정부의 규제와 강제가 필요하다. 그런데 규제당국이 규제준수여부를 완벽하게 감시하는 것은 매우 어렵다. 그래서 합리적이고 효율적인 제도설계가 요구된다.

규제준수를 위한 유인체계의 설계는 적극적인 유인이나 소극적인 제재에 의해 촉진될 수 있다는 믿음에 바탕을 둔다. 소극적인 제재일 경우에는 규제위반이 초래하는 비용(cost of noncompliance)에 적발확률(probability of detection)을 곱한 값에서 규제위반이 가져오는 이득(benefit of noncompliance)을 제한 값에 의해 결정된다. 적극적인 유인의 경우에는 환경규제를 준수함으로써 발생하는 편익(benefit of compliance)이 위반 시 초래되는 편익보다 클 경우에 환경규제를 준수할 것이다. 여기서 규제위반의 편익은 규제를 위반함으로써 절약되는 해양환경오염 처리비용이 될 것이다. 따라서 규제준수율을 높이기 위해서는 규제위반행위에 대한 적발확률을 높이고 규제위반 시 초래되는 비용을 높이거나, 규제준수의 편익을 높이고 규제위반의 편익을 적게 하는 제도적 장치가 요구된다. 특히 후자의 경우처럼 제도의 설계가 시장유인 구조에 바탕을 두고 이루어질 때 집행의 효율성을 담보 받을 수 있을 것이다.

3. 규제수단의 선택

강제성의 정도에 따라 규제수단을 구별하면 다음과 같다.

1) 명령지시 규제수단

(1) 의미

명령지시 규제수단(command and control instruments)이란 정부가 개인이나 기업이 따라야 할 또는 지켜야 할 행위기준 또는 규칙을 제정하고 이를 위반하는 기업이나 개인을 처벌하는 방법으로 이루어지는 규제이다.

(2) 내용

환경규제의 경우 규칙의 제정이나 환경기준의 설정이 있다. (1) 규칙의 제정은 규제대상자가 지킬 기준을 설정하고 기준 위반자에 대한 벌칙을 제정하는 것이다. 각종 안전규제와 생명과 건강을 위한 규제가 그러한 예이다. <그림 4-3>은 자연환경을 보전하기 위한 환경규제의 예이다.

<그림 4-3> 금정산 휴식년제 시행안내 표지판

(2) 환경기준을 설정하는 방법에는 두 가지가 있다. ① 기술기준(투입기준, 설계기준)은 공해업체의 환경오염 방지시설 또는 처리시설, 자동차 배출가스를 줄이기 위한 엔진규칙 또는 부착장치, 공해를 발생시키는 물품의 생산과정에 들어가는 원료나 중간재의 성분·재질 등에 대한 기준을 말한다. 미국에서 1996년 이후 도입되고 있는 배기가스 자가진단장치(OBD: On Board Diagnostics)가 대표적인 기술기준의 예이다. 우리나라에서도 2007년 1월부터 국내외 업체를 막론하고 OBD를 달지 않은 가솔린 차량을 판매할 수 없게 제도화되었다. OBD는 배출가스 허용 기준을 초과하면 차내 계기판에 '정비 지시등'이 켜져 운전자에게 알려주는 자가진단장치 키트로서 배기가스 연결 부위에 장착된다. 물론 장착의무를 위반하면

벌금을 물어야 한다(중앙일보, 2006. 9. 6). ② 성과기준은 규제대상자가 궁극적으로 달성해야 할 환경기준만을 설정하고 이것의 달성 방법은 개인이나 기업에 일임한다. 예를 들면, 폐수배출기준으로 생물학적 산소 요구량(BOD) 기준을 정하고 초과 시 부과금을 매기는 방법이다.

(3) 평가

명령지시 규제수단은 모든 규제대상을 동등하게 취급하여 정치적 설득력이 강한 정치행정상의 장점이 있다. 그러나 규제의 표적을 선정하는 문제에서 직접적인 표적에 도움이 안 될 수도 있다. 예를 들면, 토목공사규정은 암반의 결을 무시한 채 획일적으로 63°로 산을 절개하면 토목 관련법에서는 검사를 통과할 수 있도록 했기 때문에 홍수만 나면 절개지가 붕괴되는 사고를 겪는다. 지시된 규정을 지켰는데 붕괴사고를 막지 못한 것이다(조선일보, 2002. 9. 3). 2011년 여름 강원도 춘천 인근지역과 서울 우면산의 산사태로 인한 피해 역시 규정위반은 없고 책임질 사람도 없는 인재였다. 그리고 한번 입법화된 기준의 변경이 쉽지 않고, 적정한 벌칙의 강도를 찾기도 쉽지 않다. 다만, 규제기관이 국회통과가 필요한 법률이 아닌 행정입법으로 가능한 법규명령을 통하여 기준의 변경이 가능한 경우 상대적으로 환경변화에 신속하게 대응할 수 있다. 그리고 규제대상자가 비용과 편익을 계산하여 기준만 적당히 지키면서 규제회피 유인에 빠지면 어찌할 도리가 없다는 것이다.

(4) 적용 사례

사회적 차별 방지를 위한 '장애인고용할당제' 역시 대표적인 명령지시 규제이다. 1987년 말 대통령선거 직후에 「남녀고용평등법」이 제정되고, 1990년 초에 「장애인 고용촉진 등에 관한 법률」이 제정되었다. 1991년 초부터 일정규모 이상의 사업주와 국가 및 지방자치단체 역시 정원의 2% 이상을 장애인으로 고용하도록 의무화하였다(최병선, 1993: 444). 우리나라 30대 그룹의 장애인 고용률은 의무고용률 2%에 훨씬 못 미치는 0.32%에 불과하고, 그 외에는 장애인 1인당 매월 20만 7천 원씩의 부담금을 내고 있다. 1999년 6월말 당시 장애인 공무원 수는 3천 6백 36명으로 전체 공무원의 1.32%에 불과했다(중앙일보, 1999. 9. 18). 그런데 정부기관이 민간기업보다 장애인 고용비율 증가속도가 느려지고 있으며, 경찰청 대검찰청 국방부 등 권력기관이 장애인 고용을 기피하는 것으로 드러났다. 1991년 이후 11년간 의무고용 비율을 지키지 않은 민간기업 등에서는 6,986억 9,500만 원을 부담한 반면 국가나 지방자치단체는 부담금을 면제한다는 「장애인고용촉진법」 특례조항에 따라 585억 5,100만 원을 부담하지 않았다. 그러나 2000년대 초반 당시 3년간 평균 장애인 고용률은 경찰청 0.25%, 중앙선거관리위원회 0.31%, 대검찰청 0.36%, 공정거래위원회 0.42%, 국방부 0.43% 등이었지만(세계일보, 2002. 10. 4), 10여 년이 지난 2011년의 시점에는 공공기관을 중심으로 장애인 고용에서 법정 기준 3%를 넘는 등 매우 획기적인 가시적 성과를 보이고 있다 (http://www.moel.go.kr/). 이는 규제제도의 설계에 있어서 인센티브 구조가 지속되면 바람직한 성과로 연결됨을 확인할 수 있는 부분이다.

2) 시장유인 규제수단

(1) 의미

시장유인규제(market-incentive instruments)는 규제대상자의 합리적인 이기심을 전제하고 개인이나 기업에 어떤 의무를 부과하기는 하되 그것을 달성하는 방법은 개인이나 기업이 자신의 경제적 판단에 따라 합리적으로 선택할 수 있는 여지를 부여한다.

(2) 내용

환경규제에서 배출금 부과제도는 일정한 환경기준을 초과하는 공해배출량에 대하여 일정한 단위당 부과금을 곱하여 산정되는 부과금을 공해배출업체에 부과하는 제도이다. <그림 4-4>에 나타난 것처럼 배출권거래제도(marketable permits)는 공해 배출업자가 할당량을 초

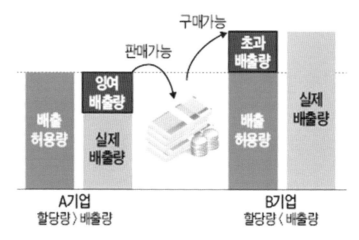

<그림 4-4> 배출권거래제도의 기본원리

과할 때 일정한 대가를 지불하면 배출권을 구입하여 공해배출에 대한 면죄부를 얻게 되는 제도이다. 반대로 할당량에 미달된 배출업자의 경우 배출권을 판매하여 수익을 얻을 수도 있다. 물론 그것은 개인과 기업의 편익 비용 분석에 따른 자유로운 선택에 달려있는 것이다. 미국의 경우 대기오염(SO_2) 배출권거래제도가 널리 활용되고 있고, 수질오염배출권거래제도 역시 점진적으로 확장되고 있다.

시장유인규제는 시장이 올바로 기능해서 시장에서 문제가 해결되도록 하는 방법이다. 정보공개가 유효한 시장유인 규제수단으로 작동하는데, 식품의약품안전처 알림마당 위해식품 정보공개 사이트에 위해식품을 게재한다. 표시규제는 소비자에게 정보를 주어 정보비용을 감소시키고 소비자들의 현명한 판단을 돕는다. 기업들에게 정보공개 의무를 부과함으로써 개별 소비자들의 정보비용을 낮추어 주는 것이 요구되기 때문이다. 예를 들면 제품의 내용물, 성능, 효과 등에 대한 표시규제를 하도록 하는 것이다. 중고차시장에서 공급자와 수요자의 정보의 비대칭성이 발생하면 정부가 개입하여 판매기준을 제시하도록 해야 하는 이유가 된다.

품질인증제도 역시 시장유인 규제로 작용한다. KS마크, 안동포와 같은 농산물과 수산물 품질인증제가 있는데, 정부가 남발할 경우 무용한 제도가 되어버린다. 인삼 6년 근, 쌀 3등급, 한우 1등급 등과 같이 소비자 정보비용의 감소를 가져오고 올바른 판단을 도와주는 등급사정 역시 시장유인규제에 해당된다.

환경부는 2002년 패스트푸드 7개 업체, 커피전문점 24개 업체 등과 '1회용품 사용 줄이기' 협약(이른바 자율협약)을 맺고 '1회용 컵 보증제'를 실시한바 있었으나 2008년 3월 폐지되었다. 이 때 보증금은 50~100원이었으며 해당 컵은 음료를 판매한 동일 브랜드 매장에 반납하면 돌려받을 수 있는 구조였다. 그러나 이 제도는 자발적 협약에 근거하여 시행한 것으로 컵 회수율이 30% 수준에 그쳐 실효성이 떨어졌고, 소비자가 찾아가지 않은 보증금이 업체 수익으로 돌아가는 등 소비자의 협조를 끌어내기 어렵다는 문제점이 지적되었다.

우리나라의 컵 보증금제는 생산자책임재활용제도의 하나로 폐기물 재활용에 대한 법적 의무는 기본적으로 생산자에게 있다. 그러나 생산자가 수거부터 재활용 전 과정을 직접 책임지는 것은 아니고, 소비자·지자체·생산자·정부가 재활용의 일정부분역할을 분담하는 체계이다. 컵 보증금제는 음료금액에 1회용 컵 1개당 300원의 보증금을 포함하도록 하고, 보증금이 부과된 컵 반납 시 해당 금액이 반환되는 구조로, 적용대상은 매장 수 100개 이상을 가진 가맹본부인데 전국적으로 약 3만 8천여 개소이다. 컵 보증금제의 각 주체별 역할에서, 음료구매자(소비자)는 보증금 컵의 바코드를 매장 내 바코드를 인식할 수 있는 기기에 인식시켜 보증금을 반환받을 수 있다. 한번 반환된 컵은 이중반환이 불가능하고 반환의 위·변조를 방지하기 위해 한국조폐공사가 발행한 스티커가 바코드와는 별도로 컵 표면에 부착된다. 음료판매자(생산자)는 1회용 컵 1개당 7원의 스티커비용을 지불해야 하고, 소비자의 편의를 위해 다른 매장에서 구입하거나 길거리에 방치된 음료 컵을 반환하더라도 보증금을 반환해 주어야 한다. 음료판매자는 환경부가 지정한 수거업체 중에서 자율적으로 선정하여 해당 업체에 회수된 컵을 인계하면 된다. 가맹본부(생산자)는 보증금 반환 여부를 확인하기 위한 라벨의 구입과 부착, 반환 컵 수거 및 보관, 300원 반환 등 음료판매자가 갖춰야 할 사항을 책임져야 한다(김경민, 2022: 1-2).

(3) 평가

시장유인 규제의 경우 규제대상자의 합리적 선택을 허용하기 때문에 기업의 창의력을 제고하고 높은 경제적 효율성이 확보된다. 환경오염 정화시설이 낙후된 경우 부과금을 많이 내면 되기 때문에 형평성에도 부합한다. '종량제 폐수배출 기본부과금'의 경우 윤리적 우월성이 인정되는데, 과거에는 1천 톤의 폐수를 기준치 이하로 배출하는 공장의 경우 부과금을 내지 않아도 되었으나, 이제는 방류수수질기준을 초과하지 않더라도 배출총량에 농도를 곱한 기본 부과금을 내야 한다. 그래서 기술개발을 통해 오염물질을 절감시키려는 유인(誘因)이 작동한다. 그러나 총량규제의 경우 사회적으로 적정한 오염배출수준을 찾아내기 어렵다. 무엇보다 사전조사와 데이터베이스의 구축 그리고 오염배출량 할당 등 시스템의 정비 없이 성급하게 배출권거래제를 도입하면 용두사미로 끝날 가능성이 높다.

환경규제의 측면에서 1995년 이후 쓰레기 종량제를 실시하여 시장유인 규제의 효과를 거둔 환경부는 2011년부터 음식물 쓰레기를 분리수거하는데 그치지 않고 '음식물쓰레기종량제'를 시범실시하고 있다. 이 경우 시민들은 음식물 쓰레기를 줄일수록 이득이기 때문에 경제적 유인이 크게 작용할 것으로 보인다. <그림 4-5>는 저자가 2011년 가을 스위스 취리히 지하철역에서 1 스위스 프랑(약 1200원)을 내고 이용한 화장실과 독일 하이델베르크 대학의 학생식당인 멘사식당에서 접시에 음식물쓰레기가 전혀 없는 모습을 촬영한 것이다. 음식 값을 자신이 선택한 음식의 무게에 비례해서 매겼기 때문에 무리해서 음식을 가져올 유인이 없었기 때문이다. 독일에서도 많은 경우 유료로 공중화장실을 운영하였기 때문에 저자의 경우도 이후로 화장실을 가려서 갔고, 멘사식당에서 음식을 전혀 남기지 않았다.

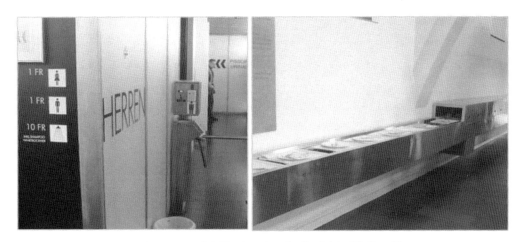

<그림 4-5> 공중화장실을 가끔 가고 깨끗한 접시가 반환되는 이유

그런데 규제제도를 도입할 때 시장유인성이 잘못 설계될 경우 정책실패로 이어질 가능성을 배제하기 어렵다. 우리 정부는 1980년대 이후 복제약값을 원래 약값의 80% 정도까지 고가로 책정함으로써 제약회사들이 신약개발에 집중하기보다는 복제를 통해 쉽게 이윤을 챙기도록 유도하였다. 나아가 동질의 복제된 약을 팔기 위해서는 의사를 대상으로 로비를 하거나 리베이트를 제공하는 등 불법을 자행하게 하는 유인구조로 전락하게 된 것이다. 참고로 미국의 경우 복제약값이 원래 약값의 25% 정도라고 한다.

2011년 9월 대한민국은 초유의 정전사태에 직면하게 되는데, 소비자의 경우도 전기요금이 원가의 92% 정도로 저렴하기 때문에 낭비유인이 있을 뿐만 아니라 겨울에 비싼 등유보다는 값싼 전기를 통해 난방을 하고자 하는 유인에 빠지게 된다.

<그림 4-6>은 플라스틱, 캔, 유리병 각각 1개당 5센트의 보증금을 돌려주는 흥미로운 기계인데, 오리건의 유진에 있는 Market of Choice 바로 옆에 있기 때문에 영수증을 뽑아서 바로 현금화할 수 있다. 이러한 제도적 방안은 오리건의 제1도시이며 환경도시인 포틀랜드에서 처음 시작되었다. 한국에서도 한국자원유통지원센터에서 운영하는 빈병보증금제도 운영 차원에서 부분적으로 적용되고 있다.

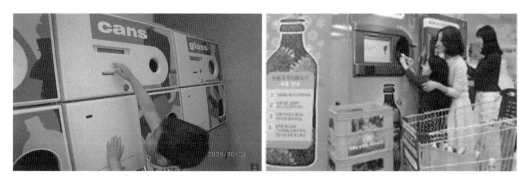

<그림 4-6> 미국 오리건과 한국의 재활용 시스템

3) 자율규제수단

<그림 4-7>에 나타난 바와 같이 마라도는 천연기념물로 그리고 천연보호구역으로 지정되어 관리되고 있지만, 현실적으로 어촌계를 중심으로 자원관리가 이루어지고 있다. 2011년 2월에 면담한 관계자에 의하면, 마라도 어촌계는 어입행위뿐만 아니라 관꾕용 진기차 운행수입을 공유하는 등 자율적인 공동체의 관리에 익숙해져있었다.

<그림 4-7> 마라도 어촌계의 자율규제

<그림 4-8>의 '대포천 사람들' 애칭은 상동면에서 출하되는 농작물에 부착되는 친환경 통합 브랜드로도 자리매김했다. 대포천을 청정 생태하천으로 탈바꿈시킨 우직한 농부들이 정직하게 길러낸 농작물이라는 믿음을 바탕으로 탄생한 '대포천 사람들' 브랜드는 현재 전국적인 명성을 얻고 있다(부산일보, 2009. 9. 2).

출처: 부산일보(2009. 9. 2)

<그림 4-8> 복원된 대포천의 브랜드

대포천 일대에는 2003년 기준으로 상주인구가 4,045명이며 공장수가 600개 이상이라서 사실상 도시와 다름없는 오염원들이 입지해 있기 때문이다. 대포천의 지속가능성에 대해서 자연스러운 의문을 제기할 수 있다. 대포천의 경우 1997년 이후 6년 이상 신규오염원 입지의 억제와 주민들의 이행약속 준수의 지속성이 유지되면서 지속가능성을 확보하고 있다. 제도의 성과는 수질개선에 따른 강제적 규제수단의 유보와 대포천 사용자들의 신뢰의 회복으로 나타났다. 2002년 4월 3일 우리나라 최초의 수질협약지구로 설정된 것이다.[12]

환경부가 실시한 대포천 생태조사 결과 동사리와 버들치 같은 다양한 1급수 어종의 서식이 확인되었다. 대포천이 아이들의 생태학습장으로 활용되고, 친환경농업 지역으로 변화하였다. 대포천의 생태적 지속가능성은 높은 것으로 평가된다. 그러나 상수원보호구역이라는 채찍이 항상 준비되어 있는 상태에서 보람만으로 대포천의 수질을 꾸준하게 유지하기는 쉽지 않다. 현장 공무원들은 주민들의 자율적 참여와 의욕이 5~6년 전에 비해 많이 줄어들었다고 한다. 대포천이라는 공유재는 어장과 달라서 주민들의 직접적인 삶의 터전은 아니기 때문이다. 따라서 공동체에서 스스로 지속적인 유인을 제공하는 데는 한계가 있기 때문에 대포천 구성원들의 자율적 영역에 정부의 일정한 지원이 필요한 것으로 분석되었다. 김해시 환경보호과는 대포천이 낙동강특별법 제23조 등에 따라 2004년 3월 16일 '주민의 자발적 노력에 의한 수질개선지역'으로 지정되었다. 만약 상수원보호구역으로 지정되었다면 최소한

---

12) 행위자들이 자발적으로 동의한 게임의 규칙은 정당하다. 그리고 정당성이 부여된 제도는 수용성이 매우 높고 행위자들의 순응을 제고시킨다. 대포천의 경우 주민 스스로 상수원 수질을 1급수로 유지하는 조건으로 재산권을 자유롭게 행사할 수 있는 '수질보전 계약제'가 2002년 4월 3일 처음 도입됐다. 주민들의 자발적인 노력이 5년 이상 지속되어 온 원동력은 정책수단에 대해 주민들이 자발적으로 동의하여 수용하였다는 점이다. 자발적으로 동의하여 스스로 정당성을 부여한 게임의 규칙에 대해 구성원들은 지속적으로 순응하고 있는 것이다.

의 규제준수노력이 있었을 것이다. 물론 상수원보호구역이라는 강압적인 수단을 통해서도 1급수 수질을 회복했을지 모르지만, 주민들은 스스로 정당성을 부여하지 않았을 것이다. 사실 개별 기업과 가정에서 규칙을 준수하고, 매달 청소하는 일은 보통 짜증스러운 일이 아니다. 대포천 공동체에서는 이러한 수고로움을 자발적으로 수용하였다.

4) 비규제적 대안과 자유주의적 개입주의

<그림 4-9>는 지금은 다소 익숙해졌지만, 그래도 아이디어가 돋보이는 부산광역시 용호동 주민들의 지혜로운 행동으로 평가된다. 1997년 저자가 박사과정 재학 때에 문화행정을 가르치셨던 정홍익 교수님과 용산구청에 방문한 일이 있었는데, 교수님은 용산구청 옆 골목길에서 쓰레기 무단 투기장을 화단으로 바꾼 후에 예쁘게 관리되고 있는 모습을 보여주셔서 감동을 받은 적이 있다. 요새 유행하는 게릴라 가드닝의 대표적인 사례였던 것 같다.

<그림 4-9> 쓰레기 무단 투기장이 화단으로 변한 모습

행동심리학자와 오바마행정부 규제정보관인 Thaler와 Sunstein(2008)이 제시하는 자유주의적 개입주의(libertarian paternalism)가 있다. 그것은 넛지(Nudge)인데, 팔꿈치로 슬쩍 옆구리 찌르기다. 선택설계자가 취하는 하나의 방식으로서, 사람들에게 어떤 선택을 금지하거나 그들의 경제적 인센티브를 크게 변화시키지 않고, 예상 가능한 방향으로 그들의 행동을 변화시키는 것이다. 넛지 형태의 간섭은 쉽게 피할 수 있는 동시에 그렇게 하는 데 비용도 적게 들어야 한다. 선택 설계자(choice architect)란 사람들이 결정을 내리는 배경이 되는 '정황

이나 맥락을 만드는 사람'이다. 예를 들면, 초등학교 학생들에게 정크 푸드를 금지하기보다 과일을 눈에 잘 띄는 위치에 놓는 것이 낫지다. 스키폴 공항의 남자화장실 소변기 중앙 부분에 검은색 파리 그려서 변기 밖으로 튀는 소변의 양을 80% 감소시킨 사례가 가장 유명하다.

행동경제학(behavioral economics)이란 사람은 실제로 어떻게 행동하는가, 왜 그렇게 하는가, 행동의 결과로 어떤 현상이 발생하는가를 주제로 토론하는 경제학이다. 인간행동의 실제, 원인, 경제사회에 미치는 영향, 사람들의 행동을 조절하기 위한 정책에 관해 체계적으로 규명할 것을 목표로 한 경제학이다. 행동경제학은 인간의 합리성, 자제심, 이기심을 부정하지만 인간이 완전히 비합리적, 비자제적, 비이기적이라는 것을 의미하지 않는다. 행동경제학에서 말하는 '비합리성'이란 개념은 터무니없거나 또는 정형화되지 행동경향이 아니라 합리성의 기준에서 벗어난다는 의미로 사용될 뿐이다. 비합리적이기는 하나 일정한 경향을 띠고 있고 따라서 예측 가능한 행동이다(도모노 노리오, 2006: 35-37). <그림 4-10> 범죄예방을 위한 환경디자인의 효과는 실증적으로 규명되고 있다.

출처: http://www.cpted.or.kr

<그림 4-10> 범죄예방을 위한 환경디자인

결국 행동경제학은 인간은 제한된 합리성으로 행동한다는 결론에 이른다. 이는 1978년 노벨경제학상을 받은 Herbert Simon(1945)의 제한된 합리성과 만족모형에 근거한 의사결정, 선택의 과정과 방법을 결과보다 중시하는 절차적 합리성을 기반으로 하면서 1979년 형성된 학문이다. 용의자의 딜레마 상황에서도 경제적 인간이라면 당연히 배신을 택하겠지만, 심리학자나 경제학자가 실험한 결과를 보면 30~70%가 협력행동을 선택한다고 한다(도모노 노리오, 2006: 62-64). 그러나 <그림 4-11>의 함양읍의 사례를 관찰해보면, 주말에 외지인이 유입되고 도로가 혼잡하게 되면 홀짝수일 주차시스템이 붕괴되는 것을 목도하곤 한다. 서울

과 부산의 건강기부계단 역시 충분한 정책효과를 나타내지는 못하는 것 같다.

<그림 4-11> 선택설계를 활용한 함양군의 홀짝수일 주차시스템

제3절 규제주체

미국의 경우 경제적 규제는 독립규제위원회에서, 사회적 규제는 행정부처의 내부조직 또는 산하기관에서 수행한다. 우리나라에서는 중앙정부와 지방정부가 규제주체인 경우가 많으며, 공정거래위원회, 식품의약품안전청, 국립수산물품질검사원 등 규제기관은 예외 없이 행정부에 소속되어 있다(최병선, 1993; 김용우, 2010: 302-314). 의사협회와 대한약사회와 같은 민간단체의 자율규제의 경우는 생략한다. <그림 4-12>는 중앙정부인 문화재청장과 지방정부인 태안군수의 천연기념물인 태안군 신두리 해안사구를 보존하기 위한 규제 표지판을 나타내고 있다.

<그림 4-12> 문화재청장과 태안군수의 규제행위

1. 규제주체 논쟁

1) 구조의 설계와 정책오차

삼권분립에 기초한 정부권력구조는 정책오차를 제거하고 정책의 균형을 가져오는 장치이다(Landau, 1969: 351). 국회에서 여야의 대립되는 이해관계와 정치이념 때문에 볼썽사나운 싸움판이 벌어지기도 하지만, 어찌 보면 정부와 시민사회의 대규모 갈등을 미연에 방지하는 역할을 하는 측면도 있다. 행정부 내부에서 개발부처와 보전부처의 갈등 상황 역시 이러한 맥락에서 이해할 수 있을까?

조직구조(organizational structure)란 조직구성원들의 상호관계에 관한 규범적 질서이다(행정학용어표준화연구회, 1999: 645). 구조적 접근은 다음과 같은 가정을 전제하고 있다(김병섭 등, 2000: 59-82). 조직은 목적을 가진 존재이다. 이러한 목적을 달성하는데 가장 중요한 변수는 조직의 구조이다. 조직이 제대로 기능을 수행하지 못하는 것은 구조가 잘못되어 있기 때문이며, 따라서 조직문제는 적절한 조직구조를 설계하면 해결될 수 있다. 예를 들면, 수자원관리조직이 수질과 수량기능으로 이원화되어 초래되는 낭비와 비효율을 구조와 기능을 일원화하여 하나의 부처에 통합하면 해결된다는 논리를 들 수 있다.

그런데 부처통합만이 능사가 아니며 오히려 문제를 더 악화시킬 수 있다는 회의적인 시각도 존재한다. 효율적인 최선의 방안을 탐구할 수 있다는 것은 독단이 될 수 있으며, 오히려 각 정부부처에서 독자적이고 중첩적으로 가설적인 대안을 선택하고 실험함으로써 부처 전체적으로 경험의 총량을 확장하는 것이 필요하다(김영평, 1995: 187-222). 여러 정부부처간의 협의와 토론을 통한 중첩적이고 경쟁적인 기능 수행은 조직의 창의성을 높이며, 다원적이고 경쟁적인 체제를 통한 정보전달은 정확한 정보 확보의 토대가 된다. 이러한 가외적 기능의 원칙(principle of redundant functions)에 따른 조직편세는 효율성 중심의 기능적 조직편세와 갈등관계에 놓인다. 그러나 불확실성이 전제된다면, 하나의 목소리를 내는 통합부처보다는 서로 다른 목소리를 내는 경쟁적인 부처구조가 정책오차를 탐지하는데 더 낫다. 가외성의 산술적인 증가가 실패확률을 기하급수적으로 감소시키기 때문에 장기적으로는 더 효율적일 수도 있는 것이다.

이처럼 개발부처와 보전부처가 통합구조를 형성하면 거래비용의 감소를 통해 효율성을 달성할 수 있지만, 상호비판 구조의 형성을 통한 정책오차 제거에는 적합하지 않다. 반면 개발부처와 보전부처가 동등한 권력을 가지고 분립하게 되면 상호견제를 통해 정책오차 제거에 용이하지만, 마찰비용의 증가로 인해 결정시간이 늘어나고 효율성을 저해할 수 있다. 따라서 이 두 가지를 모두 달성할 수 있는 정부조직구조는 현실에서 찾기 어려운 딜레마 상황이다. 이명박 정부는 이러한 딜레마 상황에서 4대강 살리기 사업 추진을 위해 사실상 통합구조를 선택하면서 초기 결정과 추진의 효율성은 보여주고 있지만, 정책오차의 탐지에 비효율적이 되면서 시민사회와 심각한 갈등에 직면해있다.

우리나라는 1980년대 후반에 이르기까지 정부주도의 경제개발에 정책의 초점을 맞추었다. 자연스럽게 경제개발을 위한 정부부처가 권력의 중심에 서게 되고 개발위주의 국토정책을 추진하게 된다. 1990년대에 들어서 환경부가 등장하지만, 경제부처의 개발논리를 정당화하고 면죄부를 부여하는 역할을 하게 된다. 따라서 정부 내에서 대규모 간척개발 사업이나 자연파괴행위에 대한 견제역할을 제대로 할 힘과 논리를 갖지 못했다.

그런데 1990년대 중반에 시민사회가 급격하게 성장하면서 정부의 일방적인 개발정책에 대한 비판자 역할을 수행하게 된다. 이러한 정부와 시민사회의 권력구조의 변화는 과거 권위주의 정부에서 일방적으로 가능했던 굵직한 국책사업들을 진퇴양난에 빠지게 하였다. 경제발전을 위한 개발의 논리가 타당한 만큼 자연환경을 있는 그대로 보전해야 한다는 논리도 인정하면서 설득하고 협상하는 지혜를 발휘해야 했지만, 이러한 구조의 변화에 정부와 시민사회 모두 익숙하지 못했다.

2) 정부조직의 구조와 프레임 그리고 정책오차 - 환경부의 역할모델 논의

(1) 효율성 중심의 통합구조와 정책오차

이명박 정부는 한반도 대운하 건설의지가 확고하였기 때문에 정권 출범 전에 이미 개발지향의 정부조직구조를 형성하게 된다. 한반도 대운하 사업은 해운물류 및 내륙수운과 항만개발 성격을 갖고 있었는데, 이를 위해 실무추진 부처인 건교부에 해양부 기능을 결합하여 국토해양부를 탄생시켰다(「정부조직법」 제37조). 물론 부처 간 갈등이 합리적이고 민주적으로 조정되지 못하여 정책추진이 지연되면 국민에게 부담으로 작용하는데, 이 경우의 부처할거주의는 경계의 대상이 되어야 하고 부처통합을 고민해야 한다. 그러나 이명박 정부는 부처 간의 비판과 협력구조보다는 한 몸 구조를 형성하는 것이 속도전에 유리한 것으로 판단한 것 같다. 나아가 2009년 1월 5일 대통령훈령으로 「녹색성장위원회의 설립 및 운영에 관한 규정」을 제정하고 2월 16일에는 국가지속가능발전위원회 위원장과 국무총리를 공동대표로 하는 대통령직속 녹색성장위원회를 출범시키면서 기존의 지속가능발전위원회보다 더 상위의 지위가 부여되었다(http://www.greengrowth.go.kr). 이는 개발기능과 보전기능을 한 몸 구조로 형성하여 개발부처와 보전부처의 갈등을 사전에 조율하고자 하는 취지로 해석된다. 이는 개발과 성장의 구조에 보전의 구조가 자율성 없이 녹아드는 구조를 형성함으로써 개발독주에 대한 비판기능이 상실된 것을 의미한다.

4대강 살리기 사업을 추진하기 위한 조직구조에서도 국토해양부와 환경부가 한 몸의 구조를 형성하고 있기 때문에 환경부가 10년 이상 온갖 공을 들여온 4대강 수질개선사업을 크게 양보하고 국토해양부의 들러리를 서고 있다는 비판을 받았다. <그림 4-13>에 나타난 바

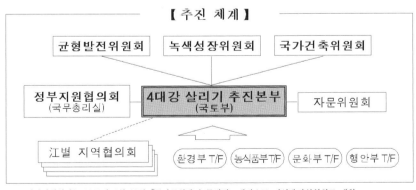

주: 균형발전위원회는 2009년 4월 22일 「국가균형발전 특별법」 개정으로 지역발전위원회로 개칭

<그림 4-13> 4대강 살리기 사업 조직구조의 형성

와 같이 개발 구조의 중심에는 국토해양부가 있고 환경부도 흡수된 상태인 것이다(국토해양부 4대강 살리기 추진본부, 2009: 5).

국토해양부는 2009년 1월 29일 내동령훈령으로 4내강의 홍수·가뭄 방시, 하천생태계 복원·활용과 지역균형발전 및 지역경제 활성화를 위해「4대강 살리기 기획단의 구성 및 운영에 관한 규정」을 제정하고, 국토해양부 장관 소속으로 4대강 살리기 프로젝트를 전담하는 범정부 차원의 '4대강 살리기 기획단'을 2009년 2월 5일 발족했다. 2009년 4월 14일에는 기획단을 장관급으로 격상시키는 대통령훈령으로「4대강 살리기 추진본부의 구성 및 운영에 관한 규정」을 제정하여 국토해양부 장관 소속으로 '4대강 살리기 추진본부'를 구성한다. 그런데 얼마 후 애초에 본부는 수량만 담당하고 환경부가 수질을 담당하던 구조에서 업무분산을 방지하고 업무의 집중화와 효율화의 목적으로 수질환경협력국장을 신설하는 훈령의 개정을 하게 된다. 수질환경협력국장은 환경부 소속 고위공무원단에 속하는 일반직 공무원으로서 국토해양부장관이 임명하도록 했기 때문에 완전한 한 몸 구조를 형성하게 된 것이다. 결국 정부조직구조는 종횡으로 개발구조가 보전의 구조를 무력화시키고 있는 것을 알 수 있다. 이처럼 정부는 구조를 조정하여 개발과 보전을 둘러싼 잡음을 막고자 하는 유혹에 빠진다. 그러나 상호비판이 차단된 구조에서는 한결같은 눈으로 긍정적인 측면만 보게 되면서 정책오차와 부정적인 측면이 시민사회와 맞닥뜨리면서 등장하게 되는 우(愚)를 범할 가능성이 높아진다.

(2) 환경부의 개발지향 프레임과 정책오차

통상 환경부는 정부부처 내의 NGO로 평가될 정도로 개발정책에 대한 비판자 역할을 수행해야 한다는 역할기대가 있다.[13] 그런데 이명박 정부 1년 동안 환경부가 경제부처에 맞서는 모습을 보인 적은 거의 없다. 4대강 사업이나 경인운하사업과 관련해서 개발부처에 대해 비판의 목소리를 내지도 않았다. 이명박 정부 출범 이전에도 한반도 대운하 사업에 대해서도 환경부는 하천정비와 수질관리를 명분으로 사업추진을 지지했다. 2009년 2월 24일 이명박 대통령 취임 1주년을 맞아 환경부가 발표한「환경정책 1년 평가」에서 환경부는 '환경·

---

13) 한편 대통령의 정책결정 사항을 충실하게 집행해야 할 행정 관료제 내부에서 대통령과 다른 목소리를 내도록 요구하는 것은 한낱 이상에 불과하다는 비판이 있다. 나아가 Linz(1994: 3-90)는 대통령제의 위험으로서 대통령 선거에서는 오직 한 후보 한 정당만이 승리할 수 있기 때문에(winner-take-all) 집행부의 독재를 초래할 가능성을 지적했는데, 4대강 살리기 사업에서도 대통령의 프레임이 강제될 경우 환경부의 개발부처에 대한 견제기능은 기대하기 어려운 것이 현실이다.

경제·사회의 조화로운 발전 기반 마련'이라는 총평을 내리면서 2012년까지 22만 5천개의 일자리 창출, 사전환경성검토면제 확대, 상수원 입지규제 완화 등 환경규제 합리화를 주요성과로 내세웠다(환경부, 2008: 26-27). 이에 대해 환경운동연합과 녹색연합은 싸늘하게 평가하였다(한겨레신문, 2009. 3. 4). 일부 전문가들은 이런 성과들에 대해 '국토해양부의 보고서'로 착각할지도 모를 일이라고 비판했다(윤순진, 2009).

이명박 정부가 2008년 8월 '저탄소 녹색성장'을 국가비전으로 선언하면서 국토해양부와 지식경제부가 개발 패러다임을 지향하는 것은 납득이 되지만, 환경부가 전혀 브레이크 기능을 하지 못하는 것은 위험한 일로 평가되었다. 2009년 10월 면담한 관계 전문가들은 환경부가 '환경영향평가만이라도 제대로 하자'고 한다면 모든 것이 정상이 될 것이라고 했다. 2010년 1월 면담한 관계자에 의하면, 이처럼 환경부 공무원들의 환경지향적인 속내와는 달리 계층제적 구조에서 인사권자를 의식한 과잉동조가 나타나고 있기 때문에 환경부 관료제의 독립성과 자율성을 기대하기는 어려워 보인다고 했다. 2009년 10월 국정감사에서도 환경부 장관은 '환경부가 4대강 살리기 홍보부처'라는 비판에 대해 '아직도 홍보가 부족하다'는 의견을 제시했다. 그뿐만 아니라 환경부 장관은 당시 국정감사에서 '환경부의 역할은 하면서 정부 전반의 의사결정 효율성을 높이려는 것이 어떻게 환경파괴를 조장하는 것이냐'라는 답변을 하였다. 문제는 이로 인해 환경부가 제대로 해야 할 사전환경성검토와 환경영향평가를 많은 부분 생략하거나 부실하게 수행하면서 환경부의 역할을 제대로 하지 못한 점이다. 정책결정과정에서 환경부의 소극적인 태도는 국가전체를 갈등구조로 몰아넣으면서 호미로 막을 일을 가래로도 막지 못할 일로 전화되는 빌미를 제공한 것으로 평가된다. 결국 효율성과 민주성의 두 축으로 정부가 지탱한다고 볼 때 환경부의 정부부처 내 비판기능의 소홀은 내부의사결정의 효율성은 높였을지 모르지만, 집행과정에서 발생하는 갈등비용을 포함하면 장기적으로 더 큰 정책오차와 비효율성을 초래할 수도 있는 것이다.

3) 중앙정부와 지방정부 간의 관료정치

<그림 4-14>를 보면 2009년 제주특별자치도 출범 이후 제주자치경찰단이 새롭게 규제주체가 된 것을 알 수 있다. 이처럼 중앙정부와 지방정부는 권한의 위임과 이양 여부에 따라 규제주체의 변동이 일어난다.

<그림 4-14> 제주특별자치도의 출범과 제주자치경찰단

여기서는 우리나라 오염물질 배출업소 규제권한을 변동을 중심으로 규제주체에 대해 토론해보자. 1980년 환경청 발족 이래 다섯 차례나 오염물질 배출업소에 대한 관할권이 번복되는 규제권한의 시계추 현상이 일어났다. 물론 지방자치제가 실시되기 이전인 1990년 이전에 시·도에 단속권한이 있다고 하여도 이를 지방분권이라고 보기에는 한계가 있다. 그리고 <그림 4-15>의 권한변동의 빈도와 폭은 정확한 데이터에 의한 실측이라기보다는 주관적인 느낌의 이동거리이며 측정치라고 할 수 있다.

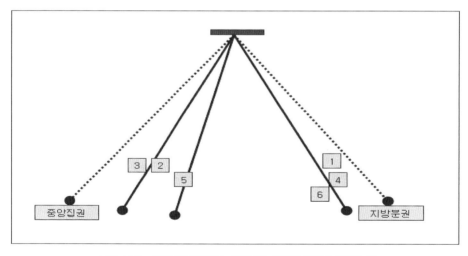
<그림 4-15> 우리나라 배출업소 규제권한 흔들이 현상의 빈도와 폭

(1) 환경규제권한의 중앙집권화(1 → 2 → 3)

1984년 이전에는 시·도가 오염물질 배출업소 단속을 전담하였다. 그러나 전두환 정권 시기인 1984년 3월부터 1980년에 신설된 환경청의 중앙지도점검반이 주요 공단, 특정 유해물질 배출업소, 그리고 공단 외 대형(1~3종) 배출업소를 모두 관리하고, 시·도는 공단 외 소형배출업소만을 관리하는 분담체계가 형성되었다. 1986년 10월에 지방환경청이 신설되면서 단속권에 더하여 허가권과 행정처분권 역시 환경청으로 이관되어 환경규제권한의 집중화 경향의 시계추 운동은 더욱 강화된다. 개발연대에 환경행정의 기반을 닦기 위해서는 자원을 집중할 필요가 있었음을 고려할 때 집권화의 합리적인 근거를 찾을 수 있다. 따라서 환경사건이나 정치적 요인에 휘둘리지 않고 일관성 있는 환경정책을 추진할 힘을 비축한 시기로 평가할 수 있다.

(2) 환경규제권한의 분권화(3 → 4)

노태우 정권 시기인 1990년에는 환경청이 환경처로 승격하게 되면서 정부는 환경처의 권한강화를 꾸준히 추진하여, 1991년 1월에 그동안 지방자치단체가 보유하고 있던 권한 가운데 상당 부분을 지방환경청으로 이관하게 된다(김재훈, 1997: 40). 그러나 이로부터 1개월여 만인 1991년 3월 대구페놀오염사고가 발생하자 중앙집권적인 환경행정체계가 효율적인 사전예방과 신속한 초기 대응을 어렵게 하는 요인이라는 비판이 제기되면서 1992년 7월부터 모든 배출업소에 대한 규제권한이 시·도로 이관되었다. 이에 대해 정책집행의 현지성과 특수성을 고려한 합리적 결정이었다는 주장도 있지만, 환경처와 내무부의 정치적 타협의 산물로 보는 것이 더 설득력이 있다. 환경처는 권한과 책임을 축소하는 책임회피전략을 선택한 것이다(정정화, 2002: 201-227). 이러한 정치적 요인에 의한 결정은 이후에도 계속된다.

(3) 환경규제권한의 분담체계 형성(4 → 5)

김영삼 정부 시기인 1994년 1월에 낙동강 식수오염사고가 발생하자 광역적 성격이 강한 환경문제를 지방자치단체에만 전적으로 맡겨 둘 수 없다는 문제제기가 있어, 1994년 5월부터는 공단 내 배출업소에 대한 허가·단속·행정처분권은 환경처로 이관되고, 시·도는 공단 외 배출업소만 관리하는 분담체계로 전환된다. 규제주체의 불명확성의 문제도 있지만, 가외성(redundancy)의 장착으로 불가역성을 띠는 환경문제를 안전하게 차단할 수 있는 제도적 장치를 마련했다는 평가를 받기도 했다(서울특별시 관련인 면담, 2005. 10).

(4) 환경규제권한의 분권화(5 → 6)

1994년 12월 환경처는 환경부로 승격하게 되고, 1994년 5월 이후 환경부가 갖고 있던 공단 내 배출업소의 단속을 무리 없이 진행해 왔다. 그런데 2002년 10월 1일에 공단 내 단속권이 모두 지방자치단체로 위임되어 시·도가 오염물질 배출업소에 대한 지도·단속권을 전담하게 되었다. 이러한 규제권한 변동의 배경에는 1995년 7월 민선단체장 시대가 출범하면서 경기도와 울산광역시 등이 공단 내 배출업소에 대한 관리업무의 지방이양을 주장했고, 1999년 5월에는 전국의 시·도가 공동으로 규제권한의 지방이양을 건의하는 등 정치적 마찰이 있었다. 결국 지방이양추진위원회의 위임권고를 받은 환경부는 2001년 12월 권한위임을 골자로 하는 대통령령을 입법 예고한다. 이에 따라 환경부는 임시조직으로 운영되던 4대강 환경감시대를 정규화하여 중앙정부의 환경감시기능을 보완하면서, 2002년 10월 1일부터 산업단지 내 배출업소에 대한 허가·단속·행정처분권을 지방자치단체에 이관하였다. 따라서 대기, 수질 그리고 유해화학물질관리 등의 기능을 시·도가 전담하는 체계로 변화하면서 시계주는 머물러 있다.

2. 규제주체의 현실적 유형

1) 대통령 직속기구

합의제 행정기구인 방송통신위원회를 예로 들 수 있다(http://www.kcc.go.kr/2010.8.30). 방송통신위원회는 디지털기술 등의 발전으로 급속히 진행되고 있는 방송과 통신의 융합화 추세에 능동적으로 대응하고 나아가 국민들이 보다 풍요로운 방송통신융합의 혜택을 누릴 수 있도록 하기 위해 대통령 직속 합의제 행정기구로 출범하였다.

2) 국무총리 소속 규제행정기관(행정위원회)

(1) 공정거래위원회(http://www.ftc.go.kr/)

독점 및 불공정거래에 관한 사안을 심의·의결하기 위해 설립된 국무총리 소속의 중앙행정기관이자 합의제 준사법기관으로 경쟁정책을 수립·운영하며 공정거래관련 사건을 심결·처리하는 역할을 담당한다.

(2) 금융위원회(http://www.fsc.go.kr/)와 금융감독원(http://www.fss.or.kr/)

2008년 1월 제17대 대통령직 인수위원회는 「정부조직과 기능개편」 방안을 발표하며 금융행정시스템을 전면 재조정하여, ① (구)금융감독위원회 감독정책기능과 (구)재정경제부 금융정책기능(공적자금관리위원회, 금융정보분석원 포함)을 통합하고, ② 금융위원장과 금감원장의 겸임을 금지하여 정책기능과 집행기능을 분리하기로 결정했다. 2008년 2월 29일에는 「금융위원회와 그 소속기관 직제」 제정으로 금융위원회 및 증권선물위원회를 구성하고, 금융위원회 소속으로 금융정보분석원을 두며, 금융위원회의 사무를 처리하기 위하여 사무처를 설치했다. 2008년 3월 3일 총리령 제875호에 의해 「금융위원회와 그 소속기관 직제」에 대한 시행규칙이 발표되면서 정식 출범했다.

한편 금융감독원(Financial Supervisory Service)은 「금융 감독 기구의 설치 등에 관한 법률」(1997.12.31 제정)에 의거 전 은행감독원, 증권감독원, 보험감독원, 신용관리기금 등 4개 감독기관이 통합되어 1999년 1월 2일 설립된 이후 2008년 2월 29일에 제정된 「금융위원회의 설치 등에 관한 법률」에 의거하여 현재의 금융감독원으로 거듭나게 된다. 금융기관에 대한 검사·감독업무 등의 수행을 통하여 건전한 신용질서와 공정한 금융거래관행을 확립하고 예금자 및 투자자 등 금융수요자를 보호함으로써 국민경제의 발전에 기여함을 설립목적으로 하고 있으나, 저축은행 부실감독을 포함한 공정한 규제기관이라기보다는 포획된 모습을 많이 보여주고 있어 안타깝다.

(3) 국민권익위원회(http://www.acrc.go.kr/)

국민권익위원회는 부패방지와 국민의 권리보호 및 구제를 위하여 과거 국민고충처리위원회와 국가청렴위원회, 국무총리 행정심판위원회 등의 기능을 합쳐 2008년 2월 29일 새롭게 탄생한 기관이다. 3개의 위원회를 하나로 통합한 이유는 국민고충처리위원회의 국민 권리구제업무와 국가청렴위원회의 국가청렴도 향상을 위한 활동, 행정심판위원회의 행정과 관련한 쟁송업무 등 국민의 권익보호 관련 업무들을 한 기관에서 처리하기 위한 것이다. 이러한 기능들이 여러 기관으로 나누어져 있어 국민에게 혼란과 불편을 초래함에 따라 고충민원처리, 부패방지 및 행정심판 기능을 통합함으로써 국민의 권익 구제 창구를 일원화 하고 신속하고 충실한 원스톱 서비스 체제를 마련한 것이다.

3) 행정부처 소속기관과 행정위원회

국토교통부의 지방국토관리청, 식품의약품안전처, 환경부의 4대강 유역환경청 등은 규제적 성격이 강한 법과 규정의 집행을 담당한다. 한국소비자원(http://www.kca.go.kr/)은 1987년 7월1일 소비자보호법에 의하여 '한국소비자보호원'으로 설립된 후, 2007년 3월 28일 소비자기본법에 의해 '한국소비자원'으로 기관명이 변경되었다. 한국소비자원은 소비자의 권익을 증진하고 소비생활의 향상을 도모하며 국민경제의 발전에 이바지하기 위하여 국가에서 설립한 전문기관이다. 고용노동부 소속 노동위원회와 최저임금심의위원회 등은 구속력 있는 결정을 내릴 수 있는 행정위원회로 볼 수 있다. 2011년 들어 고유가 상황에서 유사석유 판매가 기승을 부리고 있는데, 불법주유소를 단속할 때 행정안전부 소속의 소방방재청이 석유탱크의 단속을 하고, 지식경제부 소속의 한국석유관리원이 품질검사를 수행하는 이중구조를 질타하는 목소리가 있다. 이를 기능조정과 통합으로 이어갈지 아니면 신뢰에 바탕을 둔 협력구조로 이어갈지에 대해서는 논의가 필요하다.

제4절 규제대상

규제대상(policy target group)이란 규제정책의 작용을 받는 집단 또는 정책집행으로 인해 영향을 받는 집단으로서 정책의 혜택을 받는 수혜집단과 정책 때문에 희생을 당하는 비용부담집단이 있다. 예를 들어 상수원보호를 위해 일정지역을 규제한다면, 상수원보호구역 내 주민들은 비용부담집단이 될 것이고, 이를 통해 깨끗한 수돗물을 취하게 되는 하류의 대다수 주민들은 수혜집단이라고 할 수 있다. <그림 4-16>은 문화재청장과 태안군수가 신두리 해안사구를

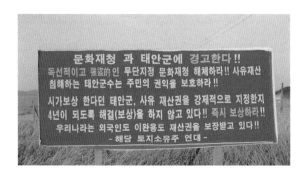

<그림 4-16> 문화재청장과 태안군수의 규제행위에 대한 지역주민의 불응

천연기념물로 지정하여 재산권을 침해당했다고 판단한 지역주민들의 불응하는 모습이다.

제5절 정책선도자

소비자보호운동가라든지 언론의 소비자고발 프로그램 그리고 환경규제 등 사회적 규제 장치를 무시하는 정부를 강력하게 비판하고 환경운동가와 언론 프로그램 기획자 등은 대표적인 정책선도자(policy entrepreneur)로 볼 수 있다. 구독료수입만으로 운영되는 미국의 소비자협회(Consumers Union)의 월간지 소비자보고서(Consumer Reports)는 그 자체로서 정책선도자 역할을 수행한다. 우리나라 건강보험심사평가원(*Health Insurance Review and Assessment Service*)의 경우 의료기관이 청구한 진료비에 대한 심사와 진료가 적정하게 이루어졌는지 평가하여 소비자를 보호하는 일종의 정책선도자이다(http://www.hira.or.kr/). 제품 안정성에 대한 일본 소비자들의 무서운 견제는 1955년 모리나가 기업의 비소우유 중독사건 때문이다. 이 모리나가 사건으로 130여 명의 유아 사망자를 포함한 약 1만 3,000명의 피해자가 발생됐다. 그러나 모리나가 사건이 터졌을 당시에는 아무런 조치도 취해지지 않았고 15년이 지난 후에야 보상 체계가 마련됐다. 이는 정책선도자의 역할이 준비되어 있지 않을 때 대응이 쉽지 않음을 방증하는 것이다. 여기서는 새만금 간척개발사업과 관련하여 환경운동을 주도한 환경단체의 정책선도자 역할을 살펴보고자 한다.

환경정책집행을 좌우하는 요인으로서 일반 국민의 환경의식의 성장과 더불어 환경단체 및 언론의 역할을 들 수 있다. Wilson(1980: 357-394)이 말한 기업가적 정치상황에서는 갯벌매립을 포기하여 비용을 부담해야 할 건설업체들과 정치집단은 잘 조직되어 정치적으로 막강한 영향력을 발휘하는 반면에, 갯벌매립의 포기에 따른 편익을 기대할 수 있는 새만금 지역 주민들과 일반시민들은 잘 조직되어 있지 못하고 정치적 활동도 미약한 집단행동의 딜레마(collective action dilemma)가 발생했다(Mitnick, 1980: 164-165). 사실 합리적인 개인들이 '공공의 선'을 달성하기 위해서 자발적으로 협력하는 것은 이론적으로 불가능하다. 한 집단의 인원수가 아주 적거나 혹은 개인들이 공동이익(common interest)을 위해 행동하도록 하는 강제력(coercion)이나 특정한 장치가 없다면, 합리적이고 자기중심적인 개인들(rational, self-interested individuals)이 그들의 공동이익이나 집단이익 성취를 위해 행동하지 않을 것이기 때문이다(Olson, 1965: 1-2). 그러므로 개별구성원의 숫자가 아주 적지 않은 한 강제적인 수단이 집합적 선택과 협력을 유도하는 데 유리할 수 있다. '개별' 구성원들로 하여금 공익에 따라 행동하도록 강제할 수 있거나 특별한 유인장치가 있다면, 집합적 선택에 있어 딜레마를 회피할 수도 있다. 그러나 합리적이면서 사익을 추구하는 개인들이 '집단이익'을 성취하기 위한 행동을 할 것을 기대하기는 쉽지 않다. 각 개인의 행동이 잘 드러나지 않는 대규모 집단에서는 집합적 편익이 존재하더라도 합리적 개인은 집합적 편익의 생산에 기여하지 않고 무임승차할 유인을 충분히 갖고 있기 때문이다(Olson, 1965: 66–76). 따라서 소규모의 동질적인 집단과 대규모의 이질적인 집단에 대한 정책수단은 충분히 달라질 수 있다.

따라서 환경사건을 계기로 환경파괴의 심각성을 폭로하고, 환경문제해결의 대안을 제시하며, 정책결정 및 집행과정에 참여하여 중재자의 역할을 수행하는 등 환경단체의 기업가적 정치(entrepreneurial politics)가 필요하다. 새만금 사업의 결정과 집행, 그리고 재결정과정에서 환경단체는 긍정적인 역할을 하였는가?

Wilson(1980: 357-394)이 말한 기업가적 정치상황에서는 갯벌매립을 포기하여 비용을 부담해야 할 건설업체들과 정치집단은 잘 조직되어 정치적으로 막강한 영향력을 발휘하는 반면에, 갯벌매립의 포기에 따른 편익을 기대할 수 있는 새만금 지역 주민들과 일반시민들은 잘 조직되어 있지 못하고 정치적 활동도 미약하다. 따라서 비록 환경단체가 재정적 자립성과 환경단체들 간의 협력에서 문제점을 노정하기는 하지만(조익준, 2001), 환경단체의 비판적이고 조직적인 기업가적 정치(entrepreneurial politics)가 필요하다.

사실 우리나라 환경운동의 역사는 1991년 낙동강 페놀사고 이후에서 찾을 수 있을 정도로 지극히 일천하다. 전북환경운동연합이 1996년 12월 17일 새만금 수질오염을 우려하여 7대 환경뉴스에 새만금을 선정한 것이 새만금과 관련한 최초의 환경단체의 활동으로 기록되어 있다. 1997년 11월 6일에는 김제경실련, 녹색연합, 녹색주민연대(군산)가 서해안 살리기 심포지엄을 개최하였다(문경민, 2000: 212). 1998년 1월 14일에는 전북환경운동연합이 '새만금사업 재검토' 성명발표를 하면서 본격적인 환경단체의 활동이 시작된다. 이러한 여세를 몰아 1999년 5월 19일에 공사 중단을 이끌어내게 된 것이다. 만약 1980년대 새만금 사업 결정단계에서부터 환경단체의 견제와 비판이 있었더라면 문제가 이 지경에 이르지는 않았을 것이다. 그 만큼 환경단체의 비판적인 기업가 정치가 잘못된 정책결정과 집행을 제어하는 데 중요한 역할을 하는 것이다. 지역주민들도 환경단체가 가세한 이후에야 정부가 주민들의 의견을 경청하기 시작했다고 한다.

환경운동연합은 2000년 12월 11일 새만금 간척사업 계속 여부에 대한 정부의 최종결정이 아직까지 내려지지 않은 만큼 예산결산특별위원회 심사대상에서 내년도 새만금 예산은 제외돼야 한다고 주장했다. 환경연합은 이어 새만금 간척사업 계속 여부에 대한 공정한 논의, 내년도 새만금 예산 1천 134억 원의 예결특위 심사대상 제외, 새만금 간척 관련 모든 사업 전면 중단 등을 촉구했다(연합뉴스, 2000. 12. 12). 이러한 환경단체의 노력에도 불구하고, 2001년 5월 25일 시민단체의 의견을 무시하고 사업재개를 강행하게 되었다. 지속적으로 이어지는 시민환경단체의 비판과 견제는 그나마 새만금을 '보전과 개발이 조화된' 모습으로 이끌어주었다. 2008년 4월에 만난 시민환경단체 관계자는 비록 새만금 사업을 막지는 못했지만, 할 수 있는 모든 환경운동을 다 해보았기 때문에 후회는 없다고 했다.

국책사업의 성공을 이끌기 위해서는 환경단체의 비판과 견제의 역할이 매우 중요한 것으로 나타났다. 그러나 1991년 사업결정 단계에서는 환경단체의 활동을 기대할 수 없었고, 1996년 이후에야 어느 정도 비판활동이 시작되어 1999년 5월에 사업이 중단되고 재검토되는 계기를 마련해주었다. 비록 2001년 5월의 사업재개를 막지 못했지만, '보전과 개발의 조화'라는 비판적인 대안의 제시는 가능할 것으로 기대되었다. <그림 4-17>은 이러한 환경단체의 비판을 통해 진화한 새만금 개발 계획을 보여주고 있다.

<그림 4-17> 환경단체의 비판을 통해 진화한 새만금 개발 계획

제6절 규제와 규제완화의 효과

규제효과란 궁극적으로 정부규제를 통하여 실현하고자 하는 바람직한 경제사회 질서의 구현이다. 이명박 정부에서는 '공정한 사회'를 규제의 목표로 삼고 있다. 이 책에서는 규제 내용의 실현을 통해 효율적이고 민주적인 규제성과를 달성하는 경우를 규제효과로 파악하기로 한다. 물론 여기서 규제효과는 규제완화 효과와 규제개혁의 효과를 포함하는 것이다. 예를 들면, 진입규제라는 장벽 때문에 기술력을 갖춘 기업이 맥주시장에 뛰어들지 못했는데 진입규제의 완화를 통해 문제가 해결되었다면 시장의 효율성이 제고되었다고 평가할 수 있을 것이다. 그리고 여성의 공중화장실 변기 숫자가 남성의 그것에 비해 비례적으로 만들어야 하는 규제가 도입되었다면 형평성과 민주성이라는 규제효과가 달성되었다고 평가할 수 있을 것이다.

1. 효율성의 효과

학자에 따라 이견을 보이기는 하지만, 통상 효율성 혹은 생산성은 효과성과 능률성이 결합된 개념으로 이해된다. 목표를 달성하되 최소한의 비용을 투입하든지, 주어진 비용으로 최대한 목표를 달성하라는 행정의 정신으로 이해하면 된다. 따라서 여기서는 효과성과 능률성의 가치를 효율성 혹은 생산성 논리의 맥락에서 다루어보고자 한다.

1) 효과성의 제고

여러분은 어떤 일을 할 때 무슨 가치를 가장 우선시하는가? 어떠한 비용을 치루더라도 반드시 세운 목표를 달성해야만 하는 성정을 지녔는가? 행정학에서는 이러한 가치를 효과성이라고 표현한다. 효과성(effectiveness)이란 목표달성의 정도(degree of goal achievement)를 의미한다. 행정의 효과성은 1960년대 이후 발전행정의 사고가 지배하면서 행정이 발전목표를 사전적·의도적으로 계획하여 이러한 목표를 달성하는 데 최대의 관심을 두면서 강조된 개념이다. 1980년까지 수출 100억 달러의 목표를 달성하겠다는 슬로건을 내세웠던 유신정권의 예를 들 수 있다. 경기침체기에 실업률 2%를 목표로 삼는 경우, 경제성장률 7%를 목표로 삼는 경우 모두 그 달성 정도에 따라 효과성 정도를 평가받게 되는 것이다. 그런데 효과성은 정해진 목표의 달성도만을 고려하고, 투입과 비용에는 무관심한 개념이다. 예를 들어, 효과성의 관점에서 접근하면 전쟁에서 최고 가치는 승리라는 목표의 달성이지, 승리의 과정에 투입되는 비용은 그렇게 중요하지가 않다. 그래서 비용을 고려하는 능률성의 가치와 함께 논의할 수밖에 없는 것이다. 유신정권 때 정부주도의 경제발전 과정에서 많은 사회적 비용이 지불되었지만, 당시에는 경제발전 목표를 달성하는 것이 지고의 가치였다. 조정래 선생님의 「한강」을 읽으면 이 시대의 아픔이 고스란히 흐르고 있다. 이명박 정부에서도 민주성과 형평성의 가치보다는 경제발전 목표를 매우 중요시하는 효과성 위주의 정책을 펼치고 있는 것으로 평가된다.

2) 능률성의 제고

능률성(efficiency)이란 투입(input)에 대한 산출(output)의 비율을 의미한다. 그리고 일정한 성과를 올리는데 될 수 있는 한 적은 자원을 쓰는 경제성(economy)의 의미를 포함한다. 가령 같은 조건에서 100m의 도로를 건설하는데, 1억 원의 예산을 사용하는 경우와 2억 원의 예산을 사용하는 경우 능률성의 값은 서로 다른 것이다. 예산절약의 의미가 부각되는 능률성의 이념은 19세기 행정국가시대 행정기능 확대에 따른 세금부담의 증대를 배경으로 한다. 민주국가에서 납세자 주권을 염두에 둘 때 국민의 혈세인 예산을 능률적으로 사용하는 것은 매우 중요한 가치이다. 미국 캘리포니아 주의 경우 1978년 주민발안에 의해 소득세를 인상하고자 하면 유자격 유권자 3분의 2 이상의 동의를 받게 함으로써 주정부는 세수확보가 어려워졌다. 이러한 제한된 재정으로 정책을 수행하기 위해서는 능률성을 우선적으로 고려할 수밖에 없었던 것이다. 그런데 이러한 능률성의 가치는 '누구를 위해' 절약해야 하는지에 대한 의문에는 답을 할 수 없는 한계가 있다. 우리가 민주성의 가치와 논리를 학습해야 하는 이유가 여기에 있다. <그림 4-18>과 같이 규제대상집단이 전혀 순응할 의욕이 없고 규제주

<그림 4-18> 규제주체를 비웃는 쓰레기 투기행위

체 역시 규제의지가 없는 경우 실효를 거두기 어려운 정책이다. 이 경우 게릴라식 정원 가꾸기(guerilla gardening)를 활용하여 깔끔한 쓰레기 함을 만들어 쓰레기를 효율적으로 수거하고, 담장은 예쁜 벽화나 꽃으로 난장을 하는 것이 합리적일 것으로 판단된다.

2. 민주성의 효과

1) 민주성의 제고

원래 민주주의(democracy)란 민중(Demos)의 지배(Kratia)란 뜻이다. 즉, 주권이 국민에게 있고, 국민이 곧 나라의 주인이라는 뜻이다. 따라서 권력의 중심이 공직자보다는 국민에게 있고, 시민들이 접근하기에 거리가 먼 중앙정부보다는 시민들이 가까이 다가갈 수 있는 지방정부에 있고, 조직의 최고책임자보다는 하층부에 있을 때 민주주의가 실현되었다고 볼 수 있다. 민주성의 이념은 정부와 국민간의 관계에 초점을 두는 정치적 민주주의(political democracy)와 조직 내의 민주적 관리를 의미하는 조직내적 민주성(organizational democracy)의 의미로 나누어볼 수 있다(이종수, 2000: 129-130). 다만 여기서는 전자만이 중요한 의미를 지닌다.

대외적 민주성이라고도 불리는 정부와 국민과의 관계에서 논의되는 민주성은 국민의 요구를 수렴하여 행정에 반영시키는 대응성의 확보 및 책임행정의 구현을 의미한다. 좀 거칠기는 하지만 미국 내전 중인 1863년 11월 19일 행해진 「링컨의 연설문」(Gettysburg Address by President Abraham Lincoln)의 핵심내용을 보면 이해하기 쉬울 것이다(*Government of the people, by the people, for the people shall not perish from the earth*). 좀 더 쉽게 풀어보면, 우선 행정이 궁극적으로 국민에게 책임을 진다는 책임행정(of the people)은 민주성의 핵심원리인데, 책임행정을 구현하기 위해서는 행정윤리와 행정 통제를 고려할 수 있다. 공직자가 내면적으로 청렴과 성실을 비롯한 윤리의식을 가져야 하고, 법적으로나 도덕적으로 어긋난 행동을 할 경우 내적·외적으로 다양한 통제를 하는 이유도 국민에 대한 책임을 확보하기 위한 것이다. 둘째, 행정이 민주성을 확보하기 위해서는 참여행정(by the people)이 요구되는데, 이를 위해서는 공개행정과 시민참여를 생각할 수 있다. 행정이 주인인 국민에게 주민설명회나 공청회를 통해 행정정보를 공개하고, 중요한 정책결정 과정에 참여할 수 있도록 제도화하는 것은 민주성의 확보에 매우 중요하다. 마지막으로 봉사행정(for the people)의 구현을 통해 민주성이 확보되는데 행정 자체가 서비스 활동이기 때문에 행정이 국민을 위해 봉사하는 것은 너무나 당연하지만, 특히 사회보장적 지출 등 사회안전망 구축을 통해 복지행정을 구현하는 것을 봉사행정의 핵심으로 볼 수도 있다. <그림 4-19>는 독일의 한 도시의 보행자를 위한 도로설계의 모습에서 민주행정의 마인드를 확인할 수 있다.

<그림 4-19> 선택설계를 활용한 독일의 시민을 위한 도로설계

2) 형평성의 제고

형평(衡平)이란 '저울의 눈금이 한쪽으로 치우치지 않고 균형이 맞다'는 뜻이다. 그런데 왜 형평성을 민주성의 논리로 다루고자 하는가? 그것은 국민을 위한 민주행정의 논리대로라면, 우리 사회의 약자와 소수에 대한 배려가 없다면 민주국가라고 하기 어렵기 때문이다. 형평성이란 국가공동체를 구성하는 구성원들이 어떤 지역에 태어났든지, 어떤 성별을 갖고 살고 있든지 그리고 어떤 직업을 갖고 있든지 지나친 치우침 없이 더불어 사는 것을 중요하게 생각하는 행정의 가치이다. 저자는 2011년 가을 유럽을 여행하면서 다양한 형상의 정의의 여신을 만났는데, <그림 4-20>은 독일의 프랑크푸르트 뢰머(Römer)광장에서 만난, 공정성을 위배할 경우 정의의 칼로 가차 없이 베겠다는 의지를 형상화한 정의의 여신의 모습이다.

<그림 4-20> 정의의 여신

형평성(equity)이란 동등한 자를 동등하게, 동등하지 않은 자를 동등하지 않게 취급하는 것을 의미한다. 인간으로서 여성과 남성이 동일하다면, 동일한 곤란도의 직무를 동일한 능력으로 수행했다면 보수에서 차별을 하지 말고 동등하게 취급해야 한다는 것이다. 우리나라에서 정규직과 비정규직의 동일노동에 대한 차별이라든지 보험모집인, 퀵서비스기사, 대리운전기사, 골프장캐디, 화물운송노동자 등과 같은 특수고용직의 경우 「근로기준법」 제2조에 따른 근로자로 인정되지 않아 노동3권이나 산재보험의 적용이 배제되는 등 불합리한 차별은 정의의 원칙에 어긋난다고 볼 수 있다. 물론 사용자의 입장과 국가공동체의 평균적인 도덕 감정에 따라 차별인식에는 차이가 있을 것이다. 그런데 여자와 남자는 군대복무를 하거나 아이를 낳거나하는 능력에서 서로 다르기 때문에 동등하게 취급해서는 곤란하다는 것이다. 특히 정상인과 장애를 갖고 있는 사람은 서로 다르기 때문에 공중화장실이나 대중교통수단 등에 있어서 서로 다른 정책적 배려를 해야 하는 것을 의미한다.

행정이론의 역사에서 보면, 1960년대 말 미국에서 등장한 신행정론(*New Public Administration*)은 미국 사회에 실업·빈곤·무지 등의 악순환이 계속되는 것은 기존의 관료제가 비민주적이고 공리주의적인 총체적 효용의 개념에 사로잡혀 정치적·경제적으로 소외되어 온 소수집단에 대해 무관심했기 때문이라고 주장하면서, 이를 극복하기 위해서는 행정가가 적극적으로 사회적 형평을 실현하기 위해 노력해야 한다고 주장한다(이종수, 2000: 378-379). 특히 미국에서는 흑인들이 교육과 취업기회는 물론 일상생활에서도 많은 차별을 받아왔고, 이것이 1960년대 말 흑인폭동의 배경이 되었기 때문에 한쪽으로 기운 저울의 눈금을 조정하기 위해 실천적인 행정학 운동인 신행정학이 등장한 것이다.

3. 공정한 사회와 공정한 규제의 경험

다음 글은 2010년 9월 27일 저자가 부경대학교 대학신문에 실은 글이다. 내가 1984년 고려대학교 행정학과에 입학하여 첫 학기를 맞이했을 때의 일이다. 당시 테니스 과목을 수강하였는데, 한 달 정도 지났을 때 출석부에 내 이름이 없는 것을 확인하였다. 테니스 대신 헌법으로 학수번호를 잘못 입력했던 것이다. 이미 수강신청 정정기간이 끝났기 때문에 그대로 1학기를 마치면 나는 헌법은 F를 받고 테니스는 수강한 흔적도 없게 될 판이었다. 크게 낙심했지만 혹시나 싶어 당시 지도교수님을 찾아가 전후사정을 말씀드렸더니, "인생에 있어 게임의 규칙은 절실함을 보이는 자에게 유리하게 작용한다. 전산실로 찾아가 사정을 얘기해 보라."라고 하셨다. 기쁘게도 지도교수님의 말씀이 그대로 실행되었다. 돌이켜 생각하면, 당시 지도교수님의 배려가 너무나 고맙고, 한편으로는 혹시 이것이 반칙은 아니었는지 혼란스럽기도 하다.

<그림 4-21> 오리건의 스쿨버스

이러한 20여 년 전의 추억을 떠올리며 '공정한 사회의 공정한 규칙'에 대해 고민하게 된다. 2008년 여름부터 1년간 미국 유진(Eugene)에 있는 오리건대학교에서 교환교수로 지내면서 경험한 아픈 추억이 떠오르기 때문이다. 우리나라에서는 고급외제차가 도로의 황제라면, 거기서는 <그림 4-21>과 같은 유치원생과 초중등학생을 위한 스쿨버스(school bus)가 그렇게 비쳤기 때문이다. 유진에서 스쿨버스가 중앙가로막이 없는 4차선 도로에서 멈추어 정지표지(STOP SIGN)를 한 날개를 펼치면 양방향으로 달리던 모든 차들이 그대로 멈추었다. 한번은 4차선 도로에 진입하여 막 달리려는 순간 갑자기 건너편 도로에서 "빵!"하는 경적소리에 급정거했는데, 스쿨버스 운전기사가 나를 향해 호통을 치는 것이었다. 나는 말 그대로 '얼음땡'한 상태에서 운전기사의 처분만 기다렸는데, 교통 경찰권을 발동할 수 있는 스쿨버스 운전기사가 내게 '벌금딱지'를 부과할 수도 있었기 때문이다. 다행히 운전기사는 그냥 가 주었다. 당시 동료교수 한분은 주택가에서 무심코 정지사인을 어겨서 240불의 벌금을 물었다. 부끄럽지만 나는 오리건대학교 내에서 주차금지 구역인 노란색 라인을 무시하고 주차하였다가 12불의 벌금을 물었고, 유진에서 포틀랜드로 가는 고속도로에서 뒷좌석 동승자 안전벨트 미착용으로 97불을 낸 적이 있다.

내가 이러한 경험을 통해 뼈저리게 느낀 점은 미국에서는 안전과 사회적 약자를 위한 규칙이 엄격하게 집행된다는 점이었다. 물론 미국이 무조건 더 낫다는 얘기는 결코 아니다. 여하튼 우리의 경우 스쿨존에서 규정 속도를 지키면서 서행하는 자동차를 발견하기는 쉽지 않다. 내가 사는 아파트에서는 장애인을 위한 주차구역의 90% 이상을 고급 외제차가 차지하고 있다.

이명박 대통령이 2010년 광복절 경축사에서 후반기 국정방향으로 제시하면서 최근 화두가 되고 있는 '공정한 사회'를 생각해본다. 사회적 약자를 배려하는 공정한 규칙을 서로 약속하고, 약속한 규칙을 엄정하게 집행하고 지속적으로 감시하는 그런 사회 말이다. 이명박 정부에서 공정한 사회가 단순히 국면 전환용 구호가 되지 않기 위해서는 사회적 약자인 어린이를 위한 스쿨존의 확대와 위반에 대한 배가된 벌칙이 엄정하게 집행되어야 한다.

제7절 규제와 규제완화의 역동적인 구조

고한산·김창수(2007)는 이슈네트워크의 변화와 환경규제정책변동 현상을 황령산 개발

이슈의 분석을 통해 규명하였다. 그들은 이슈네트워크의 변화와 환경규제정책변동과의 관계를 규명하기 위해 1992년 이후 현재까지 부산광역시 황령산 개발사례를 분석하였다.

이 사례에서 정책행위자들의 상호작용구조, 즉 이슈네트워크의 변화는 환경규제의 완화와 강화에 직접적인 영향을 미치는 것으로 나타났다. 특히 각 시기별 정책변동에 있어서 부산시와 기업의 관계가 매우 긴밀한 전략적 관계를 형성하고 다른 행위자들의 관계가 느슨하고 영향력이 약할 때, 이는 곧 개발의 진행을 가능하게 하는 환경규제완화에 영향을 미치는 것으로 나타났다. 그리고 환경단체와 주민모임이 긴밀하고 협력적인 관계를 형성하고 여기에 정치인이 가세할 때 개발을 보류시키는 환경규제 강화가 나타났다. 이처럼 이슈네트워크는 참여자들의 관계구조가 매우 유동적인 경우에 정책변동을 설명하는 유력한 분석틀이며, 민주화된 상황에서 관련 정보가 공개되고 공유되면서 사회적 합의를 이루어내는 유용한 도구로 평가되었다. 그리고 관련 정책이슈가 등장했을 때 이슈네트워크의 형성은 바람직한 정책변동을 유도할 가능성이 높기 때문에 정책행위자들은 개방적인 이슈네트워크의 형성에 관심을 가져야 함을 제안하였다.

이 연구에서 제기한 연구문제와 연구가설을 검증한 결과는 다음과 같다. 첫째, 지방정부와 개발기업의 이해관계가 일치한 개발초기와 개발진행기에 환경규제가 완화된 사실을 확인할 수 있었다. 부산시는 95%가 사유지인 황령산 유원지 지구를 개발하기 위해 민자유치를 통한 개발정책을 추진할 수밖에 없었고, 이러한 조건을 충족한 기업의 입장에 서서 환경규제를 완화했다는 측면에서 규제포획의 가능성을 확인할 수 있었다.

둘째, 개발보류기에 시민단체와 언론의 기업가 정치 역할이 강력하여 공개적이고 유동적인 이슈네트워크가 형성되면서 환경규제가 강화된 사실을 확인하였다. 시민단체의 전국적인 연대와 위천공단추진 저지라는 이슈와의 연결을 통해 온천개발을 저지하는 운동력을 발휘하였다. 특히 부산일보의 개발업체에 대한 비판적인 보도는 이슈의 확대와 공감에 크게 기여하였다.

셋째, 시민단체의 역할이 강력하여도 관계된 지역주민들의 지지기반을 잃게 될 경우 운동력이 약화되어 환경규제가 완화되는 것을 확인할 수 있었다. 개발초기에 지역주민들은 온천개발이 가져올 지하수 고갈, 지반침하, 그리고 식생들이 고사하는 생태계 파괴를 염려하여 환경단체의 입장에 농조하였지만, 개발 진행기에는 대체도로를 확보하여 직접적인 피해를 주지 않는다면 개발을 반대하지 않는다는 입장으로 돌아섰다.

넷째, 정치가들의 이슈네트워크 참여 여부는 득표에 얼마나 유리한가 여부가 좌우할 가능성이 높은 것이 확인되었다. 개발 보류기에 여야 모두 온천개발을 반대하는 것이 선거에 유리하다고 판단하여 적극적인 반대운동에 동참하였다. 그러나 득표와 상관이 없던 개발초기와 개발진행기에는 정치권에서 전혀 관심을 보이지 않았다. 이러한 연구결과를 요약하면 <표 4-3>과 같다.

<표 4-3> 황령산개발 시기별 정책 참여자들의 이슈네트워크 특징 비교

시기구분 비교기준	개발초기(1992~1995)	개발보류기(1996~1999)	개발진행기(2000~현재)
규제정치 상황	고객정치 상황과 환경규제 완화	기업가정치 상황과 환경규제 강화	고객정치 상황과 환경규제 완화
상호작용구조의 특징	기업과 지방정부의 상호작용만 드러남	NGO와 주민 모임의 연대로 영향력 강함	NGO와 주민모임의 연대가 깨지면서 영향력 상실
상호작용의 결과	체육시설사업 인가 및 온천지구 고시	온천 개발이 무산됨	부산시, 실내 스키돔 허가
정치적 사건	1995년 동시 지방선거	1996년 4.11 총선	정치적 이슈가 없음

이러한 연구결과에서 얻을 수 있는 가장 중요한 교훈은 민주화된 상황에서 개방적인 이슈네트워크를 통한 정책진화(policy evolution)의 가능성을 확인한 것이다. 황령산 개발정책의 이슈는 다양한 정책행위자들이 참여하면서 규제와 규제완화의 정책변동을 보였는데, 이러한 과정에서 규모가 절반으로 줄고, 지하수 사용을 하지 않게 되고, 건축물의 높이와 층수가 축소되어 그나마 황령산과 조화를 이루는 설계가 가능하게 되었다. Olson(1965)과 Hardin (1968)은 특별한 인센티브 메커니즘이 없이는 행위자들이 정책에 순응하지 않을 것이라고 장담했다. 그러나 Wilson(1986)이 규제정치모형에서 논의하는 정책선도자(political entrepreneur)의 역할, 즉 본 연구에서는 NGO의 주도적인 역할을 통해 개발보류기를 거치면서 그나마 환경친화적인 스키돔개발이 가능했던 것으로 판단된다. 이처럼 이슈네트워크는 참여자들의 관계구조가 매우 유동적인 경우에 정책변동을 설명하는 유력한 분석틀이며, 민주화된 상황에서 관련 정보가 공개되고 공유되면서 사회적 합의를 이루어내는 유용한 도구로 평가된다(김창수, 2007). 이는 정책결정과정에서 정책행위자들이 절차적 정당성(procedural legitimacy)을 부여하여 합의에 이르게 하는 중요한 메커니즘으로 기능하기 때문이다(Shambaugh Ⅳ & Weinstein Jr., 2003: 6-11). 그리고 관련 정책이슈가 등장했을 때 이슈네트워크의 형성은 바람직한 정책변동을 유도할 가능성이 높기 때문에 정책행위자들은 개방적인 이슈네트워크의 형성에 관심을 가져야 함을 제안한다. 실제로 이슈네트워크의 왕성한 활동은 정책성과로 이

어지게 된다.

> 온천개발이 무산된 것은 환경오염이 심했다고 판단했기보다는 시민단체의 반발이 강했기 때문입니다. 부산시의 입장에서도 결코 여론을 무시할 수 없었던 것이지요. 무엇보다 스키돔 건설을 인가해 줄 수밖에 없었던 가장 중요한 이유는 2003년에 개발업체가 제기한 행정소송에 패소했기 때문입니다. 그래서 합법적인 절차를 거칠 수밖에 없었습니다. 그리고 황령산 개발의 전체적인 맥락은 1992 년 (주)라이프플랜에 대하여 체육시설 조성사업 인가를 해준 상태에서 시작되는데, 1995년 온천지역 고시가 있었고 1996년 이후 여론의 반대가 있어서 사업 중단과 사업지연이 이루어지면서 방치된 상태가 된 것이지요. 그래서 황령산의 환경친화적인 복구 차원에서 스키돔 건설을 허가한 것입니다 (부산광역시 관계자 면담, 2007. 2. 14).

그리고 본 연구결과에서 얻은 중요한 교훈은 지방정부가 개발과 보전에 조화, 즉 지속가 능한 발전에 대한 분명한 철학을 가지고 환경친화적인 도시계획을 주도해야 한다는 것이다. 부산시의 정책수행방식을 살펴보면, 황령산에 대하여 기본적인 개발방침을 바꾸지 않고, 개 별 기업이나 개발 정책에 대하여 여타 상호작용구조의 영향력을 감안하여 정책을 수행하는 것으로 판단된다. Kettle(2002: 1-25)은 관료제 밖의 비정부 파트너를 통해 효과적 행정과 민 주주의를 연계시킬 것을 강조한다. 이러한 측면에서 부산시의 정책변동은 자연 환경에 대하 여 보호냐 혹은 개발허용이냐 하는 이분법적인 정책결정이 아니라 다른 정책참여자들의 정 책에 미치는 영향력과 정책이 가져다줄 개발 이익 등을 고려하여 개발을 수행하는 기업 측과 매우 전략적인 관계를 형성하면서 이루어진 것으로 보인다. 부산시의 이러한 정책에 대한 입 장은 기본적으로 개발 정책을 수립하고 이를 추진함에 있어서 여러 정책참여자들의 상호작용 과 정책에 미치는 영향력에 그 영향을 받으면서도 기본 정책에 대한 입장은 바꾸지 않고 있 다는 점에서 잘 드러나고 있다. 즉 부산시의 입장은 언제라도 개발에 대하여 진입해 들어오는 기업과 이해관계를 형성할 수 있으며, 각 정책참여자들의 정책에 미치는 영향력이 높게 나타 날 경우 기본정책을 바꾸지 않고, 개별 기업에 대하여 혹은 개발 내용에 대한 규제를 통해 정책참여자들의 영향력을 용인하는 전략적인 입장을 보인다는 것이다. 정치인들은 지역여론 의 향배에 따라 자신들의 태도를 결정하고 다수의 세력이 지지하는 방향으로 자신의 시각을 조정하는 특징을 가지고 있기 때문이다(Hendriks & Zouridis, 1999; 이선우, 2002: 124-126). 지방정부 정책의 변동은 결국 다수의 사회적 시각을 반영하는 언론과 정치권, 그리고 시민단 체의 편에서 이루어질 수밖에 없는 한계를 지닌다. 이러한 기본 입장으로 인하여 정책종결 혹은 정책혁신보다는 정책승계의 형태로 정책변동을 시행하고 있음을 볼 수 있다. 인간의 완전함을 전제로 하는 이상적인 정책변동의 한계를 인정한다면, 합법적인 절차의 테두리 안에서의 점진적인 정책변동(incrementalism coupled to the rule of law)이 현실적이며 또한 소망스러운 것으로 평가된다(Hayes, 2001: 1-6). 어떤 측면에서는 정책진화(policy evolution)로도 볼 수 있다. 그러나 이에 대한 NGO의 비판은 여전히 유효하다.

> 지속가능한 개발과 원형보전을 구별해야겠지요. 황령산은 도심에 가까운 녹지 중의 하나이기 때문에 원형을 보전하는 것이 타당하다는 입장에서 지속적으로 스키돔 건설을 반대해왔습니다. 그러나 황령산이 개발압력에 놓여있는 현실에서 안상영 시장 재임 시에도 부산시는 대다수 시민의 부정적 의견에 부응하여 형식적으로 반대하면서도 재판에 의존하여 스키돔을 인가했습니다. 시민단체의 입장에서는 부산시의 의지에 문제가 있다고 봅니다(부산환경운동연합 관계자 면담, 2007. 2. 21).

그러므로 부산지역의 시민단체들은 이러한 비판이 실효성을 갖도록 도심의 중요한 녹지에 대해서는 매입운동을 추진하는 것을 검토할 수 있다. 실세 황령산 유원지 지구의 95%가 사유지였기 때문에 부산시도 민자 유치를 통한 개발의 카드를 사용할 수밖에 없었기 때문이다.

연구문제

1. 정부규제의 개념적 구성요소는 무엇인가?
2. 좋은 규제내용은 어떻게 충족되는가?
3. 효율적인 규제제도의 설계가 가능하겠는가?
4. 명령지시적 규제수단과 시장유인적 규제수단의 구별이 가능한가?
5. 넛지는 규제인가?
6. 게릴라 가드닝은 규제설계인가?
7. 이슈네트워크의 변화는 규제정책변동에 어떠한 영향을 미치는가?

정부규제의 논리

제2부는 정부규제의 논리란 제목으로 2개의 장을 포함하고 있다. 논리란 사고나 추리 따위를 끌고 나가는 과정이나 원리를 의미한다. 정부규제를 꿰뚫는 일관된 논리는 생산자보호일까 아니면 소비자보호일까? 아니면 효율성이나 민주성 같은 정책이념일까? 우리 정부의 경제적 규제와 사회적 규제의 논리는 충분하게 정당성을 확보하고 있을까?

　　먼저 **제5장** 정부규제이론에서는 정부규제의 동기가 무엇인지 고민해보았다. 우선 공익적 관점에서는 정부규제란 사회정의나 공익의 실현을 위한 것으로 다수 국민의 이익보호를 위한 것으로 본다. 반면 경제학적 시각에 바탕을 두고 정부규제와 관련된 행위자들은 합리적·이기적 인간이라고 가정하는 사익추구 관점에서는 규제주체와 규제대상의 거래 가능성에 초점을 맞춘다. 따라서 얼마든지 소비자나 일반 국민의 이익에 반하는 정부규제가 도입될 가능성을 열어놓는 것이다. 무엇보다 윌슨은 규제에 관한 공익이론과 사익이론을 싸잡아 비판하면서 '규제로 인해 누가 이득을 보고 누가 손해를 보는지' 따져서 규제의 차등적 효과를 분석한다. 그는 규제정치이론은 어떤 정치적 상황에서 어떤 정치적 원인이 어떻게 상호작용하고 있는가를 분명히 밝힐 수 있어야 한다고 주장하면서 4가지 규제정치이론을 소개하고 있다.

　　제6장에서는 미국의 이론과 사례를 중심으로 과잉규제의 역설을 소개하고, 과잉규제의 역설을 예방하기 위한 규제영향분석을 논의하고 사행성 게임물 규제사례에 적용해보았다. 우리의 경우 치밀한 법정책 분석을 통해 규제제도를 다듬어가는 규제개혁 보다는, 규제완화의 도그마가 지배하는 가운데 성급히 규제철폐를 하려는 것은 심히 우려되는 일이며, 규제개혁의 구호 뒤에 도사리고 있는 함정에 대해 간과할 수 있기 때문에 규제영향분석이 요구되는 것이다.

제5장 정부규제이론

제1절 개요

논리(論理, logic)란 사고나 추리 따위를 끌고 나가는 과정이나 원리를 의미한다. 정부규제가 실제로 누구에 의해, 누구를 위해 그리고 어떻게 이루어지고 있는가? 정부는 급속한 경제성장 전략을 추진하는 과정에서 오히려 독과점기업의 생성을 조장하는 경우도 있다. 정부관료와 기업의 결탁에 의해 정부규제가 이루어질 가능성도 배제할 수 없다. 바이오디젤(Bio-Diesel) 산업에 대한 진입규제 강화로 기술력을 갖춘 중소업체들이 진입하지 못한 경우를 예로 들 수 있다. 유전자재배 콩에 대한 수입규제가 적절하게 이루어지지 않는 경우를 생각해 볼 수 있다. 물론 식용유제조업체는 유전자재배 콩을 혼합하여 사용하면 훨씬 저렴하게 식용유를 생산할 수 있다. 정부규제의 시기, 방법 그리고 강도 역시 경제상황의 변화와 이해관계자들의 세력관계의 함수라고 볼 수 있다. 1991년 낙동강 오염벨트에 위치한 구미공단 두산전자의 페놀유출 사태로 환경규제가 일시 강화되다가 수출에 차질이 발생하자 다시 완화된 사실은 이를 잘 입증하는 사례이다.

본 장에서는 다음과 같은 질문을 던지고 해답을 찾아가고자 한다. 정부가 어떤 정치경제적 상황과 이해관계집단의 정치적 상호작용 속에서 왜 특정 이익집단에 유리한 결과를 초래하는 정부규제를 채택하게 되는가? 여기서는 Wilson(1986) 등 공공선택론이론가들과 최병선(1993: 103-146)의 논의를 중심으로 정부규제이론을 이해해보자.

제2절 정부규제에 대한 공익적 관점과 비판

1. 공익적 관점과 이데올로기 관점

정부규제의 동기는 무엇일까? 우선 공익적 관점에서는 정부규제란 사회정의나 공익의 실현을 위한 것으로 다수 국민의 이익보호를 위한 것으로 보았다. 이는 1960년대 초반까지 지배적인 이론이었다(김영훈, 1998: 34-43). 공익적 관점을 전통적 이론으로 파악하는 입장에서는 시장실패의 치유라는 공익을 위해서 정부규제가 도입된다는 입장이다.

그러나 최근에는 기존의 규제이론이 소홀하게 다루었던 이데올로기설이 주목을 받고 있다. 이는 개인이나 집단에 이득이 되지 않는 정치행위에도 사람들이 자발적으로 참여하여 입법 활동에 영향을 미친다는 것이다. 예를 들면, 비정부기구 구성원들이 정부를 포획하여 경제적인 이득을 위하는 것은 아니며 환경운동이나 기업지배구조 개선, 출자총액제한, 소액주주운동 등을 통해 그들의 이념을 실현한다는 것이다(전경련 규제개혁팀, 2003: 11-29). 그러나 이러한 진보적인 이념뿐만 아니라 보수주의 이념에 근거하여 매매춘에 대한 전면적인 규제집행이나 정치성을 띤 개그에 대한 제재와 대중가요 가사에 대한 검열 수준의 제재가 이루어지는데, 이 역시 일정한 이데올로기가 규제의 형성과 집행과정에 작용하고 있음을 부인하기 어렵다.

2. 공익적 관점 비판

1) 스티글러의 견해

경제학적 시각에 바탕을 두고 정부규제와 관련된 행위자들은 합리적·이기적 인간이라고 가정하는 Stigler(1971)는 정부규제는 일반 국민을 위한 것이라는 정부규제에 대한 공익적 관점을 비판한다. 그는 '규제에 의한 수혜자는 누구이며, 그 부담은 누구에게 돌아가는가?' 하는 기본적인 질문에서 시작한다. 그리고 규제는 결국 산업계가 요구하는 것, 그 편익을 위해 주로 마련되며 운영된다는 주장을 편 것이다. 즉, 그는 정부규제를 재화로 보고 수요와 공급의 측면에서 설명한다. 이때 정부규제의 수요자와 공급자는 모두 사익 추구자라는 것이다. 그러므로 ① 정부규제의 수요자는 정부규제로부터 편익을 얻을 것으로 기대하는 피규제 산업 또는 특수 이익집단이다. ② 정부규제의 공급자는 강제력을 지니고 있는 규제자(국회의원 및 행정기관)이다.

그리고 그가 얘기하는 '수요 혹은 공급하는 재화'로서 정책유형은 다음과 같다. ① 일정 기업에 대한 보조금 지급, ② 진입제한의 예로서 과당경쟁으로 인한 가격파괴를 막기 위해 변호사나 해기사 등 기존 업자들이 면허기준 강화를 요구하는 것, ③ 대체산업 억제정책 혹은 보완산업 지원정책, ④ 초과이윤을 보장하는 가격책정 등이다. 이에 따라 다음과 같은 보상과 유인의 제공이 이루어진다. ① 투표, ② 선거운동 지원, ③ 정치헌금, ④ 퇴직 후 직장 제공 약속 등이다.

이때 중요한 사실은 규모가 작은 특수이익집단이 조식화가 용이하여 정부규제의 영향력 있는 수요자가 된다는 것이다. 실증분석 결과도 정부규제가 생산자 보호를 위한 규제였다고 주장한다. ① 미국에서 트럭산업에 대한 진입규제를 통한 특혜 부여와 ② 각종 직업면허를 통해 전문직업인들에게 특혜를 부여한 사례를 들 수 있다.

그러나 그의 이론은 농민을 보호하기 위한 농산물가격지지정책으로서 이중 곡가제라든지 소비자 보호를 위한 기업의 사회적 행위에 대한 정부규제를 설명하지 못한다. 특히 사회적 규제 설명에는 한계가 있다.

그럼에도 불구하고 그의 이론 이후 사익설(私益說) 입장에서 정부규제를 분석하는 것이 주류를 이루게 되었다. 일반 소비자들이 손해보고 기존 업자가 이득을 보는 것이 정부규제 라고 이해하게 되는 비판적인 시각도 어색하지 않게 되었다. 1990년대 우리 사회에서 있었던 한·약분쟁에서도 양측 모두 '국민의 건강'이란 공익을 내세웠지만 결국은 그들 간의 밥 그릇 싸움일 수밖에 없었음을 잘 알고 있다. 거대 이익집단이 이익을 나누고 나면, 결국 일반 국민들은 의료보험수가 인상이라는 부담을 져야 했다. 2011년 들어 보건복지부는 상비약 에 속하는 일반의약품 슈퍼판매허용과 약가인하 등 개혁적인 정책을 추진하다가 약사회와 제약회사 등으로부터 많은 저항을 받았다. 박카스 등 의약외품은 현재 슈퍼판매가 이루어지고 있지만, 해열진통제와 종합감기약 등 상비약 슈퍼판매와 관련된 약사법개정안이 국회에 발의는 되었지만 여전히 관련 상임위원회에 상정조차 되지 못하고 있어 국회통과가 불투명한 상태이다. 특히 신약 출시 후 1년이 지나면 80% 정도의 가격으로 복제가 가능한 상황에서 우리 제약회사들은 신약개발보다는 복제 약의 생산과 판매에 의존하면서 조제권을 가진 병원에 리베이트를 제공하면서 생존전략을 펼쳐야 했다. 제약회사들의 로비를 견디지 못한 보건복지부는 약가인하정책을 사실상 포기하게 된다. 국민을 위한 규제개혁은 결코 만만한 일이 아니다. 더구나 조만간 한·미 FTA가 발효되면 국제경쟁력이 취약한 우리 제약회사는 심각한 위기에 직면할 것으로 보인다.

생각해보기

공익설의 입장에서 보면 정부규제의 수요자는 일반 국민인가? 2009는 6월 5일 「대리운전업법 제정안」은 발의는 되었지만 아직 국회에 상정되지 못하고 있는 상황이다. 이들 특수고용직에 대한 산재보험 적용은 왜 쉽지 않은가? 과연 대리운전업 면허기준을 강화해야 하는가? 이 때 누가 이득을 보겠는가? 우리나라 의사회(혹은 한의사회나 약사회)와 변호사회 그리고 종합방송편성사업자들은 특수이익집단으로서 George Stigler가 말하는 규제의 수요자라 볼 수 있겠는가?

2) 펠츠만의 견해

공공선택이론가로서 Stigler(1971)의 견해는 역시 동일한 이론적 접근을 시도하는 Peltzman(1976)에 의해 더욱 발전되는데, 그는 정부는 득표의 가능성에 따라 규제를 공급한다는 공급측면 이론을 주장한다. 즉, 그는 규제자가 추구하는 것은 자신을 지지하는 '보다 많은 득표'라고 가정한다. 따라서 규제행정기관은 단일의 특수이익집단만을 위해 봉사하는 것이 아니라는 결론에 도달한다. 예를 들면, (1) 택시요금 규제에서 택시업자들의 로비를 받고 80% 정도의 만족을 주지만 나머지는 서민층의 입장도 함께 고려한다. (2) 약사면허에서도 약사협회의 입장만 고려하면 약사의 수를 줄이고자 하지만, 서민층의 입장도 고려하여 약사면허 기준의 강도를 조절한다. 그의 이론은 경제적 규제 영역에서는 높은 설명력을 가지지만 소비자단체, 환경단체 등이 중요한 역할을 담당하는 사회적 규제 영역에서는 설명력이 낮다.

제3절 윌슨의 규제정치이론

Wilson(1986: 428-443)은 규제에 관한 공익이론과 사익이론을 싸잡아 비판하면서 '규제로 인해 누가 득을 보고 누가 손해를 보는지' 따져서 규제의 차등적 효과를 분석한다. 규제정치이론은 어떤 정치적 상황에서 어떤 정치적 원인이 어떻게 상호작용하고 있는가를 분명히 밝힐 수 있어야 한다고 주장한다. <표 5-1>은 규제의 네 가지 정치적 상황을 중심으로 윌슨의 규제정치이론을 간략한 그림으로 소개하고 있다(최병선, 1993: 126). 그는 감지된 비용과 편익이 많은 시민들, 심지어 모든 시민들에게 넓게 분산되는가와 상대적으로 제한된 적은 수의 시민, 확인 가능하고 조직화된 집단에 좁게 집중되는가에 따라 4가지의 서로 다른 정책이슈를 소개하고 있다.

구 분		감지된 비용	
		넓게 분산 (widely distributed)	좁게 집중 (narrowly concentrated)
감지된 편 익	넓게 분산 (widely distributed)	대중정치: 사회보장제도 (majoritarian politics)	기업가정치: 환경오염규제 (entrepreneurial politics)
	좁게 집중 (narrowly concentrated)	고객정치: 자동차수입규제 (client politics)	이익집단정치: 한·약분쟁 (interest politics)

출처: 최병선(1993: 126); Wilson(1986: 430) 재구성

1. 대중정치상황(Majoritarian Politics) - 분산된 편익과 분산된 비용

1) 의미

정부규제에 대한 감지된 비용과 편익이 쌍방 모두 이질적인 불특정 다수에게 미치지만, 개개 기업 혹은 개인으로 보면 그 크기는 작은 경우이다. 예를 들면, 거의 대부분의 사람들은 사회보장제도의 편익을 누리고, 그리고 거의 모든 사람들은 사회보장세를 납부한다. 정부가 지원하는 프로그램을 통해서 암 치료제나 심장병 치료제를 개발하여 상당수의 시민들이 혜택을 볼 때 거의 모든 납세자들이 이를 지원한 것이 된다(Wilson, 1986: 430-431).

2) 사례

독과점 규제의 경우 대기업도 일반적으로 자신을 제외한 규제에 찬성하고, 소비자들 역시 비용과 편익이 분산되어 대중정치로 설명이 가능하다. 사회적 차별에 대한 규제와 태아가 침묵하는 낙태에 대한 규제의 경우에도 편익과 비용이 분산된다. 최근 한국과 미국에서 사법부의 판결로 낙태에 관한 규제정책이 큰 변동을 가져오면서 찬반논란이 거세게 일고 있다. 어린이나 청소년이 판단을 내리기 어려운 신문·방송·출판물의 윤리규제라든지 음란물규제의 경우 역시 편익과 비용이 분산된다. 이는 금지곡의 해금조치 경우처럼 개방무드 등에 관한 일반 국민의 사회윤리에 대한 인식변화와 관련이 있다. 대중정치의 경우 일반시민들은 잘 조직되어 있지 못하고 정치적 활동도 미약하여 무임승차 경향이 지배하는 집단행동의 딜레마(collective action dilemma)에 빠지기 때문에 복지문제에 대한 이념논쟁 등을 제외하면 비교적 규제의 도입과 폐지가 무난하게 이루어지는 경향이 있다.

3) 평가

최근 99%의 세계시민들이 1%의 금융고소득자들에 대해서 비판의 날을 세우거나 그리스에서의 복지논쟁 등 이념적 논쟁을 피해갈 수 없는 영역이기도 하다. <그림 5-1>은 2011년 가을 세계적인 자본주의화로 인한 양극화를 규탄하는 독일 프랑크푸르트 EU 중앙은행 앞 시위현장에서, 99%인 우리는 휴머니즘을 제외한 모든 이념에 저항한다는 플래카드를 촬영한 것이다.

<그림 5-1> EU 중앙은행 앞의 반세계화 시위 현장

2. 이익집단정치상황(Interest Group Politics) - 집중된 편익과 집중된 비용

1) 의미

정부규제로부터 예상되는 비용과 편익이 모두 소수의 확인 가능하고 동질적인 집단에 국한되고 쌍방이 모두 조직적인 힘을 바탕으로 서로의 이익확보를 위해 첨예하게 대립하는 것이 이익집단 정치상황이다.

2) 사례

예를 들면, 미국 정부가 자전거 체인에 대해서 수입관세를 부과하면, 미국 내의 자전거 체인업체는 혜택을 보지만, 미국 내의 자전거 완제품 제조업체는 심각한 타격을 입게 된다. 이때 새로운 규제에 위협을 느낀 자전거 제조업체들이 조직화하여 대응하게 된다. 유사한 경우인데, 미국 연방통신위원회(Federal Communications Commission)가 New York에서 벌어지는 야구경기 중계권을 LA지역에 있는 케이블 TV회사들에 허용하면, 일반 TV업체들이 조직적으로 대응하게 될 것은 명약관화한 일이다(Wilson, 1986: 431-432).

3) 평가

제3의 집단인 일반시민들이 잘 조직되어 있지 못하고 정치적 활동도 미약한 집단행동의 딜레마에 빠지기 때문에 경쟁적 관계에 있어 대립하는 강력한 두 이익집단 사이의 타협과 협상에 의해 규제내용이 좌우되는 특성이 있다. 우리 주위에서는 철도와 트럭의 요금규제, 철도와 고속버스 요금규제, 의약분쟁이나 한약분쟁 등 대체적이거나 경쟁관계에 있는 산업들의 갈등이 규제에 따른 비용과 편익이 모두 집중되는 대표적이 사례이다. <그림 5-2>는 독일 라인강 중류의 Rüdesheim의 철도, 선박, 트럭을 통한 운송체계를 한눈에 볼 수 있는 전경이다.

<그림 5-2> 라인강의 철도와 선박을 통한 물류체계

3. 고객정치상황(Client Politics) – 집중된 편익과 분산된 비용

1) 의미

정부규제로 인해 발생하게 될 비용은 상대적으로 작고 이질적인 불특정 다수인에게 부담되나, 그것의 편익은 대단히 크며 동질적인 소수인 또는 소수의 기업에 귀속되는 정치적 상황이다. 여기서 정부의 고객(client)이란 정부규제의 수혜자를 의미한다. 미국에서 전미총기협회(NRA)의 경우 느슨한 총기규제의 수혜자이기도 하다. 미국 공화당의 다수 의원들은 전미총기협회에 포획되어 있다는 명백한 의심이 있다. 농산물 가격지지 정책을 통해 농민들은 혜택을 입는다. 그러나 일반적인 농산물 소비자들은 자신들도 모르게 더 많은 세금을 부담하면서 더 높은 가격의 농산물을 구입해야 한다. 항공 산업에서 일정 노선에 대한 진입규제 역시 높은 가격을 통해 항공회사들에 편익이 집중되는 반면, 일반승객들은 자신들도 모르게 높은 비용을 부담하게 된다. 우리나라에서는 대한항공 민영화 이후 아시아나에 이어 제주항공과 에어부산 등이 항공시장에 진입하면서, 물론 항공 산업 구조에 대해서 좀 더 장기적으로 살펴보아야 하겠지만, 진입규제 완화에 따른 소비자의 편익이 증대되고 있음은 분명하다.

2) 규제포획 사례

각종 직업 면허와 관련된 사례인데 의사, 약사, 변호사, 이발사 협회 등의 로비로 신규 사업자에 대한 진입제한이 이루어지는 경우이다. 예를 들면, 현재 중국한의사 자격증을 소지한 경우에도 한국한의사시험을 볼 수 없도록 진입규제를 설정하고 있다. 로스쿨 출범을 앞두고 입학정원과 관련해서도 법과대학협의회에서는 3,000명을 주장했는데, 변호사회는 1,500명 이상은 안 된다고 했던 이유도 진입규제의 맥락에서 이해해야 한다. 2010년 8월에는 정부의 공무원 채용제도 선진화 방안으로 2011년부터 5급 공채의 30%, 나아가 2015년부터 50%를 민간인 전문가로 행정안전부가 총괄하여 특별 채용하고자 하는 방안을 발표했는데, 이에 대해서도 논란이 뜨거운 이유도 여기에 있다.

조금 더 나아가 바이오디젤(Bio-Diesel) 진입규제 사례를 살펴보기로 한다. 바이오디젤(bio-diesel)이란 식물성기름인 콩기름, 유채기름, 폐식용유 등에 석유제품을 섞어 경유와 비슷한 특성을 갖도록 만든 대체연료로 경유와 바이오 원료유의 혼합비율로 표시한다. 오스트리아, 독일, 캐나다, 스웨덴 등 유럽 국가는 BD100을 사용한다. 미국, 호주, 일본 등은 BD20으로 바이오디젤유 20%와 경유 80%를 섞어 사용하는데 공해가 심한 대도시에 플릿차량(집단차량)을 중심으로 BD100 또는 BD20을 주로 의무사용을 통해 확대보급하고 있다. 유럽은 유채유를, 미국은 대두유를, 일본과 호주는 폐식용유를 원료로 하는 바이오디젤을 사용 중이다.

국내 지식경제부 등록 바이오디젤 생산업체 수는 2009년 기준 22개 사로 이 중 정유사 납품업체는 9개사이다. 2010년 1월 현재 정유사에 바이오디젤을 납품하는 업체는 7개 사이며, 이 외에 S-OIL이 조만간 납품업체를 선정하면 8개 사로 늘어난다. 가령 울산의 SK케미

칼은 연간 생산능력 12만 톤(13만6천㎘) 규모로 가동하고 있다. 2009년 기준 정유사에 공급하는 9개 바이오디젤 메이커의 생산능력은 약 70만㎘로, 2008년 생산량은 약 29만㎘이었다. 메이커별 평균 가동률은 40% 수준이다. 국내 바이오디젤 시장은 정부의 '바이오디젤 중장기 보급계획'에 따라 경유에 1.5% 혼용이 의무화 돼 2010년 약 30만 톤 규모의 시장이 형성될 것으로 추산된다. 매년 0.5%씩 높아져 오는 2012년에는 3%까지 확대될 전망이다.

사실 2002년부터 본격화된 시범사업 직전에 환경부는 바이오디젤을 일반에 보급하기에 앞서 서울 등 지방자치단체에 협조공문을 보내 청소차량 9,700대에 대해 바이오 디젤을 사용토록 해달라고 요청했으며 일반 주유소에서 판매하도록 하는 방안을 적극 추진했다. <표 5-2>에는 우리나라 바이오디젤 보급 추진일지를 소개하고 있다.

<표 5-2> 국내 바이오디젤 보급 추진일지

추진 일정	추진 내용
2002년 2월	환경부에서 바이오디젤 및 바이오디젤 혼합 경유에 대해 배출 가스 측정 시행
2002년 5월	환경부가 산업자원부에 바이오디젤을 대체에너지로 인정하여 특소세 면제토록 요청
2002년 5월	산업자원부에서 바이오디젤 제조업체 6개사를 선정하여 바이오디젤 혼합 경유(BD-20)를 수도권과 전라북도 소재 지정 주유소 334개에서 일반 차량에 판매토록 허용하여 바이오디젤 시범 보급사업 착수
2004년 5월	시범 보급 사업 1년 연장
2004년 9월	바이오디젤 관련 전문가들(정유사, 차량 제작업체, 바이오디젤 생산업체 및 관련 연구기관 등)의 참여 하에 국내 바이오디젤 신규격 초안 완성
2005년 5월	시범 보급사업 2005년 말까지 2차 연장
2006년 1월	바이오디젤 전국 보급 예정(자동차 제작사는 BD-5 사용 차량에 대한 A/S 보증 예정)
2006년 3월	산업자원부와 5개 정유사 간에 상용화 협약 체결로 산업자원부 장관과 5개 정유사 사장단, 바이오디젤 제조업체 대표들은 2년간 바이오디젤을 5% 이내로 혼합한 경유를 만들어 소비자에게 공급하기로 함
2006년 7월	바이오디젤 상용화 정책이 본격화되어 산자부는 7월 1일부터 BD20의 일반 주유소 판매를 금지하고 정유 업체만 BD5를 판매할 수 있도록 함

(생각해보기) ●●●

시범사업에서는 BD20을 보급하다가 BD5를 보급하게 된 배경이 무엇일까? 정부는 BD20이 문제점이 발견되어 선진국에서 검증된 BD5를 보급하기로 했다. 정부는 BD5는 전국적 유통망을 갖춘 정유사를 통해 안정적으로 보급을 하며, 다만 BD20은 자가 시설을 갖춘 사업장에 한해 사용하도록 하였다. 과연 정부에서 얘기하는 만큼 BD20이 문제가 있는 것일까?

―――――――――――――――――――――――――――――――○

그리고 규제포획으로 인한 딜레마 무시 사례를 소개할 수 있다(김창수, 2021: 159-188). 1970년 영풍석포제련소 설립 이후 여러 가지 비리의혹이 제기되었지만 규제포획 상태의 정부는 딜레마 상황을 애써 무시해왔는데(neglected dilemma), 이는 주어진 딜레마를 주관적으로 인지·해석하는 과정에서 딜레마가 아닌 것으로 설정한 것이다(서준경, 2009: 351-352). 2010년 이후 환경단체가 관심을 가지고 갈등이 표면화되면서 딜레마 상황이 증폭되기 시작했다(부산·경남생태도시연구소 생명마당, 2019). 첫째는 환경부가 추진한 부실한 환경영향조사이다. 토양과 대기오염을 중심으로 실시한 환경영향조사는 환경관리공단에서 한국환경수도연구소에 실시를 의뢰하였는데, 저가로 낙찰 받아 조사가 부실하게 진행되었다는 것이다. 토양오염조사의 부지선정 및 위치를 신뢰하기 어려웠고, 대기오염 측정도 10일간만 실시하고 모의실험으로 대체하였다. 둘째는 대구지방환경청의 영풍제련소 봐주기 의혹이다. 2004년만 하더라도 20만 톤의 폐기물을 불법으로 야적하였으나 실형이 선고되지 않고 집행유예에 그쳤다. 2018년 7월 연구자가 현장에서 면담하고 확인한 바에 따르면, 영풍석포제련소의 문제가 논란이 되는 와중에도 제3공장이 인·허가가 되는가 하면, 인근 야산 산불 발생도 고의였다는 의혹이 제기되었다. 특히 환경부 관련인사가 석포제련소의 이사와 부사장으로 취임하는 등 정경유착의 의혹이 있다는 점이다.[1] 특히 2010년 환경부 차관을 역임한 문○○은 향후 E○○ 대표이사를 역임하게 되는데, 2017년 8월 석포제련소가 자체 작성한 '(주)영풍석포제련소 통합환경영향조사 및 환경개선계획' 연구용역 수행사가 동일회사였기 때문에 의혹이 더욱 커지게 된다.[2]

2014년 영풍 제련소에서는 제3공장의 불법증설을 추진하면서, 지역주민들과 갈등이 확산되었다. 석포제련소 제3공장은 기존 소규모 4종 사업장(연간 8톤 이하 배출)으로 허가를 받은 후 불법 증축을 통해 대규모 1종 사업장(연간 80톤 이상 배출)으로 증설한 것으로 밝혀졌다(김혜나·손영호, 2020: 49). 그 결과 국회 환경노동위원회 한정애 의원은 국정감사를 통해, 인근 초등학교 부근의 토양이 카드뮴 2배, 아연 6.8배로 초과되었다고 밝혔다(환경TV, 2014. 10. 26). 주민건강영향조사를 기점으로 봉화군과 영풍제련소 측은 상호 고소 및 고발이 이루어지는 등 지역사회의 갈등이 확산되어왔다. 석포제련소의 무리수로 인하여 지역사회의 갈등과 딜레마가 예견되었으나 2010년대 초반까지 환경부와 경상북도 그리고 봉화군

---

1) 석포제련소 사외이사(3명)로는 이○○(12대 환경부장관), 주○○ 분쟁조정위원장(울산대 산학협력단 교수), 장○○(환경부 특정폐기물관리과장) 등이 있다. 또한 석포제련소 부사장(1명)인 소○○은 전 대구지방환경청장, 전 금상유역환경청장을 역임한 인물이다. 그는 문제가 불거지자 2018년 8월 1일자로 퇴사하였다. 이러한 내용은 2019년 6월 11일 MBC PD수첩(책과 독, 영풍의 두 얼굴)에서 방영되면서 사회적 파장을 가져왔다. 한편 전문가들은 영풍의 임원 80% 이상이 전직관료 출신이고, B2B기업이기 때문에 소비자와 시민에 대한 민감성이 부족하다고 진단하였다(안동MBC 사생결단 21회, 끝나지 않은 논란, 영풍석포제련소, 2019. 4. 13).

2) 이에 대해 경상북도 한 의원은 그 동안 영풍제련소 측은 '불법의 합법화'에 에너지를 총동원하고 있다고 비판한다. 이때 배○○ 영풍석포제련소 본부장은 제련소의 이전을 검토해본 적이 없다고 한다(안동MBC 사생결단 75회, 제자리걸음 영풍석포제련소: 행정명령과 법정다툼, 2020. 5. 28).

출처: 환경부·대구지방환경청(2020: 2)

<그림 5-3> 영풍석포제련소의 위치도

은 이러한 상황을 애써 무시해온 것으로 판단된다.

3) 평가 - 규제실패의 원인과 논의

이러한 고객정치상황의 특징은 규제기관이 공익보다는 피규제산업의 이익을 대변하고 이들의 이익에 봉사하는 존재로 전락하는 포획현상(regulatory capture)이 나타난다는 점이다. 의료사고 때 의사들을 위해 특별면책조항을 두는 방향으로 의료법 개정이 이루어지는 경우를 들 수 있다.

최병선(1993: 200-206)은 규제실패의 원인으로서 규제기관의 부패와 무능도 중요하지만, 소위 규제기관의 포획현상(regulatory capture)에 주목하여 규제실패의 원인을 분석한다. 첫째, 규제기관은 규제대상산업집단이 제공하는 정보에 많이 의존하게 되는데, 이러한 정보가 온전하고 객관적인 정보가 아니라 이익집단의 이익을 반영하여 전략적으로 선택되고 조직되어 침해된 정보(information impacted)일 가능성이 높다는 것이다. 둘째, 규제기관은 조직화된 규제대상산업집단에 비해 자금력이나 인력 면에서 열세에 처하게 되는 자원의 비대칭성(asymmetry of resources) 문제를 지적한다. 셋째, 규제기관 관료들은 규제대상산업집단과 갈등을 회피(conflict avoidance)하고 공생적인 관계를 형성하려는 경향이 강하다는 것이다. 넷째, 규제기관은 다른 외부기관이 자신의 정책이나 역할에 대해 보이는 반응, 즉 외부 신호(external signals)를 관찰함으로써 자신의 정책결정이 공익을 충족시키는 정도를 판단하는 경우가 많다.

감지된 비용이 넓게 분산된 소비자는 조직적으로 이익대응을 하지 못하는 집단행동의 딜레마에 빠진다. 사실 합리적인 개인들이 '공공의 선'을 달성하기 위해서 자발적으로 협력하는 것은 이론적으로 불가능하다. 한 집단의 인원수가 아주 적거나 혹은 개인들이 공동이익(common interest)을 위해 행동하도록 하는 강제력(coercion)이나 특정한 장치가 없다면, 합리적이고 자기중심적인 개인들(rational, self-interested individuals)이 그들의 공동이익이나 집단이익 성취를 위해 행동하지 않을 것이기 때문이다(Olson, 1965: 1-2). 그러므로 개별구성원의 숫자가 아주 적지 않은 한 강제적인 수단이 집합적 선택과 협력을 유도하는 데 유리할 수 있다. '개별' 구성원들로 하여금 공익에 따라 행동하도록 강제할 수 있거나 특별한 유인장치가 있다면, 집합적 선택에 있어 딜레마를 회피할 수도 있다. 그러나 합리적이면서 사익을 추구하는 개인들이 '집단이익'을 성취하기 위한 행동을 할 것을 기대하기는 쉽지 않다. 각 개인의 행동이 잘 드러나지 않는 대규모 집단에서는 집합적 편익이 존재하더라도 합리적 개인은 집합적 편익의 생산에 기여하지 않고 무임승차할 유인을 충분히 갖고 있기 때문이다(Olson, 1965: 66−76). 따라서 소규모의 동질적인 집단과 대규모의 이질적인 집단에 대한 정책수단은 충분히 달라질 수 있다. 환경사건을 계기로 환경파괴의 심각성을 폭로하고, 환경문제해결의 대안을 제시하며, 정책결정 및 집행과정에 참여하여 중재자의 역할을 수행하는 등 환경단체의 기업가적 정치(entrepreneurial politics)가 필요하다.

경제적 규제의 일종인 수입규제를 통해 관련수입품과 경쟁관계에 있는 소수 기업은 이득을 보지만, 감지된 비용이 넓게 분산된 소비자는 피해를 보는 집단이다. 이때 소수 기업은 협회 등을 통해 강력한 로비를 하게 된다. 수입규제는 초기 우리나라의 자동차산업 등 유치산업의 육성을 위해서 불가피한 측면도 있었으나, 결국은 해당산업의 경쟁력 저하와 서비스 질 저하로 이어졌다. 최근 외제 자동차의 적극적인 공략은 국내 자동차 업계가 감당해야 할 몫이다. 나아가 EU와 미국을 비롯한 세계 각국과의 자유무역협정(FTA)을 맺는 상황에서 정부가 누구를 신정한 고객으로 생각하고 정책을 추진하고 있는지 면밀히 따져보아야 한다.

저자는 2002년 6월에 판매를 시작하였다가 법원판결로 2004년 8월 11일부터 판매금지된 (슈퍼) '세녹스'의 사례를 기억하고 있다. 현재 「석유 및 석유대체연료 사업법」에서 규제하고 있는 유사석유제품의 경우에도 닫힌 시각으로 접근하기보다는 그 제품이 안정성과 환경성이나 경제성 면에서 흠이 없다면 합법적으로 허용하는 것이 타당한 것으로 판단된다.

4. 기업가정치상황(Entrepreneurial Politics) - 분산된 편익과 집중된 비용

1) 의미

비용은 소수의 동질적인 집단에 집중되어 있으나 편익은 조직화되지 않은 대다수 이질적인 사람들에게 넓게 확산되어 있는 경우이다. 이러한 기업가적 정치상황에서는 비용을 부담해야 할 기업들은 강력하게 대응하고자 하는 유인(incentive)이 있고, 잘 조직되어 막강한 영향력을 발휘할 수 있다. 그러나 편익을 기대할 수 있는 집단은 잘 조직되어 있지 못하고 정치적 활동도 미약하여 무임승차 경향이 팽배하는 집단행동의 딜레마(collective action dilemma)가 발생한다(Wilson, 1986: 432-435; Mitnick, 1980: 88).

2) 사례

따라서 소비자 문제나 수질오염사고 등 사회적 위기가 발생했을 때 적극적인 역할을 담당하는 랄프 네이더(Ralph Nader)와 같은 소비자운동가와 환경단체 등 공익운동가, 언론(media), 국회의원 및 정치가 등을 기업가적 정치가 혹은 정책선도자(policy entrepreneur)라 부르며, 이들의 주도적인 노력에 의해 규제들이 채택되거나 강화된다. 1978년 미국 캘리포니아 주에서 소득세의 인상에 제동장치를 마련한 '주민발안 13호'(Proposition 13) 통과의 배경에는 역시 하워드 자비스(Howard Jarvis) 등 정책선도자의 역할이 있었다(Wilson, 1986: 433). 자동차 10년 타기 운동본부의 경우 급발진 사고, 에어백(air-bag), 잠금장치, 트렁크 풀림 장치 등의 결함에 대해 대다수 소비자를 대변한다.

그러나 위기국면이 지나고 진정국면이 도래하여 국민들의 관심이 퇴조되면 피규제산업이 규제기관을 포획하려는 노력이 시도되고, 규제기관의 포획의 결과는 느슨한 정책집행이다. 예를 들면, 정부는 1991년 낙동강 페놀사고 때 영업정지를 내린 구미공단 두산전자에 대해 수출에 타격을 줄까 우려하여 2주 후에 조업의 재개를 허가한다.

3) 평가

그러면 정책선도자가 사회적 규제를 강력하게 요구하게 되는 계기(policy windows opened)는 무엇인가? 첫째, 경제사회적 위기 및 재난의 발생을 들 수 있다. 1980년대 산성비로 인한 서유럽의 충격, 1986년 체르노빌 원자력 발전소 사고와 2011년 3월 일본 후쿠시마 원자력 발전소 사고, 1991년 이후 지속된 낙동강 식수오염사고 등은 환경규제의 강화를 요구하는 정책선도자와 진보세력의 등장 계기가 된다. 자동차 및 비행기의 결함으로 인한 사고, 집단 식중독 사고, 의약품 오남용 사고, 인도에서처럼 유전자조작작물(*GMOs: Genetically Modified Organisms*)로 인한 양떼 대량 죽음, 소비자에 대한 대형사기 및 허위광고 사건, 부산지역 석면피해와 같은 산업재해 및 직업병의 대량발생 등에서도 소비자운동가와 환경운동가의 등장 계기가 된다. 둘째, 정권의 변동을 들 수 있다. 진보적 정권의 등장은 사회적 규제 강화의 계기가 된다. 미국의 경우 1960년대 중반 이후 1970년대 말까지 민주당 정권에서 환경규제 및 소비자 및 근로자 안전 규제가 폭발적으로 증가하였다. 뿐만 아니라 총기규제(gun control)와 건강보험 이슈 역시 정권의 변화에 따라 큰 시계추 운동을 하였다. 민주당과 공화당 보수당인 공화당 정권에서는 상대적으로 환경규제가 약화되었다.

연구문제

1. 정부규제는 누구를 위하여 이루어지는가?
2. 규제로 인해 누가 이득을 보고, 누가 손해를 보는가?
3. 정부규제의 수요자는 누구인가?
4. 규제포획현상은 어떻게 발생하는가?
5. 규제실패의 원인은 무엇인가?

제6장 과잉규제의 역설과 규제영향분석

제1절 과잉규제의 역설

규제의 성공을 위해서 규제제도의 입안단계 및 집행단계에서 세심한 준비와 분석이 필요하다(Sunstein, 1990: 74-110). 현재 우리의 경우 치밀한 법정책 분석을 통해 규제제도를 다듬어가는 규제개혁보다는, 규제완화의 도그마가 지배하는 가운데 성급히 규제철폐를 하려는 것은 심히 우려되는 일이다. 한때 김대중 정부 초기 규제개혁위원회는 경제위기 상황을 돌파하기 위해 각 부처에 있는 규제를 옥석을 가리지 않고 즉, 완화되어야 할 규제와 오히려 강화되어야 할 규제를 가리지 않고 획일적으로 50%의 규제철폐를 강요하고는 하였다. 이 절에서 논의하는 내용은 규제설계를 어떻게 해야 하는지에 대한 Sunstein(1990)의 깊은 고뇌가 담겨있다.

1. 규제의 효과와 부작용

1) 규제의 효과

Sunstein(1990)은 사회적 규제와 경제적 규제(social and economic regulation)가 불확실한 이득을 놓고 많은 비용을 쏟아 부어 일반적으로 실패작이라는 주장에 반대하면서, 규제국가는 아직 실패작이 아니라고 한다. 오히려, 규제 법률들은 환경, 에너지 보존, 자동차 안전, 멸종위기의 동식물들, 인종차별 및 성차별 등을 포함한 다양한 분야에서 중요한 발전을 하고 있다고 한다.

(1) 환경규제의 성과

미국은 1960년대에 엄청난 대기오염과 수질오염을 경험하였는데, 이는 장·단기적으로 안전과 건강에 다양한 위협이 되었다. 그런데 1960년대와 1970년대의 환경규제의 결과로

오염문제는 실질적으로 줄어들었다.

① 대기오염규제

법령 프로그램(statutory programs)을 실시한 결과 중요한 대기오염 물질 중 대부분이 감소하였다. 초기의 연구결과에 의하면, 대기보전법(Clean Air Act)에 의하여 사망으로 인한 비용 절감액이 51억 불 내지 159억 불에 달했다. 미국의 3,151개 카운티 중에서 2,600개는 대기질 보존목표(air quality goals)에 순응하였다. 1975년과 1986년 사이의 규제에 의하여 이산화황, 일산화탄소, 오존, 납, 그리고 이산화질소 등의 대기오염 물질이 대폭 감소하였다. 국가적 오염표준지수(Pollution Standard Index)는 대기오염에 있어서 극적인 하향 경향을 보였는데, 이는 자동차로부터 나오는 일산화탄소 방출과 오존층을 파괴시키는 오염물질의 방출에 대한 연방규제에 부분적으로 기인했다. 가장 심각한 오염물질들의 국가적 환경농도(national ambient concentrations)는 모두 대폭 감소하였다.

② 수질오염규제

비록 수질오염의 감소는 대기오염의 감소만큼 인상적이진 않지만, 여기에서도 중요한 발전이 있었다. 수백 개의 호수변개발이 제한되면서, 5대호는 1965년에 비해 실질적으로 깨끗해졌다. 수질보전법(Clean Water Act)의 최소요구기준이 2차 오수처리과정에까지 확대됨으로써, 1972년 8천 5백만 공장에서 1986년에는 1억 2천 7백만 공장으로 확대되었다. 수질보전법을 통해 질산염, 납 그리고 다른 물질들의 감소를 통한 수질의 개선을 가져온 것이다.

③ 평가

일반적으로 볼 때 산업오염으로부터 야기되는 건강과 안전의 문제는 현저히 감소하였다. 적극적인 규제적 통제(aggressive regulatory controls)는 고형폐기물 처리, 위험물질 그리고 수질오염과 같은 문제를 다루는 데 필수적이 될 것이다. 연방기준에 불응한 주요한 대기오염 사례로는 많은 카운티들이 일산화탄소, 오존, 분진에 대한 연방건강기준을 위반한 것이다. 정부는 이제 겨우 산 침전물(acid deposition)을 다루기 시작하였고, 오존층 파괴나 온실효과와 같은 장기적인 이슈들은 예비적인 규제단계에 있다. 폐기된 1,000개의 위험한 쓰레기매립장들에 대한 처리작업(cleanup work)이 미국에서 가까스로 시작되고 있다. 70,000개의 등록되거나 잠재적으로 독성인 화합물들 중에서 단지 1,500개만이 완전히 테스트를 받았다.

원유누출에 의한 해양 오염과 위험 폐기물의 유출은 그 수와 양에 있어서 모두 증가하고 있다. 그럼에도 불구하고 1970년대의 환경규제가 없었다면, 환경문제들은 더욱 악화되었을 것이다.

(2) 다양한 사회적 규제의 성과

① 자동차 안전규제

자동차 안전의 영역에 있어서, 1960년대 후반과 1970년대 전반의 전략은 종종 상대적으로 저렴한 비용으로 현저한 이득을 얻는 것이었다. 자동차 안전규제(automobile safety regulation)가 없었더라면, 1984년의 고속도로 사망자 수는 약 40% 이상 더 많았을 것이다. 안전벨트 착용 의무화와 시속 55마일 속도제한은 사고로부터의 사망과 부상을 현저하게 감소시켰다.

② 안전규제와 보건규제

소비자 상품안전위원회(*Consumer Product Safety Commission*)의 소아용 침대의 안전 규제 때문에 이와 관련한 유아 상해율이 44% 감소하였다. 마약 포장 규정 때문에 우연한 마약주사 결과로 인한 환자를 1973년에서 1976년 사이에만 34,000명을 줄였다. 그리고 직업안전 및 보건국(*OSHA, Occupational Safety and Health Administration*)의 기록은 활동의 많은 부분이 높은 비용과 비교적 낮은 편익의 관점에서 보면 보편적인 성공과는 아주 거리가 먼 것이었다. 그러나 OSHA의 수많은 전략들은 편익이 있는 것으로 증명되었다. 예를 들면, OSHA의 석면에 대한 규제는 대략 매년 396명의 생명을 구했다. 한국에서도 석면에 대한 광범한 규제와 구제제도를 시행하고 있는데, 이는 생명과 건강의 문제이기 때문에 단기적인 비용과 편익의 계산으로 규제의 타당성을 입증하는 것은 문제가 있다.

③ 사회적 차별에 대한 규제

인종차별(racial discrimination) 영역에 있어서 주요한 편익은 1965년의 투표권법(Voting Rights Act)의 제정으로 많은 주의 대(부)통령 선거인단 형성과정에서 백인독점의 관례가 깨진 것이다. 1964년의 시민권법(Civil Rights Act)의 제정으로, 교육과 고용에 있어서 차별을 극복하는 현저한 이득을 보았다. 흑인들의 경제적 성취는 백인에 비하여 커다란 성과를 보이고 있으며, 통계치도 1964년 이후 명백한 변화가 있었다. 연방의 압력으로 특정 회사들이 흑인 남자의 고용을 12.9% 증가시켰고, 흑인들의 상대적 소득은 1970년대 중반의 심각한 불경기에도 감소하지 않았다. 이러한 성과의 많은 부분은 고용시장에 대한 정부의 개입에 의해 교육과 인사정책에 있어서 많은 변화가 있었기 때문이다. 비슷한 성과가 성과 장애(sex and disability)에 기초한 차별을 철폐하는 과정에서도 나타났다. 그 결과 여성들의 수입과 직업상 지위에서 모두 유리한 효과가 나타났다. 평등고용위원회로부터의 요구기준 충족 여부를 보고하도록 되어있는 회사에서 여성노동자들의 대표성이 극적으로 증가하였다.

2) 규제의 부작용

물론 잘못된 규제제도들은 비용이 편익을 초과하고 예기치 않은 부작용을 초래하기도 한다. Sunstein(1990)은 규제의 역설(*paradoxes of regulation*)이란 용어를 통해서, 자기파괴적(self-defeating)인 규제전략이 애초에 의도한 결과와는 정반대의 결과를 초래하기도 한다는 것이다. 이처럼 규제과정(regulatory process)이 항상 좋은 결과를 가져오는 것은 아니다. 법제도가 자주 어설프게 입안되고, 해결하고자 했던 그 문제를 오히려 더 악화시키는 경우도 있으며, 종종 제대로 집행되지 않거나 예기치 않은 결과를 초래하기도 한다.

의도한 성과에 못 미치게 되고, 편익을 초과하는 비용을 부과하면서 미국은 1972년에서 1985년 사이에 오염통제를 위해서 총 6,320억 달러를 지출하였다. 환경규제는 예상보다 훨씬 많은 비용이 든다. 몇몇 연구에 의하면, 명령통제식 규제(command and control regulation) 대신에 유인제도(incentive system)를 포함하는 최소비용 해결책이 400% 이상의 비용감축을 가져오면서 동일한 결과를 가져올 수 있다고 한다.

(1) 사회적 규제의 부작용

① 비용증가

자동차 배기가스 배출규제와 안전규제는 차량 당 1,200달러에서 2,200달러(1981년 달러 기준) 사이의 비용증가를 가져왔다. 자동차 배기가스 배출규제(automotive emissions controls) 매년 편익은 아마도 50억 달러를 능가하겠지만, 비용은 아마 매년 150억 달러 이상이 소요된다. 연방환경보호청(*EPA, Environmental Protection Agency*)의 연료절약 기준들은 더 위험한 차량들을 생산하게 함으로써, 편익 효과를 거의 가져오지 못했으며 중요한 손실을 초래하였다. 항공산업 규제는 높은 비용과 낮은 편익을 초래했다. 운송규제 및 관련 산업의 규제는 일반 공중의 희생 위에 회사들의 편익을 제공하는 카르텔의 형성을 초래했다.

② 혁신지연

소비자 상품 안전 위원회는 첫 4년 동안 단지 3개의 기준을 발표했고, 응급 치료를 요하는 소비자 상품관련 피해자들은 첫 5년 동안 44%의 증가를 보였다. 이 위원회는 종종 투기적 이득에 대해서 많은 비용을 부과하고 있다. 아마도 가장 지독한 것은, 식품 및 의약품 관리국(*FDA: Food and Drug Administration*)이 많은 가치 있는 약품들이 시장에서 유통되는 것을 지연시키거나 금지시킴으로써, 종종 건강과 안전에 해를 끼치고 혁신과 연구에도 역시 심각한 역효과를 가져왔다는 것이다.

③ 효과성 부족

직업안전 및 보건국(*OSHA*)의 활동 중 많은 부분은 역시 효과성이 없었다. OSHA의 염화비닐 규제는 최소한 4천만 달러의 비용을 들이면서, 1년에 1명의 생명을 구한다. OSHA의 작업장에 대한 극도로 정교한(실질적으로는 집행되지 않는) 입안기준들도 작업장 안전을 증가시키는데 실제적인 효과는 거의 없다. 반면에, OSHA는 심각한 위험을 초래하는 발암물질을 포함하는 수많은 독성물질들에 대해서는 전혀 규제를 하지 않는다.

(2) 경제적 규제의 부작용

아마도 가장 나쁜 것은, 지난 몇 십 년 동안의 소위 경제적 규제의 많은 부분이 그릇된 결과를 초래했다는 것이다.

① 항공규제의 부작용

항공규제는 매년 몇 10억 달러에 이르는 부당요금청구를 초래했고, 소비자의 편익을 가져다주는 경쟁은 약화되었다. 규제완화(deregulation)는 가격과 비용을 현저히 감소시키고, 편리함을 증대시키고, 효율적인 회사들을 보상하고, 그리고 안전이나 서비스의 질의 감소 없이 이 모든 것을 해냄으로써 실제적인 성공이었다. 그러나 1990년대에 들어와 실업 등 규제완화의 폐해가 증대하면서 재규제(re-regulation)가 이루어졌다.

② 천연가스 가격규제의 부작용

천연가스법(*Natural Gas Act*)은 정부의 가스가격 통제를 허용함으로써 1970년대 후반의 가스 부족 사태를 초래하였다. 이 기간 동안에 수십만 개의 일자리를 잃었다. 산업생산의 감소, 수백만의 미국인을 위한 가스공급 감소, 이 모든 것은 대체로 정부의 심각한 주 간 가격 통제의 결과였으며, 이는 생산자들이 새로운 가스를 찾을 유인을 상실하게 했으며, 인위적으로 형성된 낮은 가격체계는 결국 심각한 가스 부족을 초래했던 것이다. 여기에서도 또한 규제완화는 시장질서로의 복귀를 초래하여 커다란 성공을 가져왔다. 이처럼 경제적 규제에 있어서 많은 경우, 정부통제의 합리성은 미약하며, 그러한 통제는 종종 사태를 개선하기보다는 오히려 악화시키도록 집행된다. 우리나라에서는 현재 천연가스공급에 있어서 소매부문이 민영화되어 오히려 정부의 가격통제가 어려워 소비자들의 불만이 있다. 반면 전기요금과 광역상수도요금은 정부의 가격통제로 가격인상이 어려워 적자를 보면서 투자비회수를 하지 못하고 신규투자의 어려움을 겪고 있다. 광역상수도와 공업용수도의 경우 30%의 국비와 더불어 70%의 건설비를 한국수자원공사가 부담하여야 하는데, 현재의 낮은 요금구조로는 가외적인 관로설치가 불가능하며, 따라서 한국수자원공사에 의하면, 특정 공단에 하루만 공업용수도의 공급이 이루어지지 않으면 5조 원 이상의 손실을 볼 수 있다고 한다.

여하튼 Sunstein(1990)은 이 글에서 규제성공의 몇몇 사례를 제시하고 규제실패의 원천과 본질을 간략히 진단하고 있다. 그리고 규제실패들을 입헌정체(constitutional regime)와 연결시키고, 나아가 규제국가의 개혁안을 제시하고자 한다. 그는 제정법 실패의 다양한 이유를 분석하기 위해서, ① 본래 제정법에 내재되어 있는 실패들과 ② 잘못된 집행에서 기인하는 실패들을 구별하여 논의한다. 그리고 연방주의, 견제와 균형, 집행부에서의 단일성, 그리고 사적 이익집단과 공공 관료들 자신이 초래한 위험들을 포함하는 본래 입헌상의 주제들(original constitutional themes)을 상기하면서 이야기를 풀어간다.

2. 규제실패 원인의 분석

1) 제정법에 내재되어 있는 규제실패

여기서는 규제실패가 입법부의 입법실패로 인해 야기되는 경우를 논의한다. 잘못된 제정법의 충실한 집행(제3종 오차)은 사태를 개선하기보다는 더 악화시킬 수 있는 것이다. 행정가들이 아무리 유능하고 사기가 넘쳐도, 잘못된 법을 시행하기로 결심한다면 필연적으로 실패를 초래한다. 구체적인 규제실패의 원인은 아래와 같다.

(1) 이익집단의 로비

사적인 부의 이전(private wealth transfers)에 이르는 제정법들은 그 자체로서 실패이다. 이러한 제정법들은 재분배의 관점에서, 혹은 경제적 생산성의 관점에서, 아니면 사회적 열망의 관점에서 특징지어지건 간에 공적 목적의 증진에 기여하지 못한다. 대표적인 예가 이익집단이 로비를 통해서 권력을 행사하는 경우이다. 미국의 경우 총기산업과 종묘산업 그리고 석유산업 등에서 광범한 로비를 통해 이들 이익집단에 유리한 법제도의 형성이 이루어지고는 한다. 우리나라의 경우에도 조직화된 강력한 이익집단인 전경련과 의사협회 그리고 약사협회 등에 유리한 법제도의 형성은 어렵게 않게 목도할 수 있다.

(2) 미흡한 정책분석

제정법들은 종종 문제를 잘못 진단하거나, 어설픈 정책분석에 기초하거나, 혹은 부적절한 정보에 근거함으로써 실패한다. 이러한 종류의 어려움들은 연방의회가 하나의 일시적 사건이나 혹은 강렬하지만 단기적인 공적 항의(public outcry)에 너무 급속히 응답할 때 일어나기 쉽다. 규제 프로그램들에 대해 어설픈 정책분석(poor policy analysis)이 이루어질 경우에는 시장유인(market incentives)을 허용하는 더욱 유연한 전략들보다 명령통제식(command-and-control) 전략에 의존하거나, 겉보기에 환영받을만한 규제가 초래하는 부작용(side-effects)에 대해서 고려하는 것을 거부하는 사태가 벌어진다. 환경 영역에서 명령통제식 접근방법들은 전형적으로 이용 가능한 최선의 기술(BAT, best available technology)의 규제조건의 형태를 띠는데, 깨끗한 대기와 수질 목표보다는 오염감소의 수단에 초점을 둠으로써 효과성의 달성에 실패하는 것이다. 즉, 편익이 실제로 거의 없는데도 엄격한 규제를 요구함으로써 관료제의 무사안일(bureaucratic inaction) 문제를 악화시킴으로써, '과다규제가 과소규제를 생산한다.'(Over-regulation produces under-regulation)는 견해를 재확인시켜 주는 것이다. 그러나 정부가 분권화되고 유인에 기초한 전략들(decentralized, incentive-based strategies)을 통하여 오염방지 목표를 훨씬 효율적으로 달성하는 경우도 있다. 목표달성 수단 보다는 오염감소라는 목표자체에 초점을 두고 또한 시장유인(market incentives)에 의존하기 때문이다. 나아가 정부는 오염원인자들이 권리를 거래하는 것을 허용할지도 모른다. 이는 오염방지기술의 발전을 촉진할 수 있으며, 동시에 오염감소를 가장 저렴하게 할 수 있는 사람들이 오염감소 업무를 맡는 것을 보증해 줄 것이다.

(3) 비용을 고려하지 않는 오도된 권리의식

규제실패의 특별한 원인(culprit)은 깨끗한 공기와 물, 그리고 안전한 작업장에 대한 이해관계가 어떤 의미에서 권리(right)로 간주되어야 한다는 관념이다. 사회적으로 관리되어야 할 위험으로 보다는 옹호되어야 할 권리로서의 규제적 이해관계의 개념은 1970년대에 널리 인식되었다. 그러나 규제 프로그램이 수많은 사람들이 직면하는 위험들을 감소시키려 할 때, 규제 프로그램이 결코 타협될 수 없는 개인적 권리(individual entitlements)를 창출하는 것으로 생각하는 것은 어리석은 일이다. 1960년대와 1970년대의 규제입법은 비용에는 무관심하고, '불가양의 권리들'(inalienable rights)인 생명과 건강에는 꼬리표가 달릴 수 없다는 이론에 근거함으로써, 비용과 전적으로 무관한 보호를 요구하였다.

(4) 규제영향분석의 실패

잦은 규제실패의 원천은 연방의회가 규제적 개입의 체계적이고 복잡한 효과를 이해하는 것에 실패한 데에 있다. 우리나라의 경우 한때 임차기간을 1년에서 2년으로 늘인 「주택임대차보호법」이 임차인을 보호하기보다는 거리로 내몰고, 현재 시행되고 있는 「비정규직보호법」역시 오히려 비정규직 종사자들을 곤란하게 하는 측면이 있다.

(5) 조정의 부족

많은 영역에 있어서 조정의 부족은 책임성과 반응성(accountability and responsiveness)을 감소시키고, 내부 투쟁을 증가시키며, 그리고 정부가 일관성 있는 규제 프로그램을 수행하는 것을 방해한다. 발암물질 규제정책에 있어서, 발암물질들을 규제하기 위한 복수의 중복되고 일관성 없는 노력들은 가장 터무니없는 조정실패(failed coordination)의 가장 좋은 예이다. 12개 이상의 기관들에 의해 수행되는 20개 이상의 제정법들이 발암물질의 규제를 관리하고 있기 때문이다. 이러한 모든 문제들은 조정과 신속함 그리고 책임성을 증진시키려는 단일의 집행부(a unitary executive branch)를 창조하려던 초기 헌법기초자들의 노력을 상기시킨다. 우리나라의 경우에도 농산물과 수산물 품질 규제기관의 이원화라든지 수량과 수질 규제기관의 다원화로 인해 조정의 문제를 겪는다.

(6) 입법지체

변화된 상황과 제정법 노후화로 인한 규제실패인데, 이는 입법부의 행태 때문이 아니며, 부적절한 집행의 문제 때문도 아니다. 기술발전을 법이 따라가지 못하는 지체현상은 규제가 현장에서 제대로 작동하지 못하게 하는 중요한 원인이다.

(7) 정치적 결정의 회피

규제 프로그램들이 상충하는 다양한 변수들(경제적 성과, 환경 등급의 하락, 에너지 보전, 고용, 생명과 건강)을 고려하면서 심각한 어려움에 직면할 때, 연방의회는 정치적 결정 대신에 종종 기술적인 결정을 취함으로써 이러한 복잡성에 대응한다. 이러한 전략은 진실한 이해관계를 숨기고(mask the real stakes) 문제의 핵심을 법률이 아닌 시행령이나 시행규칙으로 돌려버리는 것이다.

2) 잘못된 집행에서 기인하는 규제실패

제정법적 실패의 많은 경우는 잘못된 집행에서 나타난다. 그리고 제정법에 내재되어 있던 규제실패의 요인들이 집행과정에서 더욱 증폭되기도 한다. 잘못된 집행에서 기인하는 규제실패는 아래와 같다.

(1) 상징적 입법과 부실한 집행

제정법들이 충분히 집행되지 못하기 때문에 실패하는 경우이다. 이러한 제정법들의 보호조항들은 단순한 언명들과 상징들(symbols)이라서 실제에서는 전혀 성과를 나타내지 못한다. 환경과 직업안전 및 건강 그리고 차별을 포함한 영역에 있어서 입법적 명령들을 수행하는 데 실패하는 것은 보호조항들의 상징성과 부실한 집행 때문이다. 이러한 부적절한 집행이 일어나는 이유는 행정가들이 규제대상 이익집단들에 "포획"(captured)되기 때문이다. 포획의 원인은 부분적으로는 이익집단들의 정치적 자본력과 조직력 때문이며, 또한 담당기관들이 이익집단들과의 좋은 관계를 유지하려는 성향과 이익집단들만이 제공할 수 있는 정보에 궁극적으로 의존하려는 성향 때문이다. 그리고 행정가들은 자신의 권력과 위신을 확대하려고 하면서 비합리적이고 열성적인 규제(irrational and overzealous regulation)를 생산하게 된다. 이때 행정의 지연은 부족한 정보에도 불구하고 과도한 주의를 기울이기 때문에 발생한다.

(2) 관료제의 위험회피 성향

몇몇 제정법들은 집행과정에서 시장에서의 비효율성보다 더 심각한 비효율성을 야기하여 규제실패에 이른다. 식품과 의약품규제에서 FDA는 잘못된 승인을 했을 때 부과되는 특별한 정치적 비용 때문에 위험물질들이 가능한 한 시장에서 유통되는 것을 허가하지 않으려고 한다. FDA는 극도로 편익이 있는 물질을 시장에 허용하는 것을 거부하면, 상당한 공공 심사(public scrutiny)를 받지 않는다. 그 결과 FDA가 가치 있는 약품들을 도입하는 것을 막는 편견을 초래했다.

(3) 기획의 실패

몇몇 규제 법률들은 소득 재분배를 창출해내기 위해 입안되지만, 그러나 집행과정에서 소득재분배는 왜곡된다. 최저임금제도가 실업을 증가시킴으로써, 사회의 약자들에게 해악을 끼치는 경우가 그 예이다. 2011년 11월 현재 우리나라에서는 감시단속적 노동자인 아파트 경비원의 경우「최저임금법」상의 최저임금의 70%를 받고 있는데, 만약 정부가 면적당 경비인력 산정기준 등을 아파트 관리업체에 강제하지 않은 상태에서 획일적으로 최저임금 100%를 강제하게 된다면, 경비절감을 위한 인력감축으로 실직자가 증가할 것으로 예상된다.

(4) 민주적 집행과정의 결핍

비민주적 과정과 성과 때문에 규제실패가 일어날 수 있다. 뉴딜 정책 기간의 주요 목적은 규제정책이 공중의 의사를 반영하는 민주적 과정을 통하여 형성되는 것을 보증하는 것이었다. 그러나 집행과정에서 민주적 목표들을 증진시키기 위해 고안된 체계들은 분파적 권력과 관료적 사익 추구(administrative self-interest)에 의해 침식당했다. 여기서 문제는 과정의 비밀주의, 국지적 이해관계 그리고 공중에 대한 책임성의 부재에서 기인한다.

3. 제정법적 기능과 제정법적 실패의 연계

헌법의 목표 중 하나는 정부에 있어서 심의와 책임성(deliberation and accountability)을 보증하는 것이다. 연방주의 체계는 현재의 많은 프로그램들에 의해 깨닫게 된 과도한 단일성과 집권성(uniformity and centralization)의 위험을 막기 위해 고안된 것이다. 이러한 상황에서, 현대 공법의 주요 목적은 원래 헌법기초 시기의 목표들을 증진시키기 위하여 다른 환경에서 제도적 장치를 창출하는 것이다. 그러한 과업을 진척시키기 위하여, 만약에 가능하다면, 확인 가능한 제정법적 기능들과 제정법적 실패의 특수한 형태들을 긴밀하게 연계시켜 보는 것이 매우 가치 있을 것이나. 현존 정보의 기초 하에서, 일반적인 경향을 스케치하는 것은 가능하다.

① 사회적 규제와 경제적 규제는 입법과 집행 단계에서 모두 집단행동 문제(collective action problems)의 영향을 받는다.

② 공익정신에 바탕을 둔 소득 재분배를 증진시키기 위해 입안된 제정법들은 엉성한 법제정과 집행실패(poor design and implementation failure)의 결과로 인해 자주 왜곡되거나 부적절한 재분배 상의 결과를 가져온다.

③ 이익집단에 의한 부의 이전(interest-group transfers)에 이르는 제정법들은 취약성을 띤다. 잘 조직된 집단들은 집행과정에서 상당한 영향력의 행사가 가능하기 때문이다.

④ 불이익 집단들의 사회적 열등함을 감소시키거나 제거하기 위하여 입안된 제정법들은, 왜곡된 소득 재분배와 부적절한 집행에 따른 실패에 종종 영향을 받는다.

⑤ 열망과 이상적인 가치들을 보호하고, 선호들을 형성하고, 미래 세대들을 회복할 수 없는 손실들로부터 보호하기 위하여 시도된 제정법들은 부적절한 집행을 겪기 쉽고, 비민주적 과정과 결과를 겪기 쉽다.

⑥ 단기적인 공익적 요구에 응답하는 제정법들은 진단이나 조정의 실패(failure of diagnosis or of coordination) 때문에 고통을 겪는 전형적인 예이다.

⑦ 규제 법률들은 정치적 책임 혹은 정치적 심의의 부재, 변화된 상황에 부적응한 노후화, 체계적 효과에 대한 오해, 그리고 조정 부족의 결과로 실패하는 경우가 매우 일반적이다.

요약하면, 대부분의 경우 현대 규제국가의 문제들은 연방의회의 어설픈 진단, 이익집단 권력, 변화하는 상황에 대한 대응 미흡, 혹은 부적절한 집행 전략의 산물이다. 그리고 이 문제들 중 그 어느 것도 치유가 불가능하지는 않다.

4. 규제국가의 역설과 규제개혁

규제실패의 메커니즘에 대해 이해하게 되면, 규제 개혁을 위한 제안들을 공정하고 직접적으로 할 수 있게 된다. 저자는 여기서 일반적인 방향의 윤곽을 잡았다.

1) 규제국가의 역설

어떠한 개혁전략이건 규제국가의 역설(逆說)이라 불리는 것과 타협하게 된다. 이는 정확하게 그들이 의도한 목적들과 반대되는 결과를 야기한다는 의미에서 자기 파괴적(self-defeating)인 것으로 판명된 접근방법들이다. 4가지의 주요한 예들은 다음과 같다. ① 최고로 이용 가능한 기술(best available technology)을 요구하는 것은 기술발전에 찬물을 끼얹는 것이다. ② 건강과 안전의 이해관계에 있어서 새로운 위험들을 규제하는 것은 오래된 위험들을 영속화시켜, 결국은 건강과 안전을 감소시키는 것이다. ③ 규제를 통해서 자원을 재분배하려는 노력들은 사회의 가장 취약한 구성원들에게 해를 끼치는 것으로 결말이 난다. ④ 엄격한 규제적 통제는 최소한 규제자가 집행상의 재량을 갖게 될 때, 과소규제(under-regulation)를 산출하게 된다.

<그림 6-1> 베트남 고딘 디엠 정권의 감옥

<그림 6-1>은 베트남 호치민시에 있는 고 딘 디엠(Ngo Dinh Diem, 미국의 후원으로 1954년 베트남 공화국의 대통령이 되어 독재정치를 하다가 1963년 암살됨) 독재정권의 잔혹한 감옥인데, 강력한 처벌은 더 큰 저항을 낳고 결국 정권의 종말을 고하게 된다는 점을 암시한다.

2) 구조변화를 통한 규제개혁

대부분의 규제개혁 작업들은 연방의회와 행정부로부터 나와야 하며, 그리고 여기서 나온 구조적 변혁들(structural changes)은 매우 가치 있는 것이다. ① 연방 대통령이 더 큰 감독 기능을 행사하도록 허용하기 위하여, 규제정책의 조정의 관점에 따라, 행정부를 재구조화하는 것(restructuring)은 매우 바람직한 전략이다. 그러한 접근법은 일관성과 체계적 합리성을 증진시킬 뿐만 아니라, 민주적 책임성 역시 증진시킨다. 이런 점에서, 증가된 대통령의 감독기능은 단일의 집행부를 창출하려던 원래 헌법상의 목표들을 다소간 성취한 것이다. 조정과 책임성의 관점에서, 독립기구들인 연방거래위원회(FTC, Fair Trade Commission), 연방통신위원회(FCC, Federal Communication Commission) 그리고 원자력규제위원회(NRC, Nuclear Regulatory Commission) 등은 대통령의 감독 하에 들어오면, 발암물질 규제와 장애인 정책과 같은 영역에서 단일정책의 방향으로 작동하게 된다. 특히 해결책 마련을 위해 광범한 기획을 요구하는 문제들을 탐색하기 위하여, 대통령 하에 그러한 조정 기구를 설치하는 것은 매우 바람직하다. 여기서 가장 자연스러운 위치는, 단일의 집행부(unitary executive branch)를 창출하려는 헌법 기초자들의 원래 결정을 야기한 그러한 고려사항들의 관점에서 이미 규제 정책을 감독하기 시작한, 대통령 직속의 관리예산처(OMB, Office of Management and Budget)이다. ② 입법과정의 개혁(reform of legislative process) 역시 매우 중요하다. 정당체계의 쇠퇴, 선거 과정의 결함, 미디어의 권력, 그리고 수많은 작은 하위 위원회로 나누어지는 연방의회의 파편화(fragmentation)가 나타나고 있다. 이로 인해 단기적인 문제들에 대해서 변덕스럽고 잘못 고려된 반응을 하는 입법의 비합리성과 단기적 근시성향의 위험이 증가하고 있다. 연방의회 안에 규제 과정을 감독할 수 있는 일반 위원회(general committee)를 만드는 방안을 고려할 수 있다.

3) 분권적이고 시장유인적인 규제수단의 선택

본질적인 개혁의 여지는 여전히 있다. 여기서의 훌륭한 최선의 조치는 유연하고, 시장 지향적이고, 유인체계에 기초하고, 그리고 분권화된 규제전략들을 찬성하는 전제를 채택하는 것이다. 그러한 전략들은 목표를 성취하는 수단보다는 목표-구조된 생명의 수, 오염감소의 양-에 초점을 맞추어야 한다. 더욱 유연하지만 동시에 보호적인 성과기준으로 큰 폭으로 이동하여야 하는데, 환경법에 있어서의 배출권거래제도(emissions trading)가 좋은 예이다.

궁극적으로는 미국 스타일의 개혁(perestroika)을 창출하여, 제도적 질서와 실질적인 통제들을 재구조화(restructuring)하는 것이다. 민주적 열망을 반영하기 위한, 개인의 자율성과 경제 복지를 증진시키기 위한, 그리고 분배적 평등을 촉진하기 위한 정부규제권의 행사에 대해서 전적으로 당혹해하지 않는 것이다.

5. 결론

현재 미국과 영국에서는 규제와 규제완화의 진자운동(swing of the pendulum)을 염두에 두면서, 획일적인 규제완화보다는 규제제도를 잘 다듬어가는 규제개혁(regulatory reform) 내지 재규제(re-regulation)에 관심이 많다. Sunstein(1990) 역시 규제실패의 원인을 헌법차원까지 거슬러 올라가면서 근원적으로 탐구하고 나름대로의 개혁방안을 제시하고 있다. 무엇보다 규제실패의 원인을 제정법에 내재한 원인들과 집행과정에서의 원인들로 나누어 논의한 후 다시 헌법의 정신으로 돌아와 문제를 풀어보려는 그의 노력이 인상적이다. <그림 6-2>는 부경대학교 장보고관에 장치되어 있는 푸코의 진자이다. 1928년 미국이 대공황 직전에 상위 1%가 총소득의 23.5%를 차지했는데, 1980년대 이후 레이건 정부가 신자유주의 이념에 따라 법인세 이하와 규제완화를 통해 친기업적인 정책을 추진한 결과 재정적자와 양극화가 심화되어 2008년에 또 다시 상위 1%가 23% 이상이 소득을 차지하고 있다. 이러한 양극화의 심화는 무조건적 규제완화의 위험에 대해 경종을 울리고 있다.

<그림 6-2> 푸코의 진자

제2절 규제영향의 분석

1. 규제영향분석의 내용

규제영향분석이란 규제로 인하여 국민의 일상생활과 사회·경제·행정 등에 미치는 여러 가지 영향을 객관적이고 과학적인 방법을 사용하여 미리 예측·분석함으로써 규제의 타당성을 판단하는 기준을 제시하는 것을 말한다(「행정규제기본법」 제2조 제1항 제5호). 따라서 규제의 신설·강화에 대한 원칙이 확고해야 하고 심사는 엄격하게 이루어져야 한다.

첫째, 2010년 1월 25일 개정된 「행정규제기본법」 제2장에서는 규제의 신설·강화에 대한 원칙과 심사를 규정하고 있다. 특히 제7조는 규제영향분석 및 자체심사를 규정하고 있다. 제1항에서 제4항까지의 내용은 다음과 같다.

① 중앙행정기관의 장은 규제를 신설하거나 강화(규제의 존속기한 연장을 포함)하려면 다음 각 호의 사항을 종합적으로 고려하여 규제영향분석을 하고 **규제영향분석서**를 작성하여야 한다.

    1. 규제의 신설 또는 강화의 필요성

    2. 규제 목적의 실현 가능성

    3. 규제 외의 대체 수단 존재 여부 및 기존규제와의 중복 여부

    4. 규제의 시행에 따라 규제를 받는 집단과 국민이 부담하여야 할 비용과 편익의 비교 분석

    5. 규제시행이 중소기업에 미치는 영향(2015. 5. 18 개정)

    6. 경쟁 제한적 요소의 포함 여부

    7. 규제 내용의 객관성과 명료성

    8. 규제의 신설 또는 강화에 따른 행정기구·인력 및 예산의 소요

    9. 관련 민원사무의 구비서류 및 처리절차 등의 적정 여부

② 중앙행정기관의 장은 제1항에 따른 규제영향분석서를 입법예고 기간 동안 국민에게 공표하여야 하고, 제출된 의견을 검토하여 규제영향분석서를 보완하며, 의견을 제출한 자에게 제출된 의견의 처리 결과를 알려야 한다.

③ 중앙행정기관의 장은 제1항에 따른 규제영향분석의 결과를 기초로 규제의 대상·범위· 방법 등을 정하고 그 타당성에 대하여 자체심사를 하여야 한다. 이 경우 관계 전문가

등의 의견을 충분히 수렴하여 심사에 반영하여야 한다.

④ 규제영향분석의 방법·절차와 규제영향분석서의 작성지침 및 공표방법 등에 관하여 필요한 사항은 대통령령으로 정한다.

둘째, 2008년 2월 29일 개정된 「행정규제기본법 시행령」 제2장은 규제의 신설·강화에 대한 심사를 규정하고 있다. 특히 제6조는 규제영향분석의 평가요소 등을 규정하고 있다.

① 제1항은 2006년 3월 31일 삭제되었다.

② 중앙행정기관의 장은 규제영향분석을 하는 경우에는 가능한 한 계량화된 자료를 사용하여야 한다. 다만, 자료의 계량화가 불가능한 경우에는 서술적인 방법을 사용할 수 있다.

③ 중앙행정기관의 장은 법 제7조제1항에 따라 작성한 규제영향분석서를 인터넷 홈페이지에 게재하는 등의 방법으로 입법예고기간 동안 공표하여야 한다. <신설 2006.3.31>

④ 위원회는 법 제7조제1항의 규정에 의한 규제영향분석서의 작성지침을 수립하여 중앙행정기관의 장에게 통보하여야 한다. 이를 변경한 경우에도 또한 같다. <개정 2006.3.31>

⑤ 중앙행정기관의 장은 제4항의 규정에 의한 규제영향분석서의 작성지침에 따라 규제영향분석서를 작성하여야 한다. 이 경우 규제영향분석서에는 그 작성에 관여한 국장·과장 또는 이에 상당하는 공무원의 인적사항을 명시하여야 한다. <개정 2006.3.31>

2. 평가

정부 규제영향 분석은 '낙제점'이라는 평가를 받고 있다(동아일보, 2007. 10. 8). 최근 6년간 규제영향분석이 이루어진 287건 중 '사회적 비용'을 제시한 경우는 10%에 그쳤다고 비판하고 있다. 정부가 각종 법률의 입법 단계에서 제시하는 규제의 영향 분석이 전반적으로 '함량 미달'이라는 것이다. 국회예산정책처는 2001년 4월부터 2006년 말까지 국회에 제출된 16개 정부 부처의 239개 법률안에 담긴 주요 규제 287건을 선정해 11개 평가 항목에 걸쳐 3점 척도로 평가한 결과 정부가 제출한 규제영향분석서의 질이 높지 않은 것으로 나타났다고 밝혔다. 해당 규제 대신 무규제 대안을 검토했는지를 나타내는 '무규제 대안' 항목에서는 조사 대상의 85.7%가 '검토하지 않았음'을 나타내는 '못함'(1점) 평가를 받았다. 규제로 인한 사회적 부담을 비용으로 검토해 구체적으로 제시한 경우는 10%에 불과했고 68.3%는 비용을 검토하지 않았거나 단순히 언급하는 수준에 그쳤다. 규제를 도입함으로써 얻어지는 사회적 편익을 구체적으로 서술한 경우는 8%에 그쳤고 72.8%는 추정할 수 없다거나 단순한 근거를 토대로 비용보다 편익이 크다고 언급하는 수준에 그쳐 '못함' 평가를 받았다. 또 규제 순수의 불확실성을 검토하지 않은 경우가 60.3%에 이르렀고 규제가 배분석 정의에 미치는 영향에 대해서도 57.1%가 구체적인 고려를 하지 않아 '못함' 평가를 받았다. 규제의 집행과 점검을 위한 예산과 인력에 대해서는 82.6%가 '못함' 평가를 받았고 예산과 인력의 추가 확보 필요성에 대해 구체적으로 고려한 경우(잘함)는 8%에 불과했다. 반면 규제 신설 또는 강화가 필요한 원인과 규제의 목표를 정확히 기술했는지를 평가하는 필요성 항목에서는 '보통'이 60.6%, '잘함'이 38.3%로 나타나 규제의 필요성만 강조했던 것으로 나타났다. 무엇보다 상기연구의 연구책임자인 김태윤 등(2008)은 규제영향분석의 핵이라고 할 수 있는 비용편익분석 역시 그 수준이 매우 낮으며 특별한 개선의 경향도 보이지 않는다고 비판했다. 한편 이혁우 등(2011)은 입법조사처(2010)의 「입법영향분석제도 도입에 관한 연구: 규제영향분석을 중심으로」를 토대로 기존 국회의 법안 검토 및 분석제도는 정부의 규제영향분석만큼 정교하지 못하다면서 의원입법에 대한 규제영향분석의 필요성을 제기하고 있다. 그리고 규제영향분석서는 중앙행정기관의 장만이 작성하기 때문에 의원입법은 제외되며 정부입법만 해당된다는 한계가 있다.

3. 사행성 게임물과 과잉규제의 역설 사례

김정오·김창수(2008)는 정부게임 산업을 양성하기 위해서 사행성을 부가한 정책이 역설적으로 사행성을 음성화시키면서 게임 산업까지 위축시킨 과정을 정책집행이론과 규제정치이론에 근거하여 풀이해보았다. 2006년 7월 '바다이야기' 게임기 사건을 계기로 성인게임장에 대한 정책은 규제일변도로 변경되었다. 2007년 1월에 들어서면서 사행성 조장의 가장 중심부에 있던 상품권 제도의 전면폐지, 기존 성인게임물의 재심의 제도, 성인게임장의 허가제도 등 사실상 영업이 어려울 정도로 과도한 규제정책을 결정하여 집행하였다. 사행성 게임장을 완전히 근절시키고자 규제정책을 집행하였으나 오히려 불법적으로 음성화되고 오히려건전한 성인게임장이 파산하는 역설적 현상이 나타났다.

사행성 게임장이 난립하여 도박중독자가 발생되고, 재산상의 손실에 따른 가정파탄 등 사회의 부정적인 면을 치유하는 것은 국가의 책무이다. 그러나 '바다이야기' 게임기 사건으로인해 급격하게 위축된 게임 산업에 대해서도 국가는 산업정책적인 책무를 진다. '게임 산업의 육성과 사행성 게임장 근절'이라는 서로 모순된 정책목표를 가진 성인게임장 정책은 사행성 게임장이 사라져 단기적 효과성 측면에서는 목표 달성을 했다. 그러나 불법 게임기의 파쇄, 영세 영업자의 도산, 상품권 업체의 부도 등 많은 사회적 비용을 초래하였으며, 경마장과 경륜장 등 사행산업 중 오직 성인게임장만 업종에서 사라지는 측면과 사행행위자는 처벌받지 않고 영업주만 처벌을 받았다는 점에서 입법과정에서 섬세한 배려가 부족했다.

성인게임장의 상품권 제도의 근거인 '경품취급기준고시'가 불과 5년 동안 6번이나 변동되는 일관성의 결여로 집행과정에서 심각한 혼란을 초래했다. 게임 산업의 규제는 표현의 자유 및 영업의 자유가 상존하는 가운데 청소년의 보호와 사회기본 질서의 유지라는 공익목표가 설정되어 있는 규제영역이다.

결국 성인게임장 규제정책은 2006년 7월 '바다이야기' 게임물 사건으로 인해 아케이드 게임물을 취급하는 영업소가 거의 업종을 포기하는 결과를 초래하여 과잉규제에 속한다고 볼 수 있다. 사행성 게임장 근절이라는 공식적이고 단기적인 측면에서는 긍정적인 기여를 하였지만, 건전한 게임문화 조성이라는 좀 더 종국적인 정책효과(policy effect)에는 부정적인 영향을 끼쳤으며, 관련 업계가 도산하고 성인게임장이 은밀하게 지하로 숨어들면서 풍선효과가 나타나는 등 부정적인 정책결과(policy outcome)가 나타났다. 메뚜기 성인오락실이 활개를 치고 공해상에서 바다이야기 게임기가 이용되는 풍선효과를 피할 수 없는 실정이다. MBC 뉴스 투데이 2008년 4월 30일 자 보도에 의하면, 전체이용가 등급으로 허가를 받은 후 5,000원 이하의 골프공을 경품으로 지급하여 편법으로 운영하는 불법 성인오락실이 여전히 성행하고 있다고 하였다. 이를 통해 인간의 사행성 본성을 외면하고 극단적인 과잉규제를 추진하게 되면 문제해결보다는 음성적으로 사회를 더 불건전하게 몰아갈 수 있다는 사실을 확인할 수 있다. 바다이야기 게임기 사건 이후 모든 연관 게임 산업이 위축되고 건전한 게임장마저 도산하였기 때문이다. 현장의 목소리는 이러한 맥락을 담고 있다.

성인이 즐길 수 있는 사행성 성인게임장은 도박중독자, 가정파탄자 등이 많이 발생하지 않는다면 존치하는 것이 좋다고 생각합니다. 영업주와 이용자들의 한탕주의 행태가 변화된다면 건전한 오락실은 유지하는 것이 필요하다고 봅니다(부산광역시 남구청 담당자 면담, 2007. 8).

따라서 정책의 목표와 우선순위를 명확하고 현실적으로 정의하는 작업이 요구된다. 첫째, 정책목표를 적절한 수준에서 조율하여 영업시간과 베팅액수를 제한하면서 건전한 성인게임장 업주들이 영업이익을 확보할 수 있도록 하는 제도설계를 고려할 수 있다. 이것이 게임 산업의 육성도 가능하도록 하는 현실적인 정책설계로 평가된다. 둘째는 사행성 게임에 대한 현실적인 수요를 고려하여 적극적으로 양성화시키는 방안을 고려할 수 있다. 2006년 7월 성 품제공유기기구인 '바다이야기' 사건은 게임 산업을 육성하기 위해 사행성을 결합하여 발생 한 가슴 아픈 정책결과이다. 결국 노무현 정부는 사행성을 몰아내기 위해서 경품용 상품권 허용 금지 등 게임 산업을 함께 몰아낼 수밖에 없는 정책선택을 하였다. 이렇게 형성된 과잉 규제에 대해 집행주체와 대상 집단이 불응하면서 정책효과가 왜곡될 수밖에 없었던 것이다. 따라서 게임은 순수성을 유지하면서 흥미를 유발할 수 있는 산업으로 육성하고, 도박을 의 미하는 사행행위는 사행행위특별법 등 별도의 허가 장치를 통해 예외적으로 양성화시켜 관 리하는 것이 합리적인 대안임을 제안한다. 내국인이 게임 욕구를 해소하는 강원랜드 같은 내국인 카지노가 지역적으로 설치되어 게임이용자의 최소한 욕구를 해소할 수 있는 '놀이의 장'을 양성화하는 방안이 현실적일 것으로 판단된다. 사행성은 인간의 본성에 가깝기 때문 에 현실을 무시하고 이를 지나치게 억제하려는 정책선택은 음성적인 불법행위를 만연케 하 고 해외에서 도박광풍에 빠지는 등 풍선효과를 극대화하기 때문이다.[3]

2006년 7월 경품제공유기기구인 '바다이야기' 사태는 게임 산업을 육성하기 위해 게임에 사행성을 결합하여 대한민국을 도박광풍에 빠뜨리는 정책결과를 초래했다. 결국 노무현 정 부는 성인게임장에서 사행성을 몰아내기 위해서 경품허용 금지 등 과잉규제를 통하여 게임 산업을 함께 몰아낼 수밖에 없는 정책선택을 하였다. 이렇게 형성된 과잉규제에 대해 정책 집행주체와 규제대상집단이 선택적으로 불응하면서 정책효과가 왜곡될 수밖에 없었던 것이 다. 따라서 현실적으로 고려할 수 있는 두 가지 정책대안을 제시해보았다.

첫째, 정책목표를 적절한 수준에서 조율하여 영업시간과 베팅액수를 제한하면서 건전한

---

3) 사행성게임물을 '성매매'처럼 인간의 본성이기 때문에 이를 인정하고 현실적인 접근을 하자는 저자의 견해는 고정되어 있는 것은 아니다. 오히려 저자가 어두운 눈으로 현실을 오해해서 잘못된 주장을 할 수도 있음을 인정한다. 저자의 한 제자는 사행성게임물을 굳이 비유를 하자면 '성매매'보다는 '마약'과 같은 것으로 이해했다. 그래서 정부의 근절 대책이 대체로 옳았다고 보고 있다. 그 이유는 결과적으로만 따지고 보았을 때 도박중독이나 가정파탄 등 사행성게임으로 인해 발생하는 피해 사례 수가 절대적으로 줄었을 것이라 보기 때문이라고 한다. 비록 풍선효과로 사행성게임이 음성적으로 행해진다고 하더라도 그것은 합법을 보장했을 때보다는 극히 적을 것이라고 한다. 아무리 사행성 도박을 막아도 음성적 으로 행해지는 것은 마약은 불법이지만 음성적인 루트를 통해 할 사람은 하는 것과 마찬가지라 볼 수 있다는 것이다. 아마도 마약을 합법화하면 엄청난 이득을 취하게 되는 마약 거래상을 너도나도 하고자 할 것이며, 결과적으로 마약에 빠진 사람들의 수가 점점 늘어날 것이라는 것이 그 이유라고 한다. 사행성게임 사업에 뛰어든 업주들이 아무리 피해를 보더라도 도박중독으로 인한 피해에 비하면 저울의 눈금이 균형에 맞지 않다는 것이다. 사행성게임장이라는 것 자체가 인생낙오자들을 만들어내는 것을 뻔히 알면서도 자신만 이익을 남기만 된다는 차원에서 접근하면 곤란하다고 한다. 그 리고 만약 사행성이 약해져 건전한 게임장이 된다면 사행성 게임장을 찾는 사람들의 발길이 끊길 것이고 사업이 유지되 지 못할 것이며, 돈도 되지 않는다면 아무 재미도 없는 베팅게임을 하고 있지 않을 것이기 때문이라고 한다. 그리고 이 런 베팅게임을 게임 산업과 연결 짓는 것도 애초에 무리라는 것이 그의 비판의 요지이다.

성인게임장 업주들이 영업이익을 확보할 수 있도록 하는 제도설계를 제안했다. 물론 건전한 성인게임장을 운영하면서 정상적인 영업이익을 확보할 수 있는 업주가 극히 제한적일 것임을 고려하면 이는 현실성이 약한 대안으로 평가된다. 둘째, 게임은 순수성을 유지하면서 흥미를 유발할 수 있는 산업으로 육성하고, 도박을 의미하는 사행행위는 사행행위특별법이라는 별도의 허가 장치를 통해 예외적으로 양성화시켜 관리하는 것이 합리적인 대안임을 제안했다. 사행성은 인간의 본성에 가깝기 때문에 현실을 무시하고 일방적으로 억제하려는 정책선택은 음성적인 불법행위를 만연케 하고 풍선효과를 극대화하기 때문이다.

그러면서도 담배판매 허용과 함께 정부가 사행행위를 조장하는 정책선택의 타당성과 윤리성에 대해서는 저자로서도 유구무언이다. 한편 2011년에는 그 동안 잠재되어있던 K-리그 승부조작 사건이 표면화되었다. 2011년 11월 8일 청와대에서 이명박 대통령 주재로 열린 국무회의에서는 체육진흥투표권(스포츠복권) 발행 대상 경기에서 부정한 목적으로 돈을 받은 선수·감독에 대한 벌금을 현행 1,500만 원 이하에서 5,000만 원 이하로 늘리고 승부조작을 사주하고 뇌물을 건넨 사람에 대한 처벌로 2년 이하 징역·1,000만 원 이하 벌금에서 5년 이하 징역·5000만 원 이하 벌금으로 강화하는 「체육진흥법 개정(안)」을 심의·의결했다. 그런데 문제는 불법 스포츠베팅 사이트들의 만연으로 통제가 쉽지 않은 상태에서 그리고 스타급 선수를 제외한 대다수 선수들이 열악한 조건에 있는 상황에서 어떻게 주식시장과 같이 건전하게 투자하고 즐길 수 있는 스포츠 게임문화를 창출해낼 지에 대해 진지한 고민이 필요하다.

연구문제

1. 규제국가란 무엇인가?
2. 규제제도의 입안단계 및 집행단계에서 세심한 준비와 분석이 필요한 이유는 무엇인가?
3. 규제실패가 나타나는 이유는 무엇인가?
4. 규제영향분석과정에서 왜 중소기업을 배려하는가?
5. 의원입법은 어떻게 사전 평가할 것인가?

경제적 규제와
사회적 규제의 논리

제3부에서는 경제적 규제와 사회적 규제의 유형을 나누고 어떤 논리로 규제가 이루어지는지 분석해보았다.

제7장은 경제적 규제의 논리를 다루고 있다. 경제적 규제(economic regulation)란 기업의 본원적 경제활동이라 할 수 있는 특정 산업분야에 대한 진입, 생산제품 또는 서비스의 가격·이윤·품질 등을 규제하는 것이다. 경제적 규제는 때로는 생산자보호를 위해 한편으로는 소비자보호를 위해 진입과 가격 그리고 품질 등에 대해 규제하는 것이다. 한때 1980년대 이후 신자유주의 물결이 강하게 지배할 때 경제적 규제는 무조건 완화되어야 할 것으로 인식하는 도그마가 지배하였다. 그러나 2000년대 말 미국 월가를 중심으로 하는 금융자본의 도덕적 해이라든지 우리나라에서 대기업이 골목시장까지 장악하는 현실에서 정부가 특정 기업을 규제하거나 그 진입을 제한하지 않을 수 없는 상황에 이르렀다. 전기사용료와 가스사용료 그리고 수돗물사용료 등에 대해서 적정가격규제가 이루어지지 않고 시장논리대로 간다면 공정한 사회를 만들기는 요원할 것이다. 따라서 진입규제와 가격규제 등 경제적 규제는 무조건 완화되어야 할 대상이 아니라 치밀하게 따져서 강화와 완화 여부를 결정해야 할 것이다.

제8장은 사회적 규제의 논리를 다루고 있다. 사회적 규제(social regulation)란 기업과 개인의 사회적 행위에 대한 규제이다. 사회적 규제는 개인의 사회적 행위와 더불어 기업의 사회적 행위인 환경오염, 산업재해, 소비자 안전사고 그리고 사회적 차별 등을 규제하는 정부의 활동이다. 사회적 규제는 우리의 삶의 질을 제고하여 더불어 살만한 사회를 만드는 데 기여한다. 그러나 사회적 규제는 기업에 지나친 부담을 줄 수도 있고, 여성을 위해 남성을 역차별 할 수도 있기 때문에 무조건 강화해야 한다기보다는 합리적인 수준에서 강화하는 지혜가 요구된다.

제7장 경제적 규제의 논리

제1절 의미

경제적 규제(economic regulation)란 기업의 본원적 경제활동이라 할 수 있는 특정 산업분야에 대한 진입, 생산제품 또는 서비스의 가격·이윤·품질, 생산량, 공급대상·조건·방법 등을 규제하는 것이다(최병선, 1993: 239). 시장경쟁의 결과 자원배분과 소득분배에 사회적으로 문제가 있을 때 경제적 규제가 이루어진다. 여기서 기업은 학교, 은행, 약국, SSM과 같은 유통업체 등 제조업 이외의 기업도 포함한다. 경제적 규제는 시장경쟁을 제한하는 방법이며, 규제 대상에 따른 분류이므로 규제의 목적과는 상관이 없다. 그러나 독과점 및 불공정 거래 규제는 시장 활동을 제한하기보다는 시장성과를 확보하므로 그 성격이 다르다 하겠다.

제2절 경제적 규제의 역사적 변천

1. 미국

미국에서는 소수의 철도회사의 과점에 따른 연방의회의 1887년 주간통상위원회법 제정과 독립규제위원회의 설치가 있었다. 이는 부당한 가격차별로부터 경제적 약자를 보호하고, 과당경쟁 억제를 통한 생산자 보호에 목적이 있었다(최병선, 1993: 244).

미국에서 1900년경 대기업 횡포가 심해지면서 중산층 소비자들의 진보주의 개혁운동이 일어났다. 그러나 1920년대 대기업의 출현과 신조합주의의 등장으로 관민합동으로 경제성장을 추구하면서 정부규제가 후퇴하였다. 1929년 대공황 이후 도산 위기의 산업보호 목적으로 정부의 간섭과 규제가 확대되어 1950년대까지 지속되었다.

1960년대 중반부터 1970년대 말까지 기업의 사회적 책임을 강조하는 사회적 규제의 홍수

시대를 맞이했다. 1979년 모든 정부규제가 인플레이션과 민간기업 경쟁력 상실의 주요 원인이라는 인식이 확산되고, 1980년 레이건 대통령이 집권하면서 규제완화 움직임이 고조되었다.

2000년대에 들어와 서브프라임모기지 사태 등으로 인해 금융규제를 포함한 기업에 대한 규제를 무조건 완화하는 경향에 경종을 울렸다. 1850년 설립 이후 정부·기업 채권을 거래하면서 채권발행과 모기지 인수 전문기업으로 월스트리트에서 명성을 쌓은 리먼브라더스 역시 최근 몇 년간 부동산에 집중한 과도한 투자로 2007년 터져 나온 서브프라임모기지론 사태의 직격탄을 맞아 2008년 들어 주가가 95%나 하락해, 결국 9월 15일 미 연방파산법원에 파산보호를 신청했다.

2. 한국

우리나라에서는 해방 후인 1940년대 말 귀속사업체 공기업화가 이루어지고 해외의존자원과 희소자원에 대한 규제가 광범하게 시행되었다. 1960년대 이후 진입규제와 유치산업보호 목적의 수입규제가 급속도로 확대되었다. 1980년 「독과점 및 불공정거래에 관한 법률」이 제정되었으나, 1980년대 이후 경제적 규제 완화의 움직임이 대세를 이루면서도 중화학산업 등 구조적 불황산업에 대한 카르텔 허용 등 복잡한 양상으로 전개되었다(최병선, 1993: 249). 1997년 IMF 외환위기를 계기로 규제완화와 민영화의 바람이 거세게 불었지만, 노무현 정부를 거치면서 한국전력의 배전설비 부문의 민영화를 막아내는 등 규제완화 일변도의 흐름에 제약이 가해졌다. 이명박 정부에서는 환경규제가 지나치게 완화된다는 비판을 받기도 하고, 저축은행 사태와 같이 그동안의 금융 감독 기능의 부실 결과가 드러나기도 했다.

이명박 정부 때인 2009년 한국에서 최초로 개발된 규제개혁기법이 한시적 규제유예제도(TRR, Temporary Regulatory Relief)인데, 이는 2007년부터 미국에서 시작된 세계 경제위기를 타개하기 위한 조치로 평가된다(류충렬, 2015: 117-129). TRR은 기존에 유효한 규제를 일정한 기간 동안 한시적으로 집행을 중단하거나 완화해서 적용하는 규제개혁기법이다.

제3절 경제적 규제의 논리

1. 소비자보호의 논리

먼저 소비자보호를 위해 실시되는 경제적 규제의 논리는 다음과 같다. 첫째, 시장지배력을 가지고 생산량을 제한하고 독점가격을 설정하는 독과점 횡포를 방지한다. 이는 가격규제와 품질규제의 형태로 나타난다. 둘째, 공급탄력성이 낮아 경제적 지대를 발생시키는 주택공급자 등에 대해 최고 가격제(price ceiling)라는 가격규제를 통해 부당이득을 방지한다. 셋째, 독과점 지위에 있는 사업자가 수요의 탄력성이 낮은 소비자에게 높은 가격을 지불하게 하는 부당한 가격차별을 방지한다. 넷째, 전력, 전화, 교통 등 공익서비스의 경우 가격규제와 진입규제를 내포한 교차보조(cross-subsidy)를 통한 서비스공급의 확대를 실시한다.[1] 교차보조를 통해 전력과 전화 그리고 교통 등에서 보이지 않는 소득의 재분배가 이루어진다. 교통과 운송 그리고 전화 산업 같은 다수의 민간사업자가 참여할 수 있는 경우에 진입규제가 이루어지는 것은 공공정책의 관점에서 교차보조의 효과를 활용해야 할 필요성 때문인 경우가 많다. 그러나 수익성이 높은 황금노선을 독차지하는 탈지행위(cream skimming)가 있으면 교차보조 효과가 없다(최병선, 1993: 277). 엄밀하게는 경제적 규제의 영역은 아니지만 교차보조가 일어나지 못하도록 수익성 높은 서비스부문에만 특화하는 탈지행위를 불공정 경쟁으로 보고 불공정한 기업 간 경쟁의 방지 실시 등을 한다. 실제로 버스회사들은 황금노선에 집중배차하고 고객이 적은 노선은 배차간격을 법정기준보다 훨씬 느슨하게 운영하기도 한다. 그래서 교차보조 효과를 노리고 버스노선 규제를 병행하는 것이다. 한국수자원공사는 광역상수도가 보급되지 않아 상대적으로 비싼 물 값을 부담하고 있는 태백, 정선군, 삼척시, 영월군 등 산간지역에도 손실을 감수하면서 용수를 공급하는 태백권관리단을 운영하고 있는데, 이 역시 교차보조의 효과 때문에 가능한 일이다.

2. 생산자보호의 논리

그리고 생산자보호를 위해 실시되는 경제적 규제의 논리는 다음과 같다. (1) 공급탄력성이

---

[1] 정부규제에 의한 과세이론으로서 정부규제의 실질적인 기능을 교차보조(交叉補助)로 보는데, 이는 어떤 소집단의 이익을 위해 다른 소집단에 보다 높은 가격을 부과하는 방법으로 이루어지는 과세(taxation by regulation)를 말한다. 예를 들면, 산업용과 가정용 전기료, 시외전화와 시내전화, 흑자노선과 적자노선을 동일 업체가 운영하는 경우에 차별적 혹은 획일적 가격규제가 이루어지는 경우이다. 이때 자연스럽게 소득이전이 이루어지게 된다.

낮아 산업전체로서 과잉시설의 문제를 안기 쉬운 전파 산업이나 고갈의 우려가 있는 공유자원의 경우 진입규제를 통한 과당경쟁의 방지를 실시한다. 2010년 방송통신위원회의 종합편성방송사 선정 문제가 주요 이슈였는데, 2012년 조선일보, 중앙일보, 동아일보, 매일경제신문 등이 뉴스채널을 갖게 되는 종편시장에 진입하게 되었다. 그리고 이동통신사업자 선정, CATV사업자 선정 등은 전파 사용대가 다르기 때문에 과잉시설을 방지하기 위해서 진입규제를 실시한다. 진해만 대구 자원의 고갈을 막기 위해 호망 허가를 받은 자에 한하여 대구 포획을 할 수 있도록 진입규제를 실시한다. 전통상점 영역에 대한 SSM의 진입을 규제하는 것 역시 생산자인 전통상점을 보호하기 위한 맥락에서 이해할 수 있다.

(2) 자본시장이 발달하지 못한 개발도상국의 경우 자동차와 농산물 수입규제, 투자기업 수의 제한, 중소기업 고유 업종 지정, 벤처산업 육성 등을 통한 산업육성을 위해 진입규제가 사용된다.

제4절 경제적 규제의 유형과 논리

진입규제는 어떤 산업 또는 직종에 참여하여 사업을 할 수 있는 영업의 자유를 제약하는 규제이다. 가격규제는 기업이 생산하는 제품이나 서비스의 가격을 직접적으로 규제하는 것이다(최병선, 1993: 241-242). 나아가 가격규제와 연동하여 품질과 생산량에 대한 규제가 이루어질 가능성이 높다.

1. 진입규제의 논리

1) 내용

진입규제(entry regulation)란 시장경쟁에 참여하는 개인사업자 또는 법인기업체의 수를 제한하는 것을 말한다(최병선, 1993: 272). 진입규제에는 다양한 목적에 따라 다양한 유형이 있다. 진입규제는 특정의 산업에 대해서만이 아니라 수없이 많은 산업 분야에 걸쳐 보편적으로 이루어지고 있기 때문에 진입규제 유형을 분류하는 것은 여간 어렵지 않다. 사업의 인허가, 희소자원 이용과 관련된 진입규제, 직업면허, 특허, 수입규제 등을 예로 들 수 있다.[2]

---

2) 서울광장에서 집회할 수 있는 자유를 신고제로 할 것인가 아니면 허가제로 할 것인가의 문제도 진입규제의 논리가 적용

2011년 3월 27일 제정 공포된 「국민영양관리법」에 의해 임상영양사가 국가자격으로 인정되어 보건복지부장관이 지정하는 임상영양사 교육기관이 2년 이상의 교육을 실시하여야 시험을 질 수 있는 자격이 주어신다. 이처럼 변호사나 의사와 약사 등 내부분의 자격시험은 진입규제로서 역할을 한다. 물론 여기에는 전문적인 서비스를 제공해야 하는 당위성도 있지만, 좀 더 복잡한 이해관계와 논리가 내재될 수 있기 때문에 객관적이고 공정한 입장에서 이해하려는 노력이 요구된다.

2) 생산자 보호의 논리

진입규제는 겉으로는 소비자 보호를 위한 것인 양 가장하는 경우가 없지 않지만, 어느 경우에나 생산자 보호가 우선된다. 진입규제는 시장경쟁을 제약하면서 기존업체나 업자에게 알뜰한 이윤을 가져다주기 때문에 기득권의 확보를 위해 생산자들은 모든 노력을 기울이게 된다. 따라서 진입규제는 핵심적인 완화의 대상이다. 소주시장이나 맥주시장에서 주류업체의 지역제한을 풀어 규제완화를 하면 소비자의 선택폭이 늘어나 소비자의 혜택이 증가한다는 논리이다. 요양병원의 허가기준이 까다로워 뜻있는 사람들이 운영할 기회를 얻지 못하는 경우도 있다. 그러나 새롭게 4개의 종합편성방송사가 방송시장에 진입한 경우라든지, 대형 슈퍼마켓이 기존 영세 상권에 진입할 수 있도록 허용하면서 진입을 규제하지 않았던 사안처럼 사회적 형평성을 고려하면 문제는 그렇게 단순하지가 않다.

문재인 정부에서 경쟁 제한적 규제 개선을 추진하였는데, 이는 2017~2018년에 걸쳐 신규 진입을 막고 사업자간 경쟁유인을 떨어뜨리는 4개 분야 규제 집중 개선하는 것으로 진입규제 완화 측면에서 이해할 수 있다. 첫째, 국민생활과 밀접한 먹거리·생필품·레저분야, 둘째, 4차 산업혁명 기반산업 분야, 셋째, 장기간 독과점이 고착화된 분야, 넷째, 일자리 창출 효과가 큰 서비스 산업 분야 등이다.

2. 가격규제의 논리

1) 내용

가격규제는 자연독점산업 또는 독과점산업 등이 공급을 조절함으로써 완전경쟁시장 가격

되지만 엄밀하게는 행정규제 혹은 생활규제로 이해하는 것이 타당한 것으로 본다.

보다 높은 독점가격을 부과하지 못하도록 하기 위한 목적에서 이루어지는 경제적 규제이다. 공익서비스산업의 요금구조에 대해 규제를 할 경우 가정용과 산업용 전기요금에 차등을 두는 경우도 있다.[3] 현실적으로 가격규제는 전시 또는 급격한 인플레이션 위험이 존재할 때 물가안정을 위한 정책목적에서 보다 많이 행해지고 있다.

시장가격보다 낮은 가격규제로 인한 신규 아파트 초과수요와 과소공급 및 질 저하 등을 초래하는 아파트 분양가격규제 사례, 규제금리가 실세 시장금리보다 낮은 상황에서 이루어지는 꺾기와 같은 구속성 예금 사례 등은 가격규제의 무모함을 보여준다(최병선, 1993: 341-343). 가격규제는 많은 경제사회적 부작용을 파생시킨다. 규제대상 생산요소나 재화 및 서비스에 대한 초과수요를 유발하는 반면에 공급과 투자를 위축시킨다. 그 결과 품귀현상이 초래되고, 암시장이 형성된다. 규제가격이 지나치게 낮을 때 기업은 채산을 맞추기 위해 제품이나 서비스의 질을 저하시키기도 한다. 이를 막기 위해 품질에 대한 규제가 더해지는 피라미드 현상(pyramiding regulation)이 나타난다. 따라서 가격규제는 경제사회 상황의 변화에 맞추어 당연히 완화해나가야 한다.

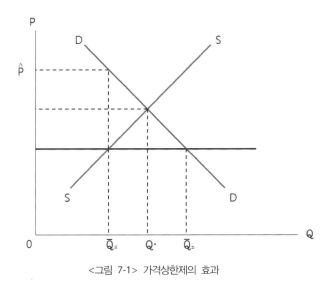

<그림 7-1> 가격상한제의 효과

---

3) 「수자원공사법」 제15조에 따라 사용계약이 이루어지고, 동법 제16조에 근거해 요금징수가 이루어진다. 그리고 「댐 용수 요금 산정규정」과 공공요금 산정기준에 따라 총괄원가를 보상하는 수준(만약 수질별 차등요금제를 시행하면 하류 취수 요금이 싸진 만큼 상류 요금이 비싸짐)에서 국토해양부 산하 요금심의위원회의 심의의결을 거쳐 기획재정부 장관과 협의하여 요금을 결정한다. 2004년 기준 광역상수도 원수는 톤당 213원, 댐 용수는 톤당 47.93원이었다. 이렇게 확보된 재원은 댐 주변지역 정비사업, 댐 주변지역 지원 사업, 신규 댐 건설 및 치수능력 증대를 위한 기존 댐 재개발사업에 활용된다.

정부가 <그림 7-1>과 같은 가격상한제(price ceiling)를 사용할 경우 표면적으로는 가격억제의 효과를 얻는 것처럼 보이지만 여러 가지 부작용에 시달린다. 품귀현상 때문에 선착순에 의해 배정하게 되면 결국 성실이 삭용하기 쉽고, 암시상이 형성뇌어 불법적인 서래가 이루어질 가능성이 높다(이준구, 1992: 78-81). 1980년대 말에 지속적인 물가상승에도 불구하고 대도시 아파트 분양가를 평당 134만원에 묶으면서 특혜분양이나 값싼 재료 사용과 같은 부작용이 나타난 예를 들 수 있다. 자연스럽게 품질규제가 이어지면서 규제가 누적적으로 증가하는 규제피라미드 현상(pyramiding regulation)이 나타나는 것이다. 그러면 가격규제는 어떻게 해야 하나? 어려운 시기에 잠깐 시간을 벌기 위해 사용할 수도 있으나, 2010년 가을 배추 품귀현상 때문에 정부는 중국으로부터 수입물량을 늘리기로 했는데, 초과수요 분만큼 정부가 공급하는 것도 방법이다.

2) 소비자 보호의 논리

미국에서 1930년대부터 시행되고 있는 '적정임금규제'(prevailing wages)를 우리나라에 도입하는 방안을 고민해보자(KBS 시사기획 10, 2011. 9. 6. 상생의 조건). 미국의 건설사협회는 자유 시장 임금의 도입을 주장하지만, 목수와 트럭 운전사 등 미국의 노동자들은 정부가 적정임금을 감시하고 규제해줄 것을 주장한다. 현재 우리나라의 트럭 운전사는 하루 400km 이상을 달려도 수익을 남기기가 거의 어려우며, 기능을 갖춘 한국인 목수는 저임금으로 공사현장을 떠나고 외국인 노동자들로 채워지고 있어 부실시공의 문제에 노출되어 있다고 한다. 국토해양부 건설경제과에서는 이 문제를 좀 더 진지하게 고민하고 대안을 제시해야 할 것으로 판단된다.

방송통신위원회는 2010년 9월 24일 전체회의를 열어 지난해 상반기 이용자들에게 차별적인 단말기 보조금을 지급한 이동통신3사에 대해 총 203억 원의 과징금을 부과하기로 의결했다(디지털타임즈, 2010. 9. 25). 번호이동 전 사업자에 따라 또는 연령대에 따라 각각 차별적인 단말기 보조금을 지급한 행위가 이용자 차별을 금하고 있는 「전기통신사업법」을 위반했기 때문이었다. 정책담당자는 중장년층, 주부층, 농어촌 주민 등에 대한 보조금 차별이 상당 부분 해소될 것이라면서 과도한 단말기 보조금 지출을 줄이고 이를 신규서비스 개발이나 요금인하, 네트워크 고도화 등을 위한 투자재원으로 활용할 것으로 기대했다. 여하튼 최대 50~60만 원에 육박하는 휴대전화 단말기 보조금이 가입자당 27만 원 이하로 제한되면서 방송통신위원회가 2008년 3월 단말기 보조금 규제를 해제한지 불과 2년 6개월 만에 사실상 보조금 규제가 다시 부활했다는 평가를 받고 있다.

<그림 7-2>는 2013년부터 최근 10년간 최저임금제위원회(http://www.minimumwage.go.kr/)에서 결정한 우리나라 최저임금의 변화를 소개하고 있다. 2018년에 큰 폭의 인상이 있었는데, 사용자와 노동자가 매우 상반된 이해관계를 가지고 있기 때문에 항상 갈등의 소지를 안고 있다.

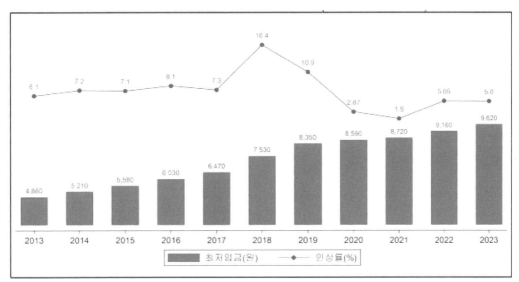

출처: 고용노동부 보도참고자료(2022.6.30.)

<그림 7-2> 최근 10년간 최저임금의 변화

3. 품질과 생산량 규제의 논리

1) 내용

공익산업의 서비스 질에 대한 규제는 잦은 정전, 수돗물 공급 중단, 전화고장, 버스노선 무단변경 등 때문에 이루어진다. 규제포획으로 인한 규제가격의 인상과 서비스 질 저하가 초래되어 또 다른 규제를 불러오는 것이다. 서비스 경쟁은 비가격경쟁의 전형인데, 진입규제와 가격규제를 받고 있는 항공사들 간의 기내식 고급화 등 서비스 경쟁은 가격경쟁이 가능해지면 자취를 감춘다.

이처럼 가격규제와 동전의 양면구조를 형성하는 품질규제는 생산자가 시장에 공급하여 유통되는 재화와 서비스의 품질을 규제하기 위한 것이다(김용우, 2010: 273-274). 품질과 화폐가치가 상응하도록 하여 소비자 피해를 방지하기 위함이다. 공인기관의 품질검사 통과를 인증하는 품질마크를 부착하거나 KS 마크를 부여함으로써 소비자의 피해를 보호하는 규제이다. 생산량 규제는 자연독점기업의 생산량 제한으로 인한 가격인상 방지는 물론 고갈 지하자원의 생산량 제한, 위험성이 높은 독극물과 총포의 생산량 규제, 주정의 생산량과 거래량의 규제 등을 적정한 생산량을 유도하기 위한 목적에서 사용된다.

2) 논리

종합편성채널 방송사의 경우 현재 광고 편성 등과 관련하여 한국방송광고공사(http://www.kobaco.co.kr/)의 규제를 받지 않기 때문에 앞으로 품질에 대한 지속적인 고민이 요구된다. 개국을 코앞에 두고 있는 종합편성채널 방송사의 평균 가구 시청률은 대략 1% 내외가 될 것이며, 이 경우 기존 방송광고 시장의 11%가 잠식될 것으로 관측됐다(미디어뉴스, 2011. 9. 6).

출처: 미디어뉴스(2011. 9. 6).

<그림 7-3> 조선일보, 중앙일보, 동아일보, 매일경제 사옥

연구문제

1. 토지거래허가제는 부동산가격 억제에 도움이 되는가?
2. 진입규제는 생산자를 보호하는가?
3. 가격규제는 항상 소비자를 보호하는가?
4. 최저임금제는 항상 노동자를 보호하는가?
5. 규제피라미드현상은 우리나라 부동산규제에서 어떻게 나타나는가?
6. 진입규제는 규제포획현상과 어떻게 관련이 되는가?

제8장 사회적 규제의 논리

제1절 의미

사회적 규제(social regulation)란 기업과 개인의 사회적 행위에 대한 규제이다(최병선, 1993:
39).[4] 즉, 개인의 사회적 행위와 더불어 기업의 사회적 행위인 환경오염, 산업재해, 소비자
안전사고 그리고 사회적 차별 등을 규제하는 정부의 활동이다. 주로 사람의 생명, 건강과 관
련된 규제들이다. 소방, 식품첨가물, 위생, 보건, 대기, 수질, 소음·진동에 대한 규제를 포함
한다. 예를 들면 식품의약품안전처는 썩은 단무지 단속, 국립수산물품질검사원은 원산지 표
시 단속을 수행한다. <그림 8-1>과 같이 장애인에 대한 배려를 통해 더불어 행복한 공정한
사회를 구성하기 위해서는 적정한 수준의 사회적 규제가 불가피하다.

<그림 8-1> 장애인 전용 주차구역

---

4) 환경규제의 주요 대상은 기업이라고 할 수 있지만 개인이나 가정도 환경오염의 원인자로 사회적 규제의 대상이 될 수
   있다. 금연 장소에서의 흡연에 대한 규제의 경우가 대표적인 예이다.

기업에서 이루어지는 성(sex)과 종교적 차별도 정부의 규제적 개입의 대상이 된다. 기업의 사회적 책임을 강제하고 기업의 사회적 횡포를 막기 위한 규제인 환경규제, 작업장안전 및 보건규제, 소비자보호규제, 사회적 차별에 대한 규제 등을 예로 들 수 있다. 이러한 사회적 규제는 정부가 하기 싫어도 해야 하는, 우선적으로 강화해야 하는 규제이다. 경제적 규제의 경우 인간의 생명, 건강, 안전과 다소 무관하기 때문에 정부의 '보이는 손'이 물러가고 '보이지 않는 손'이 작동해야 하는 영역이지만, 사회적 규제의 경우 정부의 개입이 없으면 기업의 횡포로부터 국민의 생명과 안전을 보장해주기 어렵기 때문이다. 그런데 이러한 기업중심의 접근법은 개인의 사회적·정치적 행위에 대한 규제를 포괄하지 못하기 때문에 저자의 경우 행정규제 혹은 생활규제의 개념으로 우리의 일상생활에서 부대끼는 규제활동을 분석해보고자 했다.

제2절 사회적 규제의 변천

1. 미국의 사회적 규제 변천

1) 1960년대 이전의 사회적 규제

1890년대에서 제1차 세계대전에 이르기까지 진보주의의 영향으로 근로자 작업시간 제한과 소년노동 금지 사례가 있다. 미국의 역사를 중심으로 보면 경제적 규제는 1800년대 철도산업의 독과점 횡포를 막기 위한 독립규제위원회의 등장으로 시작되지만(최병선, 1993: 245), 사회적 규제는 비위생적인 시카고 육류공장의 실태를 폭로한 싱클레어(Upton Sinclair)의 소설 「The Jungle」의 영향으로 1906년 농무부 산하에 식품의약국(FDA: Food and Drug Administration)의 설치로 소비자를 보호하고자 하는 목적에서 시작되었다.

대공황 시기에는 소비자보호규제가 한 걸음 물러섰으나, 1930년대 후반 Arthur Kallet and F. J. Schlink가 1933년에 출간한 「100,000,000 Guinea Pigs: Dangers to Everyday Foods, Drugs, and Cosmetics」(Vanguard Press)라는 책의 영향으로 FDA의 신개발 의약품의 사전검사 기능을 강화되는 계기가 되었다. 그리고 1960년대 초 진정제의 영향으로 유럽과 캐나다에서 기형아가 출산된 사건이 있었는데, 이 또한 사회적 규제를 강화하는 계기가 되었다.

<그림 8-2> 미국에서 사회적 규제를 촉발한 문제작

한편 1914년 일반적인 소비자 보호를 위한 연방거래위원회(*FTA: Federal Trade Commission*)는 1960년대 중반까지 친기업적 성향을 보였고, 사회적 규제는 주정부와 지방정부 차원에서 이루어졌다. 1963년 살충제인 DDT의 오남용을 경고한 카슨 여사의 「침묵의 봄」이라는 책은 환경운동의 시작을 알리는 이정표의 역할을 하였다.[5]

2) 사회적 규제의 폭발적 증가와 공익단체의 활동

1960년대 중반부터 1970년대 말까지 미국에서는 민주당 출신의 대통령들인 케네디(1960-1963), 존슨(1964-1969), 닉슨(1970-1973), 포드(1974-1975) 그리고 카트 대통령 재임기간(1976-1979) 동안에 공익단체의 활동 증가와 사

<그림 8-3> 미국에서 환경규제를 촉발한 '침묵의 봄'

---

5) 미국의 여성작가 Rachel Carson이 1962년 발간한 Silent Spring은 미국에서 환경운동이 폭발적으로 일어나게 만든 하나의 사건으로 인정된다. 이 책으로 인하여 1963년 케네디 대통령은 환경문제를 다룬 자문위원회를 구성하게 되었고, 1972년 미국 EPA(Environmental Protection Agency)는 맹독성 농약인 DDT 사용을 금지한다고 발표하게 된다. 레이첼 카슨이 뉴-요커(New Yoker)라는 잡지에 기고한 글들을 묶어 발간한 책이 '침묵의 봄'입니다. 카슨은 이 책을 쓰게 된 계기를 자신의 친구인 Olga Owens Huckins이 DDT의 무분별한 공중 살포로 모기와 새들이 죽어가고 있다는 사실을 보스톤 헤럴드(Boston Herald)와 자신에게 알려주었기 때문이라고 밝히고 있다.

회적 규제의 증가가 나타났다.

그리고 1960년대 중반 이후 미국에서 사회적 규제가 폭발적으로 증가하게 된 것은 기업의 사회적 책임의 강화를 요구하는 공익단체, 공익운동가, 언론, 사법부를 포괄하는 광범위한 사회적 연합이 형성되었기 때문이다. 즉, 에드워드 케네디(Edward Kennedy)와 같은 기업가적 정치인, 공익단체, GM과의 소송에서 승소하는 등 자동차안전 등과 관련된 소비자운동을 주도한 랄프 네이드(Ralph Nader) 등 공익운동가, 언론과 사법부가 연대의식을 갖고 있었다(최병선, 1993: 422).

미국은 1970년 연방환경보호청(EPA)을 설립할 때 피규제산업에 포획되기 쉬운 독립규제위원회 형태보다는 대통령의 지휘를 받는 행정기관에 두었다. 1970년대에 들어와 공익단체에 시민소송과 단체소송의 원고적격을 인정하였다.

3) 사회적 규제에 대한 비판의 대두

1970년대 초부터 사회적 규제로 기업의 경제적 부담이 커지자 규제기관과 기업의 긴장관계가 지속되었다. 닉슨은 존슨대통령 등 민주당 정부와는 달리 '일하지 않은 자 먹지도 말라'는 구호에 따라 복지정책의 책임을 주정부에 돌리게 되고, 대통령 직속의 관리예산처(OMB)가 사회적 규제를 담당하도록 하도록 했고, 이런 경향은 포드와 카터 대통령 때에도 지속되었다.

그러나 1980년 취임한 레이건 대통령은 규제완화를 표방하는 레이건경제학(Reaganomics)을 바탕으로 사회적 규제에 정면으로 도전하기 시작하였다. '큰 정부'(big government)를 자유기업주의에 대한 근본적인 도전으로 인식했기 때문이다(최병선, 1993: 433). 그리고 그는 신연방주의(New Federalism)의 기치 아래 사회적 규제권한을 연방정부에서 주정부와 지방정부로 이양하였다. 레이건은 1982년 1월 연두교서에서 국방과 경제재건은 연방정부가, 복지와 공공사업은 주정부가 담당하여 미국의 번영과 안정을 구가하자고 하였다. 다만, 그가 재집권한 1980년대 중반 이후는 사회적 규제에 대한 공격이 약해졌다.

미국의 경우 경제발전의 이념과 보전의 이념의 갈등 속에서 환경규제가 변화해왔고, 공화당의 이념과 민주당의 이념이 환경규제의 강도와 규제수단 선택에 영향을 미쳤다. Stavins(1998: 1-6)는 1970년 첫 번째 지구의 날 이후 그동안의 사법적 해결(judicial remedies)의 불충분성으로 인하여 입법과 행정절차의 조합(combination of legislative and administrative procedures)

을 통한 환경문제 접근이 시도되었다고 한다. 카트 대통령부터 클린턴 대통령에 이르기까지 모두 환경, 건강, 그리고 안전규제의 경제성을 검토하기 위한 공식 절차를 도입하였다고 한다. 명백히 행정부는 규제의 설계와 집행에 책임이 있기 때문에 규제의 효율성을 평가하기 위하여 비용편익분석(benefit-cost analysis)을 선택기준으로 개발할 필요성이 의회보다 더 컸던 것이다.

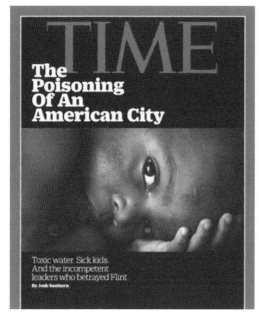

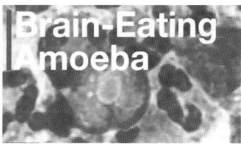

출처: http://www.idsn.co.kr/2020.9.28

<그림 8-4> 미국에서 여전한 환경재난과 환경부정의

타임지에 따르면 2014년 미국 미시간 주 플린트(Flint) 시가 한화 약 57억 원 남짓을 아끼기 위해 상수도 공급원을 바꿨다가, 수돗물에 납이 섞여들어 가는 바람에 십만 명가량의 납 중독 피해자를 양성해버린 환경재난이 발생했다.

CNN 보도에 따르면 2020년 9월 26일 미국 텍사스주 레이크 잭슨시에서 6살 소년이 뇌 먹는 아메바에 감염돼 병원 입원했으나 끝내 숨졌다. 미국 질병통제예방센터(CDC)에 따르면, 글레리아 파울러리(뇌 먹는 아메바)는 일반적으로 토양, 따뜻한 호수, 강 및 온천에서 발견되며 제대로 관리하지 않거나 염소 처리되지 않은 수영상과 산업 플랜트의 온수배출에서도 발견될 수 있다(http://www.idsn.co.kr/2020.9.28).

2. 한국의 사회적 규제 변천

우리나라에서 시민들의 참여의식이 낮은 상태에 있었으나 1991년 낙동강 페놀오염사고, 1996년 5월 시화호 오염사고와 2001년 2월 정부의 시화호 담수화 계획 취소발표, 성수대교 붕괴, 대구 지하철 참사 등 각종 사고들이 발생하면서 사회적 규제에 대한 인식 수준이 높아지기 시작했다. 더구나 1인당 GDP의 수준이 높아지면서 삶의 질, 생명과 건강과 안전에 대한 관심이 높아졌다.

1) 산업안전보건규제의 출발과 과제

먼저 근로자의 건강과 생명과 관련된 산업안전 및 보건규제는 1953년 「근로기준법」이 제정되었지만 상징적 성격이 강했고, 1981년 말에야 「산업안전보건법」이 제정되면서 제대로 출발한다. 그러나 이후 노동단체의 노동운동은 임금문제에 치우치고 근로자의 안전규제에는 무관심하였다. 1990년 초에 노동부는 분진 등 작업시간이 제한되어 있는 직종의 범위를 오히려 축소하는 조치를 취했다. 2000년대에 들어서는 석면이나 반도체 공장에서 일하던 근로자가 산업재해를 입은 경우 근로복지공단으로부터 산업재해 판정을 받기가 쉽지 않은 등 여전히 산업안전과 보건규제의 과제를 안고 있다. 최근 언론의 관심도 산업안전과 보건규제에 많은 영향을 미치고 있는데, 'KBS 위기탈출 넘버원'과 같은 프로그램이 대표적인 예이다.

화학물질의 등록 및 평가 등에 관한 법률은 화학물질의 등록·신고 및 유해성(有害性)·위해성(危害性)에 관한 심사·평가, 유해화학물질 지정에 관한 사항을 규정하고, 화학물질에 대한 정보를 생산·활용하는 등에 관한 사항을 규정하고 있는 법이다.

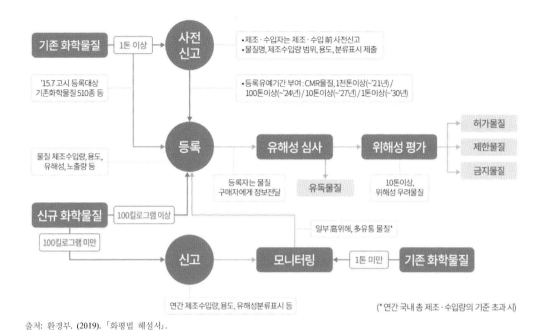

출처: 환경부. (2019). 「화평법 해설서」.

<그림 8-5> 화학물질 등록 및 평가절차

이상과 같이 화학물질의 등록절차가 완료되면 환경부장관은 평가를 실시한다. 평가는 유해성심사와 위해성평가로 나뉘며, 환경부장관은 평가 결과에 따라 허가 또는 제한의 필요성을 판단한다.

출처: 환경부. (2019). 「화평법 해설서」.

<그림 8-6> 유해화학물질 지정

화학물질 관리법은 화학물질의 체계적 관리와 화학사고 예방을 통해 국민 건강 및 환경을 보호하기 위한 목적으로 2013년 제정되어 2015년부터 시행되고 있는데, 종래의 「유해화학

물질 관리법」의 내용 가운데 화학물질 리스크 관리에 관한 제도적 장치를 발전적으로 수용한 것으로 볼 수 있다(박종원·김창수·서재호·최현숙, 2022: 8-95).

국회는 2016년 7월 7일부터 10월 4일까지 90일간 가습기살균제 사고의 신상규명과 피해구제 및 재발방지 대책 마련을 위해 국정조사특별위원회를 구성·운영하였고, 유해생물의 제거, 억제 등의 기능을 가진 살생물물질과 가습기살균제와 같이 살생물물질을 함유한 제품에 대한 체계적인 관리를 위하여 화평법 개정 또는 별도의 신법 제정이 필요하다는 의견을 제시한 바 있다. 또한, 정부는 2016년 11월 29일, 관계부처 합동으로 「생활화학제품 안전관리 대책」을 확정·발표하였으며, 우여곡절 끝에 2018년 3월 20일, 「생활화학제품 및 살생물제의 안전관리에 관한 법률」이 제정·공포되었고 2019년 1월 1일부터 시행되고 있다.

2) 환경규제에 대한 관심과 환경운동의 성장

환경규제 역시 1963년 「공해방지법」 제정과 1977년 「환경보전법」 제정이 이루어졌지만 여전히 상징적인 성격이 강했다. 그러나 1980년 헌법에 환경권 조항이 신설되고, 1980년 보건사회복지부 외청으로 환경청 설치, 1983년 오염배출 부과금 제도 도입이 이루어지면서 1990년 환경처로 승격까지 이루어지는 조직 확장의 계기를 맞는다. 1991년 낙동강 페놀사고 이후 1991년 환경정책기본법 등 6개 법률로 세분화되었을 뿐만 아니라 1994년에는 환경부로 승격되었다. 본격적인 환경운동은 1991년 낙동강 구미공단 두산전자의 페놀유출사고 이후 공해추방운동연합에서 시작되었는데, 1990년 녹색연합과 1994년 환경운동연합 등이 등장하면서 본격적인 환경운동의 막이 오른다.

3) 소비자보호 규제

우리나라는 소비자보호규제를 위해 1980년 「소비자보호법」의 제정이 이루어지고 1981년에 「독과점규제 및 공정거래에 관한 법률」을 제정하였다. 1987년에는 한국소비자보호원이 경제기획원 산하에 설치되었다.

조직적인 소비자운동을 벌이기 위하여 소비자운동단체들이 구성한 협의체로서 소비자보호단체협의회가 있다. 이는 한국여성단체협의회·대한기독교여자청년회(YWCA)·대한주부클럽연합회·전국주부교실중앙회 등 4개 단체를 중심으로 1976년 4월 구성되었다. 그 뒤 1979년 한국소비자연맹과 1985년 소비자문제를 연구하는 시민의 모임이 추가로 가입함으로써, 회원단체는 현재 6개 단체이다. 최근에는 자동차 10년 타기 운동본부 등 다양한 소비자 단체가 많이 탄생하여 왕성하게 활동하고 있고, KBS의 소비자 고발 프로그램과 MBC 불만 제로 등 언론의 역할 역시 간과할 수 없다.

4) 사회적 차별에 대한 규제

1987년 말 대통령선거 직후에 「남녀고용평등법」이 제정되었고, 1990년 초에 「장애인고용 촉진 등에 관한 법률」이 제정되었다. 1991년 초부터 일정규모 이상의 사업주와 국가 및 지 방자치단체 역시 정원의 2% 이상을 장애인으로 고용하도록 의무화하였다(최병선, 1993: 444). 2000년 1월 12일 제정된 「장애인고용촉진 및 직업재활법」 제23조는 국가 및 지방자 치단체의 장애인고용의무를 규정하고 있다.

한편 김대중 정부 하에서 고위 공무원집단의 지역대표성과 여성대표성을 높이고자 하는 노력과 정당과 이익단체의 기능 활성화 방안이 제시되고 있으나, 아직도 미흡한 실정이다. 당시 국가공무원 중 남 84%, 여 16% 정도였고, 그나마 여성은 보통 하위직에 근무하며, 중 상위직은 극소수였다. 따라서 정부 관료제의 국민 대표성을 향상시키기 위한 노력이 지속적 으로 이루어지고 있다.

제3절 사회적 규제의 논리

사회적 규제는 어떠한 목적과 논리로 진행되는가? 첫째, 소득 및 생활수준의 향상, 산업사 회의 진척과 관련이 있는 삶의 질 확보를 위해 사회적 규제가 이루어진다. 깨끗한 공기와 물을 위한 환경규제의 예를 들 수 있다. 2009년 즈음부터 서울특별시에서 구청별로 보건소 에 주민들이 금연 아파트 지정을 신청하여 선정되면 강제성 없이 자율적으로 추진하고 있다. 물론 흡연자와 비흡연자의 권리 충돌을 놓고 논쟁이 벌어지기도 했지만 건강에 대한 권리의 식이 그 어느 때보다 높은 상태이다. 둘째, 정치사회적 진보와 관련이 있는 인간의 기본적 권리의 신장을 위해 사회적 규제가 이루어진다. 인간의 존엄성, 기회균등 그리고 인간다운 생활 등을 위해 남녀차별이나 장애인에 대한 차별 등을 규제하는 경우를 예로 들 수 있다. 셋째, 열악한 작업환경에 있는 근로자 등 경제적 약자의 보호와 사회적 형평성 확보 등을 위해 사회적 규제가 이루어진다. 카드뮴 등에 의한 중금속 오염이나 발암물질인 석면 오염

등에 대한 규제를 예로 들 수 있다.

현대 산업사회에서는 기업이 사회적 역할과 기능도 수행하면서 근로자의 안전과 보건, 소비자의 후생, 환경오염, 고용기회의 형평성 등 사회적 책임 문제를 생각하지 않을 수 없게 되었다(최병선, 1993: 414-418). 그러나 환경규제나 사회적 차별에 대한 규제 등 사회적 규제는 환경오염저감시설의 확충과 상대적으로 생산능력이 떨어지는 장애인의 고용 등으로 인해 기업의 추가적인 부담을 의미하기 때문에 기업의 자율의 한계와 정부개입의 필요성 문제가 대두된다.[6]

사실 우리 사회가 민주화되기 이전에는 환경오염 문제 등 삶의 질과 관련된 문제들은 참아야만 하는 줄 알았다. 그러나 소득수준의 향상과 민주화의 진전은 참는 것이 능사가 아님을 알게 하였다. 미국의 경우도 1960년대 랄프 네이더(R. Nader) 변호사가 제너럴 모터스(GM)와 싸우면서 소비자 운동이 시작되었다. 그러나 무턱대고 사회적 규제를 강화하는 것이 능사는 아니며 사회적 규제의 비용과 편익을 고려하며 합리적으로 강화하는 자세가 요구된다. 예를 들면, 정부는 2011년 5월 19일 「청소년보호법」 제23조의 3을 통해 심야시간대의 인터넷게임 제공시간 제한을 하게 되는데, 16세 미만의 청소년에게 오전 0시부터 오전 6시까지 인터넷게임을 제공하여서는 아니 된다고 규정한다. 2011년 11월 20일부터 관련규정이 본격적으로 시행되면 어떠한 편익과 비용이 초래될지 제대로 분석되지 않았다면 예측치 못한 파생적 외부효과를 초래할 수도 있는 것이다.

제4절 사회적 규제의 유형과 논리

사회적 규제의 유형으로는 '환경의 질'을 추구하는 환경규제, 근로자의 건강과 생명과 관련된 산업안전 및 보건규제, 소비자 안전 및 보호 규제 그리고 사회적 차별에 대한 규제를 예로 들 수 있다. 여기서 규제수단에 대한 논의는 최병선(2009: 1-30)과 김용우(2010: 200-291)에 많은 부분을 의존한다. 1991년 낙동강 페놀오염사고(YWCA, 공해추방협의회), 1996년 5월 시화호 오염사고와 2001년 2월 정부의 시화호 담수화 계획 취소발표, 1995 삼풍백화점 붕괴 사고, 2003년 2월 대구 지하철 참사 등 각종 사고들이 발생하면서 사회적 규

---

6) 개인의 사회적·정치적 행위인 흡연, 성범죄, 낙태, 과속, 집회와 시위 등을 통해 사회적 책임을 초래했다면, 이는 정부규제의 대상이 된다. 이는 행정규제 내지 생활규제로 개념구성이 요구되는 부문이다.

제에 대한 인식 수준이 높아지기 시작

1. 환경규제

1) 의미와 논리

환경오염 문제는 대표적인 외부불경제 사례이기 때문에 정부개입이 필요하다. 사회적 비용과 사적비용의 불일치로 인한 환경오염물질의 과다생산의 문제가 환경문제의 본질이다. 따라서 개별 오염행위주체들이 환경오염으로 인한 사회적 비용을 내부화하여 사적비용과 사회적 비용을 일치시키도록 정부개입이 필요한 경우가 많다.

외부불경제와 과다생산의 문제는 정부가 공해를 방지하기 위해 또는 교통 혼잡을 방지하기 위해 부과하는 공해배출부과금, 교통유발 부담금, 또는 처벌은 어떤 형태로 이루어지든지 사회적 비용을 내부화함으로써 개인이 느끼는 사적비용이 상승하여 사회적 비용과 일치되게 함으로써 효과를 발휘한다. <그림 8-7>에서 공급곡선 S'는 사회적 비용을 감안한 공급곡선이다. 공급곡선 S는 사회적으로 바람직한 수준 이상으로 공해물질배출 등이 이루어짐을 의미한다.

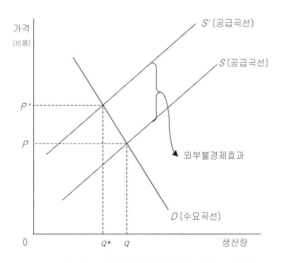

<그림 8-7> 외부불경제 하에서의 자원의 과다배분

환경규제수단의 유형을 강제력의 정도에 따른 분류하면 다음과 같다. 첫째, 명령 지시적 규제(regulation by directives)로서 명령 지시적 규제는 환경규제기관이 달성하고자 하는 일정한 규제기준을 정하고 이를 위반할 경우 규정된 처벌을 가하는 방식으로 '명령과 통제 '방식

(command & control)이다. 둘째, 시장유인 규제(regulation by market incentives)로서 오염유발자의 행태에 영향을 주기 위해 경제적인 인센티브를 사용하는 것으로서 규제대상자가 정부가 정한 규제기준을 자발적으로 순수하도록 하는 방식이다. 셋째, 자율규제(voluntary regulation, self-regulation)는 규제당국과 기존의 규제대상이었던 업계가 환경관리개선을 위한 협력주체로 인식되면서 피규제자인 기업의 자율성을 가능한 최대 허용할 목적으로 최소한의 환경개선의무의 이행을 담보하는 방식이다.

2) 사례

낙동강 페놀오염사건은 1991년 3월 14~15일 사이 8시간 동안 구미공단 안의 두산전자에서 가전제품용 회로기판을 만들기 위해 사용하는 페놀 원액 30톤이 배관상의 손상으로 누출되어 낙동강 수원지로 유입됨으로써 일어난 사건이다. 대구페놀오염사고가 발생하자 중앙집권적인 환경행정체계가 효율적인 사전예방과 신속한 초기 대응을 어렵게 하는 요인이라는 비판이 제기되면서 1992년 7월부터 모든 배출업소에 대한 규제권한이 시·도로 이관되었다(정준금, 1995).

출처: 연합뉴스(199. 3. 26)

<그림 8-8> 1991년 3월 26일 낙동강 페놀오염 사건 현장검증

<그림 8-9>는 독일 마인츠의 하수처리시스템으로 라인강 합류지점의 하수관거인데, 라인강 유역 전체의 하수관거보급률은 95%를 넘는다고 한다. 오리를 비롯한 조류들이 접근하는 것으로 미루어볼 때 비교적 하수처리시스템이 양호한 것으로 평가되었다. 물론 여기에도 방류수수질기준을 엄격하게 따지면서 규제하게 된다.

<그림 8-9> 독일 라인강 유역의 하수관거

환경규제의 대상은 대기와 수질, 토양과 해양 그리고 자연환경에 이르기까지 다양한 영역이다. 2011년 여름 춘천과 서울 우면산 등에서 최악의 산사태를 맞은 대한민국의 경우 좀 더 치밀하고 체계적인 토지이용규제 장치를 고민해야 할 것이다. <그림 8-10>은 천성산 화엄늪 습지보호지역인 자연환경을 보전하기 위한 환경규제의 예이다.

<그림 8-10> 화엄늪 습지보호지역 표지판

우리나라의 환경규제방식은 배출허용기준설정, 상수원보호구역지정 등 오염물질기준설정과 금지 등 명령통제방식의 직접규제가 주를 이루었으나, 1980년대 후반 이후 각종 배출부과금이 도입되었고, 1995년 쓰레기종량제 등 시장유인 규제수단(market-based instruments)

이 도입되었다. <그림 8-11>은 음식물쓰레기 종량제의 다양한 운영방식을 소개하고 있는데, 2014년 이후 음식물류폐기물 종량제가 도입되었다.

<그림 8-11> 음식물쓰레기 종량제의 다양한 운영방식

2. 산업안전보건규제

1) 의미와 논리

근로자의 건강과 생명과 관련된 산업안전 및 보건규제는 1953년 「근로기준법」이 제정되고, 1981년 말에야 **「산업안전보건법」**이 제정되면서 출발한다. 산업현장에서 발생하는 안전사고는 어느 정도 통제가 가능하기 때문에 지금까지 여기에 초점 맞추어왔는데, 산업안전규제가 여기에 해당된다.

직업병은 수은과 카드뮴 등 중금속 등에 의해 상당한 시일 축적되어 발병하는 문지방 효과가 있기 때문에 인과관계 추정이 어려워 통제가 쉽지 않다. **석면공장**에서 장기간 근무하면서 석면으로 인한 폐암이 발생한 경우이다. 이러한 보건규제는 산업안전규제의 맥락에서 이루어지고 있는데, 앞으로 강화해야 할 규제이다.

2) 조선산업 안전보건규제 사례

한국은 1999년에 0.718‰으로 절반 수준으로 감소하는데 약 19년이 소요되었다. 한국의 감소 추이는 상대적으로 다른 선진국에 비해 더딘 것으로 판단되며, 사고사망만인율[7]이 높

---

7) 15세 이상 경제활동인구 중 피고용자수를 이용하여 사고재해율(사고재해자/피고용자 수*100) 및 사고사망만인율(사고사

은 수준임을 감안하면 과거보다 향후 더 많은 산업재해예방 노력과 관련 여건에 개선되어야 할 것으로 판단된다(박선영, 2020: 103).

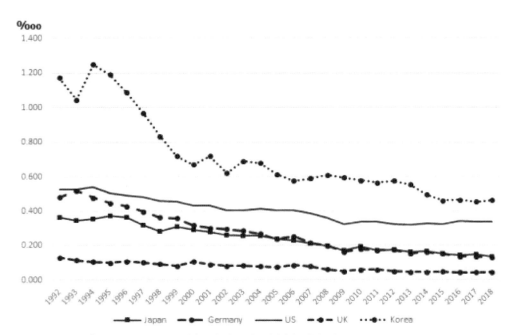

출처: 박선영. (2020). 「주요 국가간 산업재해율 변화 추이 비교분석」, 산업안전보건연구원: 103.

<그림 8-12> 국가간 사고사망만인율 추이 비교

통상적인 산업의 성장과정에서 발생한 산업재해의 증가양상과 마찬가지로 우리나라 조선산업의 지속적이고 급속한 성장은 필연적으로 많은 산업재해를 유발할 가능성을 내재하고 있다. <그림 8-13>에 나타난 바와 같이 조선산업이 지속적으로 발전을 이룩하던 2003년까지 대폭적으로 증가하였고, 이후 일정수준을 유지하면서 발생하고 있는 추세이다. 조선산업의 재해 현황의 연도별 변화를 보면 조선업 재해자는 2000년대 초반 업종활황에 따른 사업장 및 근로자 증가와 함께 2003년까지 대폭 증가한 이후, 2,300명 내외에서 고착화되는 추세를 보이고 있다.

망자/피고용자 수*10,000)의 추이를 살펴본 것이다.

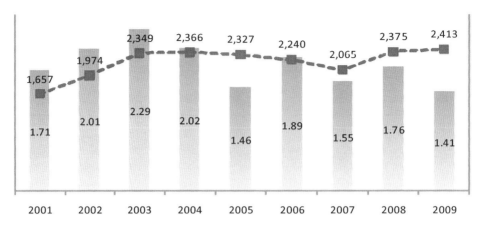

출처: 고용노동부 보도자료(2010.6.16.)

<그림 8-13> 조선업 재해자 및 사고재해율 추이

조선산업 산업재해의 발생정도를 전체 산업에 대비하여 비교한 결과 2009년 조선업 재해율은 1.41로서 전산업 평균 재해율 0.70에 비해 2배 이상 높은 수준이며 전체 제조업에 비해서도 높은 수준을 유지하고 있는 것을 보여준다.[8]

국가의 전반적인 산업화가 지속적으로 증대되면서 산업전반에서 발생하는 산업재해를 예방하고 관리하기 위한 산업안전보건 업무를 담당하기 위하여 중앙정부 차원에서는 '고용노동부'가 설치되어 있고, 지역단위의 노동 및 산업안전업무를 담당하기 위하여 '지방고용노동청'이 특별지방행정기관으로 설치되어 관련 업무를 수행한다. 그러나 이러한 중앙정부차원의 산업안전보건을 담당하는 고용노동부는 '고용 및 노동정책'과 '산업안전보건정책'을 동시에 추구하면서 그 축이 '성장'이라는 고용 및 노동정책을 중심으로 추진하게 되었고, 산업안전보건정책은 이른바 '규제정책'으로 인식되어 그 중요성이 상대적으로 작게 인식되었다. 주요 조선소는 해당 특별지방행정기관인 지방고용노동청의 담당감독관, 한국산업안전보건공단 부산지역본부 조선재해예방팀이 관리하고 있다. 7대 조선소는 현대중공업·현대미포조선(울산지청), 한진중공업(부산청), 삼성중공업·대우조선해양(통영지청), 현대삼호중공

---

8) 「기업과실치사 및 기업살인법」은 영국에서 2008년부터 4월부터 시행되고 있는 기업의 법적 책임에 관한 법으로, 업무와 관련된 모든 노동자 및 공중의 안전조치를 하지 않아 사망사고가 발생할 경우 기업에게 범죄 책임을 부과하는 내용을 골자로 하고 있다. 영국에서 위법 행위의 대상이 되는 법률의 적용 대상은 기업과 정부기관이다. 법 위반 기업이나 정부기관은 통상 연간 매출액의 2.5~10% 범위에서 산업재해 벌금을 내야 하지만, 심각하게 위반하였을 경우에는 상한선 없는 징벌적 벌금 부과가 가능하다. 또 벌금 외에 유죄가 확정된 사업주 이름과 기업의 범죄 사실을 지역 또는 국가의 언론 등에 공표해야 하는 공표 제도도 시행하고 있다. 이 법률은 영국에서 활동하는 모든 기업과 법인이 국적에 상관없이 적용받는다(https://terms.naver.com/).

업(목포지청)이다. 중앙정부의 업무가 과중하고 지역차원의 집행업무를 담당하기 위하여 1987년 '한국산업안전공단'을 설치하였고 2009년에 산업안전과 작업장 보건을 균형 있게 관리하기 위하여 '한국산업안전보건공단'으로 명칭을 변경하여 고용노동부장관의 위임 하에 산업 일반의 안전보건 관리업무를 수행하고 있다. 그런데 시대적인 환경변화로 지방분권 및 지방자치가 발달되고, 조선산업이 위치한 지역주민의 산업안전보건에 대한 관심 증가로 지역여건과 연계된 지방자치단체의 조선산업 안전보건에 대한 정책방향 정립과 역할이 필요하며, 시대수준에 걸맞은 기능과 조직체계의 구비가 필요하다.

3. 소비자안전 및 보호규제

1) 의미와 논리

소비자안전 및 보호규제는 협의로는 소비자를 기만과 사기로부터, 그리고 위해식품으로부터 직접적으로 보호하려는 것만을 연구대상으로 한다. 식품과 의약품 안전을 위한 규제 역시 여기에 해당된다. 소비자보호 문제에 접근하는 관점은 소비자주권론의 관점과 소비자보호 관점이 있다. 첫째, 소비자주권론 관점은 시장유인 규제와 관련이 된다. 기업의 입장에서는 세계화와 무한경쟁으로 인한 공급과잉 때문에 물건이 남아도는 시대에 고객만족경영이 필요하다. 그리고 소비자가 왕이 되려면 스스로 올바른 권리의식과 권리행사 및 판단이 전제되어야 한다. 둘째, 소비자보호론 관점은 명령지시 규제와 연관된다. 기업은 막강하고 소비자는 열세에 있기 때문에 정부가 기업에 규제를 강제함으로써 소비자를 보호하자는 논리이다.[9] 자동차정비업체에서 분리형 부품 대신 일체형 부품을 교환하게 함으로써 소비자가 20% 이상의 손해를 보는 경우가 다반사이다. 이 때문에 소비자보호규제의 맥락에서 자동차 부품 수리비 규제를 강력하게 추진해야 한다는 주장 역시 같은 맥락이다(MBC2580, 2010.6.27. 「통째로 바꿔라」). 정부로부터 국가통합인증마크(Korean Certification Mark)를 받은 **가습기 살균제 제품**이 인체에 치명적인 위해를 끼쳐 2011년 11월 현재 43명이 사망에 이른 사실은 소비자 안전을 위한 규제주체의 책임과 함께 우리사회의 과학적 합리성의 수준에 의구심을 제기하게 한다. 가습기 살균제는 처음 출시된 1997년 이래 14년 동안 아무런 규제도 없이 팔려나

---

9) 우리나라 보건규제의 강도도 약한 편이기 때문에 비판의 대상이 되고 있다. 최근 폐유를 수거하여 정제한 후 맛기름(향미유)을 만들어 참기름의 30% 가격으로 판매하여 영업을 하는 업체에 대해 「보건범죄에 관한 특별법」을 적용해야 한다는 주장이 대두되고 있는 것도 동일한 맥락이다(SBS 뉴스추적 2010. 9. 28. 「폐식용유 가짜참기름의 진실」). 이는 심혈관질환과 당뇨병의 원인이 되기 때문에 중요한 보건규제의 대상이 된다.

갔으며 연간 판매량이 60만개나 된다.

2) 사례

(1) 아파트 발코니 규제완화 사례

2006년 1월부터 아파트 발코니 확장에 관한 규제가 완화되어 발코니 구조변경이 건축법 상 합법화되었다(김영평 등, 2006: 28-29). 「건축법시행령」 제2조에 의하면, 발코니란 건축물의 내부와 외부를 연결하는 완충공간으로서 전망이나 휴식 등의 목적으로 건축물 외벽에 접하여 부가적(附加的)으로 설치되는 공간을 말한다. 이 경우 주택에 설치되는 발코니로서 국토해양부장관이 정하는 기준에 적합한 발코니는 필요에 따라 거실·침실·창고 등의 용도로 사용할 수 있다.

「소방법」 상 화재대피공간의 설치 때문에 발코니 확장은 불법이었지만 모두가 지키지 않다보니 신축 아파트는 옆집과의 경계 부분 발코니에 최소 3㎡, 기존 아파트는 2㎡의 대피공간을 만들면 된다. 2010년 10월 1일 부산해운대 38층 주상복합아파트 화재 사건 이후 과거 건축업자들의 로비에 밀려 완화한 「건축법시행령」 규제조항이 다시 도마에 올랐다. 「건축법시행령」 제2조에서는 초고층건축물이란 층수가 50층 이상이거나 높이가 200미터 이상인 건축물을 말한다고 규정하고 있다. 여하튼 우리는 이러한 규제정책의 변화를 어떻게 이해해야 할까?

(2) 식품첨가물규제 사례

식품첨가물 규제의 예를 들어보자. 식품을 조리 가공할 때 식품의 품질을 좋게 하고, 그 보존성과 기호성을 향상시키며, 나아가서는 식품의 영양가나 그 본질적인 가치를 증진시키기 위하여 인위적으로 첨가하는 물질이 바로 식품첨가물이다. 다시 말해서, 식품첨가물이란 식품의 본래 성분 이외에 식품에 첨가되는 물질로서 어떤 뚜렷한 사용목적을 지니고 식품과 공존함으로써 그 의의를 가지며, 단독으로서는 우리의 식생활과 관계가 없는 비식품이라고 할 수 있다.

정제당은 영양분과 섬유질을 강제로 빼낸 식품으로서 우리 몸의 혈당 관리시스템을 교란시키고 저혈당증을 유발한다. 저혈당증은 뇌기능에도 치명적인 문제를 야기한다. 인체 내 지방은 뇌 구성 성분의 60%를 차지하고 신경자극전달물질과 각종 효소 등의 생성에 불가결한

물질이다. 트랜스지방산은 자연계에는 일반적으로 존재하지 않는 인공물질이고 우리 몸은 이러한 물질을 대사시키기에 적합하지 않다. 마가린이나 쇼트닝이 트랜스 지방을 초래하는 종류이다. 그러나 트랜스지방산은 분자구조가 필수지방산과 매우 유사하다. 이로 인해 우리 몸은 트랜스지방산을 구별하지 못한다. 물론 지금은 맥도날드에서 감자튀김에 트랜스지방산을 사용하지 않는다.

최근 자장면 관련 방송 등 식품첨가물에 대한 대중적인 이슈가 형성되었다. 정부규제에 대한 감지된 비용과 편익이 쌍방 모두 이질적인 불특정 다수에게 미치나 기업 또는 개인으로 보면 그 크기는 작다. 때문에 사회적으로 여론이 형성되어 문제의식을 가지고 있지만 비용과 편익이 널리 분산되어 국민들이 주도해 나가지 못 한다. 즉, 집단행동의 딜레마에 빠진 대다수의 국민들의 입장에서 봤을 때 식품첨가물 규제에 의한 편익이나 비용이 분산되므로 **대중정치**에 속한다.

식품첨가물이 표시가 되어있든, 안 되어있든 간에 국민의 입장에서는 편익이 분산되므로 집단행동의 딜레마에 빠져 별다른 대처를 하지 않을 가능성이 크다. 이때 언론을 배경으로 소비자단체나 환경단체들이 정책선도자로서의 역할을 수행하여 식품의약품안전처나 기업을 상대로 첨가물 공개와 표시를 요청하게 되고 그 결과로서 식품안전표시제와 같은 규제가 이루어진다. 즉, 정책선도자의 요청에 의해 마련된 규제로 인하여 기업이 비용을 부담하게 된 상황이므로 **기업가적 정치**에 해당된다.

(3) CNG버스 규제 사례

압축천연가스(*CNG: Compressed Natural Gas*) 버스 폭발사고 이후 안전검사기관이 당시 지식경제부에서 국토해양부로 이전된 것에 대한 '전문성' 논란이 일었다(뉴시스, 2010.10.4). 국회 지식경제위원회 한나라당 박민식 의원이 이 문제에 대해 비판을 하였다. 2010년 10월 4일 정부과천청사에서 열린 지식경제부 국감을 통해 CNG 버스 안전점검기관이 국토해양부 산하 도로교통안전공단으로 일원화한 것에 대해 의구심을 제기했다. 2010년 8월9일 서울 행당동 CNG가스 버스 폭발사고의 발생 원인은 검사기관 주체가 나누어져 재검사 등 정밀한 안전검사가 이루어지지 못했기 때문이라는 것이다. 지난 40년간 전문성을 가지고 가스 검사를 맡아온 한국가스안전공사가 아니고 교통안전공단으로 일원화하는 것에 대한 비판이었다. 즉, 도로교통안전공단이 재검사를 실시하기 위해서는 가스용기재검사에 대한 용역 등 예비 타당성 조사를 거치고 부지매입, 건축, 장비구입 등을 고려하면 재검사까지 최소 2년 이상

걸리며, 예산도 총 1500여억 원 이상 들어갈 것으로 예상되는데 전문성 또한 담보할 수 없다는 우려였다. 또한 현재 천연가스 버스 전국 2만 6,900대로 보급률 세계3위, 2010년 말 서울시 모든 버스를 CNG 버스로 교제하기로 되어 있는 상황에서 납득하기 어렵다는 것이었다.

정부는 2010년 9월 3일 관계부처 합동으로 CNG 버스 사고 종합 대책 결과를 발표하고, 「자동차관리법」을 개정해 가스용기 안전관리를 국토부로 일원화하기로 결정했다. 국토부에 따르면 도로교통안전공단이 용기재검사 등 안전점검을 실시하기 위한 전문 인력과 장비를 갖추기 위해서는 최소 2년의 기간이 필요한 것으로 나타났다. 그리고 2011년 용역 실시비용도 대략 1000억 원이 훨씬 넘는 비용이 소요될 것으로 예상되었다. 「고압가스안전법」 개정을 통해 가스안전공사로 검사기관을 일원화할 경우 기존 인프라와 전문성을 기반으로 전문 장비만 갖추면 즉시 재검사가 가능하다. 필요 예산도 7개소 약 217억 원이면 가능한 것으로 알려졌다. 이는 지식경제부와 국토해양부의 관료정치 요인으로 설명이 가능하겠지만, 쉽게 납득하기 어려운 분으로 평가된다.

4. 사회적 차별에 대한 규제

1) 의미와 논리

우리나라는 점차 불평등도가 심화되고 있다. 지니계수란 소득 불평등도를 나타내는 대표적 지표로서, 0(완전평등 상태)에 가까울수록 평등하고 1(완전불평등 상태)에 가까울수록 불평등하다는 것을 의미한다. 국가 간 소득분배 정도를 비교하기 위하여 OECD에서 발표한 2010년 기준 처분가능소득 지니계수를 살펴보면, 한국은 0.310으로 OECD 34개 회원국 가운데 18번째로 낮고 OECD 평균인 0.314와 비슷한 수준. 스웨덴(0.269), 헝가리(0.272), 독일(0.286) 등이 한국에 비해 지니계수가 상대적으로 낮고, 미국(0.380), 영국(0.341), 일본(0.336) 등은 한국보다 지니계수가 상대적으로 높은 국가들이다(통계청, 2011). <그림 8-14> 우리나라 지니계수 추이를 보면 불평등도는 지속적으로 감소하고 있는 것으로 나타나고 있다.

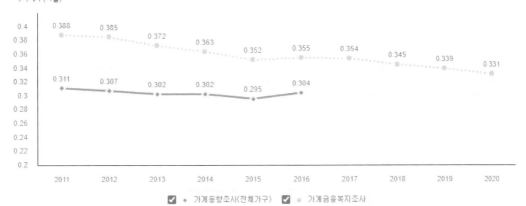

지니계수(비율)

주: 가계동향조사(농가경제조사 포함) 결과를 통해 작성했던 공식 소득분배지표를 2016년 소득결과부터 행정자료로 보완한 가계금융복지조사
　로 변경하였고, 소득분배지표 작성을 위한 기준소득을 OECD 최근 권고사항을 반영하여 작성
출처: 통계청 「가계동향조사」http://www.index.go.kr/

<그림 8-14> 우리나라 지니계수 추이

　우리나라에서는 여성과 장애인에 대한 차별이 가장 심각하다. 1987년 말 대통령선거 직후에 「남녀고용평등법」이 제정되었고, 1990년 초에는 「장애인 고용촉진 등에 관한 법률」이 제정되었다. 우리의 생활 속에서 이러한 불평등의 개선을 위한 규제개혁이 많은 부분 요구되고 있다.

<그림 8-15> LH공사 오리사옥의 고용평등우수기업 인증서

2) 사례

(1) 남녀 공중화장실 변기 수 조정사례

2006년 4월 28일「공중화장실 등에 관한 법률」제7조 제2항은 여성화장실의 대변기 수는 남성화장실 대·소변기 수의 1.5배 이상이 되도록 설치하여야 한다고 규정을 신설하고 시행시기를 기다리고 있었다. 이후로는 고속도로 휴게소나 공연장의 여성 화장실 앞에 늘어선 긴 줄이 많이 줄어들 것으로 보았다. 정부가 새로 짓는 공공건물의 여성 화장실의 변기 수를 소변기를 포함한 남성용 변기 수보다 1.5배 이상 설치하도록 의무화했기 때문이었다. 기존 건물도 증·개축하려면 이 같은 시설기준에 맞게 화장실을 고쳐야 했다. 행정자치부는 2006년 9월 3일 이런 내용의「공중화장실 등에 관한 법률 시행령과 시행규칙」개정안을 입법예고했다. 당시「공중화장실 등에 관한 법률」에는 여성 화장실의 변기 수를 남성용과 비교해 1 대 1 이상의 비율로 설치하도록 규정돼 있었다. 대부분의 공중화장실은 여성의 용변 시간이 남성보다 상대적으로 긴 특성을 무시한 채 이 같은 최소 기준만 충족하도록 설치돼 있었다. 이 때문에 사람들이 붐비는 장소의 여자 화장실 앞에는 길게 줄을 서는 경우가 많았다. 새로 정해진 화장실 설치비율을 지켜야 하는 시설은 2006년 10월 29일 이후 건축허가를 받게 되는 수용규모 1,000명 이상 문화·관광 휴게시설과 고속도로 휴게소, 터미널·공항·고속철도 및 지하철 환승역이었다. 대상 시설들은 어린이 전용 대·소변기와 전용 세면대도 따로 만들어야 했다. 어린이 전용 소변기는 바닥에서 20~30㎝, 전용 세면기는 60㎝ 높이 이하로 설치해야 했다.

(2) 장애인고용할당제의 변화

1991년 초부터 일정규모 이상의 사업주와 국가 및 지방자치단체 역시 정원의 2% 이상을 장애인으로 고용하도록 의무화하였다(최병선, 1993: 444). 2000년에는「장애인 고용촉진 및 직업재활법」으로 변경되어 지금까지 주된 골격을 그대로 유지하고 있다. 2007년에는 동법 제27조 제1항에서 국가와 지방자치단체의 장은 장애인을 소속 공무원 정원의 100분의 3 이상 고용하여야 한다고 규정한다. 물론 예외가 있지만 동법 제28조와 시행령 제25조의 조정과정을 거쳐 장애인 고용의무가 있는 사업주의 장애인 상시 근로자 의무고용비율은 100분의 2로 규정하고 있다. 이 경우 기업주의 입장에서 보면 비용부담의 강제성을 느끼는 규제로 볼 수 있다.

2010년 12월 기준, 장애인 의무고용 사업체(23,249개소)의 장애인 고용 현황을 파악한 결과, 장애인 근로자는 126,416명이고 장애인 고용률은 2.24%(중증장애인 더블카운트 미적용 시 1.94%)로서, 전년 대비 장애인 고용인원은 9,593명(8.2%) 증가하고 고용률은 0.07% 상승한 것으로 나타났다. 분야별로 보면, 자치단체 공무원의 장애인 고용률이 3.68%로 가장 높고, 준정부기관이 3.33%, 중앙행정기관 공무원이 3.01%로, 이들 기관은 의무고용률 3%를 초과하였다. 그러나 민간기업(2.19%), 헌법기관 공무원(2.13%), 기타공공기관(1.86%), 교육청 공무원(1.33%) 순으로 고용률이 낮고 의무고용률에는 모두 미달하였다.

정부는 장애인 고용이 저조한 사업체에 맞춤형 고용지원서비스를 제공하는 한편, 의무고용 이행지도를 강화해 나갈 예정이다. 이를 위해 장애인 채용을 희망하는 기업에는 맞춤훈련을 통한 적합인력 제공, 모집·채용대행 서비스를 제공하고, 직접채용이 어려운 기업에는 자회사형 표준사업장을 설립하거나, 장애인 표준사업장의 생산활동을 지원하는 방식으로 고용의무를 이행할 수 있도록 지원할 계획이다. 한편 2010년 7월부터 공공기관과 300인 이상 기업으로서 장애인을 단 한명도 고용하지 않은 사업주에게는 최저임금 수준으로 장애인 고용부담금이 부과된다. 또한 금년부터는 장애인 의무고용 이행상황 점검과 명단공표를 상·하반기로 확대 실시한다. 명단공표는 고용이 저조한 기업에 6월 중순까지 장애인을 고용토록 하고, 개선되지 않을 경우 공표한다는 사전예고를 한 후, 그 실적에 따라 6월말 경 공표할 예정이라고 했다(http://www.moel.go.kr/고용노동부 보도자료, 2011. 4. 19).

2015년 5월 18일 시행된 「장애인고용촉진 및 직업재활법」 제28조(사업주의 장애인 고용의무) ① 상시 50명 이상의 근로자를 고용하는 사업주(건설업에서 근로자 수를 확인하기 곤란한 경우에는 공사 실적액이 고용노동부장관이 정하여 고시하는 금액 이상인 사업주)는 그 근로자의 총수(건설업에서 근로자 수를 확인하기 곤란한 경우에는 대통령령으로 정하는 바에 따라 공사 실적액을 근로자의 총수로 환산한다)의 100분의 5의 범위에서 대통령령으로 정하는 비율(이하 '의무고용률'이라 한다) 이상에 해당(그 수에서 소수점 이하는 버린다)하는 장애인을 고용하여야 한다.

2015년 1월 1일 시행된 「장애인고용촉진 및 직업재활법 시행령」 제25조(사업주의 의무고용률)에 따르면, 법 제28조제1항에 따른 장애인 고용의무가 있는 사업주의 장애인 상시 근로자 의무고용률은 다음 각 호와 같다. 다만, 사업주가 법 제9조 제2항 제3호에 따른 장애인 직업재활시설을 직접 설치·운영하는 경우에는 이 시설의 장애인 근로자를 사업주가 고용하여야 하는 장애인 수에 포함한다.

1. 2015년 1월 1일부터 2016년 12월 31일까지: 1000분의 27

2. 2017년 1월 1일부터 2018년 12월 31일까지: 1000분의 29

3. 2019년 이후: 1000분의 31

<그림 8-16> 2020년 장애인 의무고용률 안내

「장애인고용촉진 및 직업재활법」 제33조(장애인 고용부담금의 납부 등) ① 의무고용률에 못 미치는 장애인을 고용하는 사업주(상시 50명 이상 100명 미만의 근로자를 고용하는 사업주는 제외한다)는 대통령령으로 정하는 바에 따라 매년 고용노동부장관에게 장애인 고용부담금을 납부하여야 한다. ② 부담금은 사업주가 의무고용률에 따라 고용하여야 할 장애인 총수에서 매월 상시 고용하고 있는 장애인 수를 뺀 수에 제3항에 따른 부담기초액을 곱한 금액의 연간 합계액으로 한다. ③ 부담기초액은 장애인을 고용하는 경우에 매월 드는 다음 각 호의 비용의 평균액을 기초로 하여 고용정책심의회의 심의를 거쳐 「최저임금법」에 따라 월 단위로 환산한 최저임금액의 100분의 60 이상의 범위에서 고용노동부장관이 정하여 고시하되, 장애인 고용률(매월 상시 고용하고 있는 근로자의 총수에 대한 고용하고 있는 장애인 총수의 비율)에 따라 부담기초액의 2분의 1 이내의 범위에서 가산할 수 있다. 다만, 장애인을 상시 1명 이상 고용하지 아니한 달이 있는 경우에는 그 달에 대한 사업주의 부담기초액은 「최저임금법」에 따라 월 단위로 환산한 최저임금액으로 한다.

제5절 가외성과 사회적 규제의 정당성

1. 가외성의 개념과 논리

기후변화와 위험사회라는 불확실성 하에서는 인과관계에 관한 지식이 극도로 부족하여 미래예측이 어려워진다. 모호성은 대체로 복잡한 현상을 간단하게 표현하기 때문에 나타나는데, 복잡한 것은 다양한 국면을 내포하고 있다(김영평, 1995: 216-217).[10] 그러므로 내가 알고 있는 것이 내가 반드시 알아야 하는 것을 가리지는 않는지 성찰해보아야 한다. Weick (1979: 246)은 모호하고 불확실한 세계에서 어떠한 선택도 '완전히 맞았다' 혹은 '완전히 틀렸다'는 명제는 불가능하다고 한다. 서로 다른 해석이 있을 뿐이라는 것이다. 그 복잡성을 지나치게 단순화하여 그 실체의 일면을 강조하기보다는 각기 다른 해석을 허용함으로써, 그 다양성을 어느 정도 포용할 수 있을 것이다. 따라서 모호한 목표를 성취하는 데 있어 가외성이 신뢰성을 증진할 수 있다는 논리가 타당할 수 있는 것이다.

안전관리와 규제 측면에서는 불확실성하에서는 효율성보다는 가외성이 더 많은 범위에서 문제를 해결하는 데 도움을 줄 수 있다는 점에 주목하고 있다. Landau(1969: 346-358)는 가외성(redundancy)의 하위개념을 다음 세 가지로 분류한다(백완기, 1989: 166-175). 첫째, 중첩성(overlapping)은 기능이 여러 기관에 분할되어 있지 않고 혼합적으로 수행되는 상태이다. 소화기능이 위에만 전담된 것이 아니라 다른 소화기관도 담당하는 것과 비슷하다. 같은 물인데도 수량을 국토교통부와 홍수통제소 그리고 국토관리청이 관리하고, 수질은 환경부와 유역환경청이 관리하는 경우도 좋은 예이다. 이 경우 상호의존성이 높아서 협력이 잘 되면 좋지만, 중복관할로 낭비를 초래하거나 업무협조의 어려움으로 갈등을 발생시킬 소지도 있다. 원전안전 감시체계를 내부 감시체계만으로는 한계가 있을 경우 국정조사와 시민통제 등 외부감시체계를 중복적으로 작동시키면 오차탐지에 더 유리할 수도 있는 것이다. 둘째, 반복성(duplication)은 동일한 기능을 분리된 여러 기관들이 독립적으로 수행하는 상태이다. 자동차의 이중브레이크 장치가 대표적인 예이다. 검산을 하는 중요한 이유 역시 오차방지를 위함이다. 셋째, 동등잠재성(equipotentiality)은 주된 기관의 작동 불능 시 보조기관이 이를 대행하는 것이다. 보조 조명장치는 주 조명장치가 고장 났을 때, 예비타이어는 펑크가 났을 때, 부통령제는 대통령이 유고되었을 때, 그리고 원전 안전설비 중 하나가 작동이 어려울 때 다

---

10) 김영평(1995)은 불확실성 하에서 정책이 정당성을 얻을 수 있는 조건으로서 가외성의 이론적 지평을 넓혔고, 본 연구의 실험적인 가설형성과 적용은 그의 이론에 힘입은 바가 크다.

중방호시스템이 그 위력을 발휘한다는 가정이다. 이처럼 우리 사회의 시스템은 불확실한 상황에서의 오차 발생 가능성을 최소화하고 체제의 신뢰성과 적응성을 높이기 위해 가외적인 기능의 원칙(principle of redundant functions)에 의해 형성된다(이송수, 2000: 9). 그런데 가외성은 반드시 비용의 증대를 수반한다는 측면에서 능률성의 대척지(antipode)이기 때문에 장기적으로 사회적 비용을 최소화하는 접점을 찾아가야 한다(김영평, 1995: 204-206). 가외성은 불확실성에 대비하는 여유역량(excess capacity)을 의미하기 때문이다(Streeter, 1992: 97).

집권적 시스템으로 효율적인 최선의 방안을 탐구할 수 있다는 것은 독단이 될 수 있으며, 오히려 각 하위 시스템에서 독자적이고 중첩적으로 가설적인 대안을 선택하고 실험함으로써 폐쇄적 조직운영으로 인한 '은폐의 폐단'을 차단하며 전체적으로 경험의 총량을 확장하는 것이 필요하다(Landau, 1969: 351-352; Felsenthal, 1980: 248-249; Bendor, 1985; 김영평, 1995: 187-222). 여러 하위 시스템 간의 협의와 토론을 통한 중첩적이고 경쟁적인 기능 수행은 조직의 창의성을 높이며, 다원적이고 경쟁적인 체제를 통한 정보전달은 정확한 정보 확보의 토대가 된다. 이러한 가외적인 기능의 원칙에 따른 조직편제는 효율성 중심의 기능적 조직편제와 갈등관계에 놓인다. 그러나 불확실성이 전제된다면, 하나의 목소리를 내는 시스템보다는 서로 다른 목소리를 내는 경쟁적인 시스템이 정책오차를 탐지하는데 더 낫다. 가외성의 산술적인 증가가 실패확률을 기하급수적으로 감소시키기 때문에 장기적으로는 더 효율적일 수도 있는 것이다(Bendor, 1985: 24-26). 즉, 엔진이 고장이 날 확률이 1/10이라고 하면, 보조엔진이 하나가 추가되면 비행 중 추락할 확률은 1/100로 줄어들게 되고, 가외 엔진이 두 개이면 추락확률은 1/1000이 된다는 것이다.

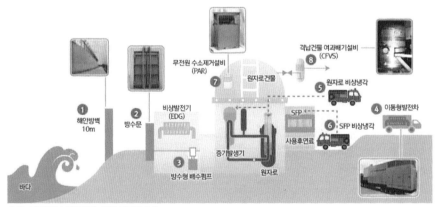

출처: (주)한국수력원자력 고리 원자력본부

<그림 8-17> 후쿠시마 사고 이후 고리원전의 안전개선대책 개념도

집권적 시스템은 부가적인 장치를 낭비로 인식하며, 다른 목소리를 성가신 간섭으로 인식하기 쉽다. 고리원전 관리 시스템에서도 폐쇄적이고 일원화된 통제적 조직운영을 효율적인 것으로 인식하면서 2012년 2월 정전사고에 직면했고, 이를 은폐하려고 시도했으며, 납품비리가 만연하게 된 것으로 평가된다. 내부 운영설계에 있어서도 안전성을 상호 독립적으로 교차평가(cross-check)할 수 있도록 할 필요가 있으며, 이러한 내부운영통제의 한계는 외부통제, 특히 원전이 가동되고 있는 지방정부와 시민사회의 통제를 허용하면서 신뢰성을 증진할 수 있게 된다. 삼권분립에 기초한 정부권력구조가 정책오차를 제거하고 정책의 균형을 가져오는 장치인 이유도 여기에 있다(Landau, 1969: 351). 고리원전 운영에 있어서도 감시기구가 제대로 작동할 수 있도록 조직내부와 외부에 가외적인 구조를 허용하는 것이 체제의 신뢰성을 증진하는 첩경이 된다.

2. 위험사회와 가외성의 효용 그리고 사회적 규제의 정당성

1986년 4월 우크라이나의 체르노빌 원자력 발전소에서 사상 최대의 원전 사고가 일어났다. 4호기의 폭발로 약 10톤가량의 방사성 물질이 방출되었다. 히로시마에 투하된 원자폭탄의 400배에 달하는 수치였다. 기밀누설과 주민불안 등을 이유로 당시 소련 정부가 사건을 쉬쉬하는 동안 피해는 커졌고, 인근 국가들까지 공포에 떨었다. 이후 6년간 발전소 해체작업에 동원된 노동자 5,722명과 이 지역에서 소개된 민간인 2,510명이 사망했다. 그뿐만 아니라 43만 명이 암과 기형아 출산 등 후유증에 시달렸다. 체르노빌 원전 사고의 충격을 목도한 독일의 사회학자 Beck(1986)은 같은 해인 1986년 「위험사회」라는 저서를 발간했다. 산업화·근대화가 기술발달과 물질적 풍요를 가져왔지만, 예외적 위험이 아니라 일상적 위험이 만연한 위험사회가 도래했다는 뜻이다. 이처럼 위험이 반복 재생산되는 가운데, 위험에 대한 자각은 무뎌지며 통제 역시 불가능해진다. 2012년 2월 고리원전 정전사고에 대처했던 담당자들의 행태는 위험사회의 징후를 그대로 보여주었다. 그리고 그는 2008년 5월 17일 중앙일보와의 대담에서 위험통제 능력을 과장하는 국가와 더불어 즉물적 재난 보도로 사회를 더욱 위험 사회화하는 미디어를 모두 비판적으로 봤다. 국가가 모든 위험을 통제할 수 있다고 말로만 주장하는 것은 국민의 불신을 받는 위험한 전략이며, 국민과 조심스럽게 대화하는 것, 어떤 위험을 참아낼 수 있으며 어떤 위험을 우선 관리할 것인가에 관한 합의를 도출해내는 것이 중요하다고 한다. 그러면 위험사회에서 위험시설을 안전하게 관리하기 위한 원리로서 가외성은 어떤 의미가 있는 것일까?

가외성이 합리적인 이유는 이로 인하여 체제의 신뢰성은 기하급수적으로 증대하지만, 가외성의 설치비용은 산술급수적으로 증가하기 때문이다(김영평, 1995: 204-219).[11] 그런데 그는 가외성이 체제 전체의 신뢰성을 증대시킬 수 있는 조건은 각 부분이 독립적으로 움직여야 한다는 점을 강조한다. 원전관리에 있어서도 다중방호시스템을 설계할 때도 상호독립성이 중요하며, 감독기관과 운영기관의 상호독립성이 중요하다. 조직의 가외성이 신뢰성을 증진시킬 수 있으려면, 각 부서가 어느 정도 독립적인 판단을 할 수 있도록 허용되고, 때로는 최고관리자의 잘못된 판단에 저항할 수 있어야 한다. 목표와 의미를 공유하는 하위부서들이 다양한 가치를 분산적으로 추구하고 성취하게 되면 불확실성 속에서 조직의 적응력과 신뢰성을 높일 수 있다. 따라서 산업통상자원부와 한국수력원자력은 물론 지방정부와 시민사회 모두 독립적인 판단을 할 수 있어야 가외성의 허용을 통한 원전공급의 신뢰성 증진에 기여할 수 있다는 논리이다. 관료조직의 실패가 전체에 파급되는 것을 막는 방법은 하위부서들이 각기 독립적으로 움직이게 하되, 어느 정도 동의할 수 있는 범위를 허용하는 것이다. 그러면 가외성의 적정수준은 어디까지인가? 그는 이론적으로는 가외성에 따라 추가로 설치하는 비용이 그것을 설치하지 않아서 나타날 실패에서 입는 손실보다 적은 한 가외성은 정당성을 갖는다고 한다. 즉, 한 번의 고장으로 입어야 할 손해가 일정하다고 전제한다면, 가외성의 요소에서 실패가 일어날 확률을 P라고 하고, 실패하였을 때 입어야 할 손해액을 D, 가외성의 요소를 추가로 도입하는 데 소요되는 한계가외성비용을 C라고 할 때, $C \leq P \cdot D$라면 가외성이 정당화될 수 있다고 한다. 1986년 체르노빌이나 2011년 후쿠시마 원전사고의 교훈은 P값이 아무리 적더라도 D의 값의 크기가 상상을 초월하기 때문에 C값을 산술급수적으로 늘이는 것에 대해 인색해서는 안 된다는 점이다. 그러면 가외성이 적합한 문제의 범위는 어떤 것일까? 그는 다음과 같은 세 가지를 고려할 수 있다고 한다(김영평, 1995: 204-219; Landau and Stout, Jr., 1979: 149-156). 첫째, 통제보다는 실험이 필요한 문제의 경우 가외적인 조직구조에서 여러 하위단위들이 독립적인 판단을 통하여 결정적인 착오들이 지적되고 수정되고 학습될 수 있다. 둘째, 가외성은 불확정적인 목적을 확실하고 분명하게 할 수는 없지만, 최소한 자원이 효율적으로 낭비되는 것을 막을 수는 있다. 셋째, 가외성이 허용되는 조직에서는 각 부서마다 모호한 목표를 각자 판단하여 해석할 수 있기 때문에 모호한 목표

---

11) 김영평(1995)은 불확실성하에서 정책이 정당성을 얻을 수 있는 조건으로서 가외성의 이론적 지평을 넓혔고, 본 연구의 실험적인 가설형성과 적용은 그의 이론에 힘입은 바가 크다.

가 수용될 수 있다. 모호한 한 가지 목표 아래 서로 다른 실질적인 목표를 추구하면, 모호성이 갖는 다양성을 충족하면서 체제의 신뢰성을 증진하게 된다. 현재 단일 중추의 위험시설 통제장치가 효율적일 것이라는 도그마(dogma)를 재고해야 하는 이유가 여기에 있다.

Bowen(1982: 1-22)은 처음 시도하여 성공할 확률이 0.5일 경우 2번 시도한다면 성공확률을 0.75($1-0.5^2=1-0.25=0.75$)로 증가시킬 수 있게 되고, 10번 시도한다면 0.999까지 성공확률을 증가시킬 수 있게 된다고 한다. 따라서 중첩적인 견제와 감시 장치가 안전성을 제고할 것은 분명하기 때문에 적정한 수준의 중첩성과 가외성은 허용될 수 있다고 본다.

연구문제

1. 사회적 규제는 어떤 계기를 통해 강화되는가?

2. 언론은 사회적 규제 강화에 어떤 영향을 미치는가?

3. 환경규제의 필요성을 경제학의 외부효과 개념을 사용하여 설명할 수 있겠는가?

4. 우리나라에서 산업안전사고가 높은 이유는 안전규제 위반에 대한 처벌이 약하기 때문인가?

5. 소비자안전을 위해서는 명령지시적인 규제가 능사인가?

6. 공공기관과 기업이 장애인고용할당제를 준수하는(혹은 준수하지 않는) 이유는 무엇인가?

7. 사회적 규제로 인해 비용이 증가하지만, 사회적 규제가 정당성을 갖는 이유는 무엇인가?

정부규제의 개혁

제4부에서는 정부규제의 개혁에 관한 논의를 진행하였다. **제9장**에서는 부산광역시의 272건의 등록규제를 성격별로 재분류하여 정책적 시사점을 도출하였다. 그리고 심층면접과 설문조사를 통해 부산광역시에 적합한 규제등록 및 관리시스템은 무엇인지 탐색하였다. 부산광역시본청 272건의 등록규제를 근거 법령과 관련 조문을 내용 분석한 결과, 경제적 규제가 148건(54.4%)으로서 가장 많았고, 행정적 규제가 78건(28.7%), 그리고 사회적 규제는 46건(16.9%)을 차지하고 있는 것으로 나타났다. 설문조사 결과 본청과 16개 구·군청의 관련 공무원들의 규제등록 및 관리시스템에 대한 전반적인 만족도나 행정업무에 대한 도움 정도는 그리 높지 않고, 규제등록·관리시스템을 통한 규제개선효과에 대한 인식 역시 그리 높지 않아 개선의 여지가 아직 많은 것으로 해석할 수 있었다. 규제등록 및 관리시스템을 통한 규제개선노력이 주민만족도 개선에 도움이 되는지에 대한 인식, 규제등록 및 관리 시스템을 통한 주민체감 규제개혁효과에 대한 인식 역시 낮게 나타났다. 규제등록 및 관리시스템의 도입에 따른 개선효과가 사회적 영역보다는 경제적 분야에서 높은 것으로 인식되고 있어, 사회적 분야에 대한 성과를 높일 수 있는 방안 마련이 요구되는 것으로 나타났다. 결론적으로 부산광역시에서 행정업무의 효율성을 제고하여 내부성과를 향상하고, 주민만족도와 사회·경제적성과를 제고하여 외부성과를 향상하기 위해서는 먼저 규제등록시스템을 체계적으로 개선하는 작업이 필요함을 제안했다. 구체적으로 누락규제 발굴시스템의 정비, 신설규제 심사시스템의 활성화, 장기존속규제(일명 노후규제) 폐지 시스템의 활성화, 그리고 규제분류의 혁신이 필요함을 제안했다. 규제관리시스템을 체계적으로 개선하기 위해서는 규제개혁 네트워크 구축, 공무원의 의식개혁, 규제방식의 전환, 규제품질 관리 강화를 위한 절차적 합리성의 강화가 요구됨을 제안했다.

제10장에서는 4차 산업혁명시대에 왜 규제혁신이 필요한지 논의하고, 그럼에도 불구하고 현장에선 규제혁신이 함정이 여전히 도사리고 있기 때문에 신중을 기해야 함을 강조하였다. 문재인 정부에서는 제4차 산업혁명이라는 기존의 산업구조와는 자원이 다른 환경변화에 식면하자 포괄적 네거티브 규제로 대표되는 혁신적인 규제개혁을 표방하면서 경로창조를 시도하였다. 이러한 맥락에서 이 연구는 문재인정부의 4차 산업혁명과 관련된 규제개혁의 핵심이라고 볼 수 있는 포괄적 네거티브 규제방식의 성과와 한계를 집중적으로 분석하였다.

2017년 이후 9,000여건 이상의 포괄적 네거티브 규제혁신의 성과가 나타났다. 입법방식의 유연화를 통해 신산업의 진입장벽이 완화되었고, 2019년 이후 행정규제기본법을 포함한 규제혁신 7법, 즉 규제샌드박스 입법완성과 규제혁신 3종 세트의 도입으로 규제 신속 확인, 임시허가, 실증특례 등이 획기적인 성과를 보이기 시작했다. 그러나 현장의 전문가들과 이해관계자의 의견을 경청하면, 규제혁신과정에서 무의사결정의 함정, 규제의 누적적 증가현상의 함정, 기회주의 속성과 도덕적 해이의 함정, 규제갈등의 함정 등 예기치 못했던 다양한 규제혁신의 한계가 나타났다.

이러한 규제혁신의 함정을 예견하고 사회경제적 편익과 비용을 고려하는 규제혁신 방안을 제안하면 다음과 같다. 무의사결정이 진행되기 전에 소통하고 협력하는 장치마련이 필요하다. 부가조건을 면밀하게 분석하여 불확실성에 대비할 필요가 있다. 규제대상자의 기회주의적 속성을 막는 인센티브 메커니즘을 작동시킬 필요가 있고, 규제갈등해소장치의 마련이 필요하다.

제9장 지방규제 등록·관리의 성과와 개혁

제1절 서론

　부산지역의 규제연구자들이 토지이용규제, 교통규제, 낙동강수계 총량규제 등 나름대로 충실하게 규제정책연구를 진행해왔지만, 부산광역시 등록규제의 포괄적인 현황 분석과 체계적인 관리에 대한 연구는 다소 미흡했던 것으로 평가된다.[1] 그러므로 안전행정부(2013)의 「지방자치단체 규제업무 매뉴얼」에 따른 부산광역시 본청 272건의 등록규제 관리현황과 성과에 대해 체계적으로 분석할 필요성이 있다. 나아가 OECD(1997, 2000)는 물론 「행정규제기본법」 제2조와 규제개혁위원회의 성격별 분류체계에 따라 경제적 규제, 사회적 규제, 그리고 행정적 규제로 합리적으로 분류한 후 규제개혁 방안을 도출하는 연구가 필요한 시점으로 판단된다.

　부산광역시 본청 272건의 등록규제가 성격별로 분류되어 등록 후 관리되지 않을 경우 경제적 규제를 줄여나간다든지, 사회적 규제 중에서는 상대적으로 효율성이 떨어지는 투입규제와 명령지시적인 규제는 성과규제와 시장유인 사회적 규제로 전환하는 등 정책방향을 잡기가 매우 어려울 것이다. 본 연구는 등록규제를 성격별로 재분류하여 정책적 시사점을 도출하고, 부산광역시에 적합한 규제등록 및 관리시스템은 무엇인지 탐색하여 정책방향과 합리적인 관리방안을 제안하였다.

　물론 부산광역시의 입장에서는 국무총리실 규제조정실과 법제처 그리고 행정자치부 지방규제혁신과의 정책방향에 제대로 대응하는 것조차 어려운 실정이다(이민창, 2014). 그러나 중앙정부의 획일적인 지침에 따라 규제를 등록하고 관리할 경우 지역상황을 고려하고 지역특색에 부합하는 특성화된 규제시스템을 정비하는 데 한계에 봉착할 수밖에 없다. 지방정부는 법률에 명시된 규제를 위임받아 수행하지만, 집행현장에 충분한 재량을 가지고 접근할

---

[1] 이 장은 김창수·김성우(2016: 219-239)의 부산광역시의 경험을 중심으로 한 지방규제 등록·관리의 성과와 개혁 연구를 수정 보완한 것이다.

수 있으며, 필요할 경우 시행규칙의 개정을 건의할 수도 있다. 그러므로 부산광역시의 입장에서 규제를 등록하고 관리하며 규제개혁을 주도할 필요성이 있고, 이것이 본 연구의 중요한 배경이 된다.

부산광역시 등록규제대장에 2013년에는 276건, 2014년에는 272건의 규제가 등록되어있기 때문에 2013년 이후 현재까지를 연구범위로 설정하되, 2014년 이후 현재까지를 집중적인 시간적 범위로 삼고자 한다. 본 연구에서는 문헌조사와 내용분석 그리고 사례분석, 면담조사 등을 바탕으로 설문지를 구성하고, 부산광역시 본청의 42개 규제등록 및 관리부서 담당자와 16개 구·군청 규제등록 및 관리 업무 관련 공무원 총 201명을 대상으로 2015년 8월 17일~28일까지 설문조사를 실시하였다.

제2절 이론적 배경

1. 규제의 개념과 유형

행정규제의 투명하고 합리적인 운영을 위하여, 중앙행정기관은 「행정규제기본법」에 따라 모든 소관 행정규제를 규제개혁위원회에 등록하고 있다. 행정규제기본법 제6조 제3항에 따라 위원회에서 미등록규제 여부의 직권조사 후 미등록규제 발견 시 위원회가 즉시 등록하게 하거나, 당해 규제의 폐지 등 정비계획을 제출토록 요구한다.

규제정보포털(http://www.better.go.kr/)에서는 지역별 조례·규칙으로 규정하고 있는 규제정보를 실시간으로 제공하고 있는데, 2015년 8월 28일 현재 243개의 지자체가 41,746개의 규제를 등록하고 있고, 현재 부산광역시의 경우 1,437개의 규제가 등록되어 있다.

규제(regulation)란 개인, 기업, 조직의 활동에 대한 특정한 목적을 가진 국가의 개입(intervention)인데(Mitnick, 1980: 2), 정부가 기업이나 일반 국민에게 의무를 부과하는 다양한 형태의 수단으로 볼 수 있다(OECD, 1997: 6). 결국 정부규제란 바람직한 경제사회 질서의 구현을 위해 정부가 시장에 개입하여 기업과 개인의 행위를 제약하는 것이다(최병선, 1993: 18-24). 즉 규제란 개인과 기업의 자유선택과 경쟁에 맡겨져 왔던 영역이 정부의 간섭과 통제 하에 놓이게 됨을 의미한다. 규제완화(deregulation)는 정부의 간섭과 통제 하에 놓여 있던 영역이 시장경쟁에 맡겨지게 됨을 의미한다. 「행정규제기본법」 제2조 제1항에서는 행정규제란 국가 또는 지방자치단체가 특정한 행정목적을 실현하기 위하여 국민의 권리를 제한하거나 의무를 부과하는 것으로 법령 등 또는 조례·규칙에 규정하는 사항이라고 한다(최병선, 1993: 18-24; 최유성, 2007: 18-20; 김창수, 2012). 본 연구에서 지방규제는 지방자치단체인 부산광역시의 행정규제를 의미한다.

　정부규제의 유형 분류는 매우 다양하다. 이는 상호배타성과 포괄성을 만족시키는 완벽한 규제유형분류가 쉽지 않음을 의미하는 것이기도 하다(김창수, 2012: 29-34). 먼저 Mitnick(1980: 14)은 규제자와 규제대상자가 공공영역에 속하느냐 민간영역에 속하느냐에 따라 네 가지 유형으로 규제를 분류한다. Mitnick(1980: 15)은 또한 규제 대상영역과 규제수준의 차이에 따라 규제를 분류하고 있다. 그는 규제대상에 따라 (1) 국민에게 직접적인 영향을 미치는 정부행위를 사회적 규제, (2) 시장 활동에 영향을 주는 정부행위를 경제적 규제로 분류한다. 그리고 이를 규제의 수준에 따라 분류하고 있다. 이러한 그의 논의는 이후 정부규제를 경제적 규제와 사회적 규제로 나누어 분류하는 데 시금석을 제공한다. 이는 규제대상에 따른 경제적 규제와 사회적 규제 분류를 취하는 최병선(1993)의 규제분류 이론으로는 명확하지 않은 부분을 해소해주는 것이다. 한편 최유성(2007: 33)은 선행연구를 검토하면서 규제방식과 규제시기에 따라 네 가지 규제유형을 제시하는데, 이는 정부규제의 다양한 수단을 논의하는데 유용한 시사점을 제공한다.

　최유성(2007: 40-133)은 규제의 성격별 기준을 적용하여 처음으로 등록규제를 분류하였다. 성격별 규제분류기준은 「규제등록 정비지침」(2006. 8)을 통해서 새로 작성된 것으로 내용은 기본적으로 규제를 경제적 규제, 사회적 규제, 행정적 규제로 구분하고 있다(OECD, 1997). (1) 경제적 규제는 진입규제, 가격규제, 거래규제, 품질규제로 세분하고 있다. (2) 사회적 규제는 투입기준 규제, 성과기준 규제, 시장유인 규제로 구분하였다. 아울러, 규제의 내용에 따라 환경규제, 산업재해 규제, 소비자안전규제, 사회적 차별에 관한 규제로 구분하고 있다. (3) 그는 행정적 규제는 규제의 집행과정에서 부수적으로 수반되는 것들로서, 실질적으로 개인이나 기업에 부담을 주거나 새롭게 의무를 부과하는 경우가 많다는 점, 그리고 실제적으로 이러한 유형의 규제가 민간의 규제개혁 체감도에 커다란 영향을 미친다는 점에서 경제적 규제나 사회적 규제와는 다른 관점에서 다루어져야 한다고 한다. 즉, 행정적 규제의 정비는 민원사무의 간소화와 상당 부분 중복되는 측면이 있는데, 현재 행정적 규제가 전체 규제 중 18%를 차지하고 있다는 것은 규제의 관리 측면에서 다각적인 검토를 할 필요가 있다는 것이다.

2. 선행연구의 검토와 차별성

규제등록 및 관리제도에 관한 체계적인 연구는 아직 일천한 편이다. 첫째, 최유성(2007)은 「규제등록 및 관리제도 개선방안에 관한 연구」를 통해 5,011건에 해당하는 방대한 양의 중앙정부의 등록규제를 성격별로 분류하는 작업을 수행하였다. 그는 후속 연구로 2014에는 「행정적 규제의 유형분류 및 실태분석에 관한 연구」를 통해 경제적 규제와 사회적 규제와는 달리 행정적 규제의 하류분류가 미흡함을 인식하고, 행정적 규제의 유형분류 및 실태분석을 수행하였다. 최유성(2007, 2014)은 두 차례 연구를 통해 성격별 규제유형 분류체계를 마련하였다. 나아가 방대한 양의 중앙정부 규제를 분류하고 논의하였다는 점에서 매우 큰 의미를 둘 수 있지만, 현행 지방규제의 관리시스템과 괴리를 보이고 있기 때문에 한계가 있었다.

둘째, 제주발전연구원(2010)은 「제주특별자치도 규제의 관리 및 규제개혁시스템 강화 방안 마련을 위한 연구」를 통해 1,145건의 행정규제 등록 및 관리 현황을 분석하였는데, 제주형 중요규제 분류기준을 마련했다는 점에서 의의를 찾을 수 있다. 하지만, 성격별 규제유형 분류를 너무 피상적으로 접근하였고, 심층적 논의를 통해 개선방향을 도출하지 못했다는 점에서 한계가 있었다.

셋째, 이종한(2014)의 경우 「규제정책 평가 및 관리 개선방안: 기존 규제정비제도를 중심으로」를 통해 기존규제를 어떻게 정비할 것인가에 대한 시사점을 제공하였다. 하지만, 규제별 유형분류에 따른 맞춤형 정비방안과 지방정부 차원에서 개선방향을 제시하지 못했다는 점에서 한계가 있었다.

본 연구는 선행연구의 폭넓고 다양한 성과들을 받아들이면서, 최유성(2007, 2014)의 모델을 바탕으로 부산광역시 본청 272건의 등록규제를 분류하여 정책적 시사점을 도출하였다. 세부적으로 부산광역시 등록규제의 현황을 분석하고, 성격별 분류를 바탕으로 규제관리방안을 제시하였다. 방법론적으로는 문헌조사와 통계분석을 바탕으로 부산광역시의 등록규제 관리 성과를 분석하고, 면담조사와 설문조사를 병행함으로써 등록규제와 규제관리 담당자들의 인식을 심층적으로 조사하였다. 그뿐만 아니라 사례연구와 벤치마킹을 통해 부산광역시 등록규제 성격별 분류 및 관리방안을 마련하고, 부산의 상황에 적합한 중요규제를 도출하고 합리적 관리방안을 제시하였다.

3. 분석틀의 설정

본 연구에서는 <그림 9-1>에 나타난 바와 같이 부산광역시의 등록규제 현황분석과 합리적 관리방안 마련을 위한 분석틀을 크게 2가지 차원에서 구성하였다. 규제등록과 규제관리가 합리적으로 이루어질 경우 내부 관리의 효율성뿐만 아니라 외부성과의 향상에도 크게 기여할 것으로 가정하였다.[2]

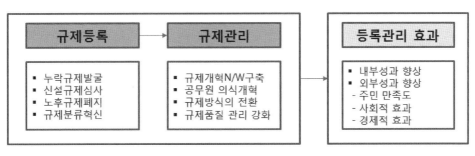

<그림 9-1> 분석틀

우선 규제등록과 관련하여 4가지 연구문제를 제기하고 각 사안에 초점을 맞추었다. 첫째, 부산광역시의 누락규제발굴시스템이 합리적으로 작동하고 있는가? 현재 부산광역시는 법제처에 등록되어 있는 535개 부산광역시의 법령(439개의 부산광역시 조례) 중에서 73건의 조례와 5건의 규정, 고시 등 총 78건의 법령에서 근거한 272건의 규제를 규제대장에 등록하여 관리하고 있다. 그러므로 457건의 부산광역시 법령(366건의 부산광역시 조례)에 대해서는 누락규제가 없는지 치밀하게 분석할 필요가 있다. 여기서는 누락규제 여부를 따지기보다는 규제등록시스템의 합리성 여부를 분석하고자 한다. 둘째, 부산광역시의 규제신설 때 심사가 합리적으로 이루어지고 있는가? 현재 부산광역시의 경우 고시와 지침의 경우에도 규제일 때는 심사하고 있다. 부산광역시가 조례와 규칙을 통한 규제신설 때 규제영향분석을 통한 비용과 편익 산정 후 규제를 도입하고 있는지 살펴보고자 한다. 셋째, 부산광역시는 규제도입 기간이 상당기간 지났고, 규제효과가 사실상 상실된 노후규제를 합리적으로 폐지하고 있는가? 넷째, 현재 부산광역시는 행정자치부의 지침에 따라 규제를 등록하여 관리하고 있는데, 성격별 규제분류의 필요성을 느끼고 있는가? 진입규제를 포함한 경제적 규

---

[2] 2015년 8월 31일 면담한 행정자치부 지방규제혁신과 담당자에 의하면, 규제관리의 정책방향은 신설규제의 심사, 누락규제의 발굴, 조례와 규칙의 폐지로 인한 폐지규제의 확인, 규제가 아닌데 등록된 것 확인하여 없애는 것 등 네 가지 사항을 지방자치단체 규제등록과 규제관리의 핵심적인 업무로 파악하고 있었다.

제를 대폭 완화하고, 사회적 규제는 합리적으로 강화하는 정책방향을 충분하게 이해하고 있는가?

그리고 규제등록 이후에 규제관리를 합리화하기 위한 다음 4가지 연구문제를 제기하고 각 측면에서 분석해보고자 했다. 첫째, 부산광역시는 규제개혁 네트워크를 구축하고 상향식 규제개혁을 추진하고 있는가? 부산광역시는 2014년까지는 소극적으로 현장기업의 목소리 듣기에 치중했으나, 2015년부터 적극적으로 현장을 찾아가 규제개혁 현안을 발굴하고 있다. 이러한 부산광역시의 규제관리방안은 합리적이라고 평가할 수 있는가? 둘째, 부산광역시 공무원들은 적극적으로 고객의 입장에서 합리적으로 규제관리를 하고 있는가? 현재 부산광역시의 '사전감사컨설팅제도'의 도입으로 인해 부산광역시 공무원들의 규제개혁 마인드는 제고되었는가? 셋째, 부산광역시의 포지티브 방식에서 네거티브 방식으로의 규제방식 전환 방안은 합리적이라고 평가하는가? 부산광역시의 경우 85건의 인·허가 규정 현황을 살펴보면, 24건(28%)이 네거티브 규제방식이며, 61건(72%)은 포지티브 방식인 것으로 나타났다. 이러한 61건의 포지티브 규제방식 중에서 21%인 13건을 네거티브 방식으로 전환 추진을 하고 있다. 원칙허용을 전제로 하면서 허가할 수 없는 요건과 대상만을 열거하는 네거티브 규제 방식은 영업허가 등 경제적 규제에 적합한 것으로 판단된다. 원칙 허용이 어려운 정책판단 영역이나 사회적 규제 영역은 네거티브 규제 도입에 한계가 있는 것으로 판단된다. 이러한 부산광역시의 포지티브 방식에서 네거티브 방식으로의 규제방식 전환 방안은 충분하고 합리적이라고 평가하는가? 넷째, 부산광역시는 규제의 질을 합리적으로 관리하고 있는가? 부산광역시는 사회적 약자를 위한 규제와 안전규제 등 착한 규제는 2014년 감축규제에서 제외한 바 있다. 그리고 부산광역시의 경우 일자리 창출과 투자활성화를 위해서 걸림돌이 되는 규제는 완화하고, 시민안전과 건강을 위한 규제는 보완하거나 강화하는 시스템을 유지하고 있다. 그리고 상위법령 근거 없는 규제, 위임범위 벗어난 일탈규제, 위임사항 소극 적용한 규제, 상위법 제·개정사항 미반영 규제 등 '불합리한 지방규제 개선방안'을 마련하고 있다. 이러한 부산광역시의 규제의 질 관리방안은 합리적이라고 평가할 수 있는가?

제3절 지방규제 등록·관리의 현황과 조사 분석

1. 부산광역시 등록규제의 현황 분석

<표 9-1>은 부산광역시 본청 272건의 등록규제를 근거 법령과 관련 조문을 분석한 결과이다. 경제적 규제가 148건(54.4%)으로서 가장 많았고, 행정적 규제가 78건(28.7%), 그리고 사회적 규제는 46건(16.9%)을 차지하고 있는 것으로 나타났다. 현재 부산광역시에 등록된 규제는 경제적 규제가 사회적 규제보다 월등하게 많다는 것을 알 수 있다. 경제적 규제 중에서는 진입규제가 142건으로서 대부분을 차지하고 있는 것으로 나타났다. 규제의 강도가 높고 경제활동의 자유를 근원적으로 제약하는 진입규제가 거의 96%를 차지하고 있어 민원인들이 현장에서 느끼는 규제강도가 매우 컸던 것이 우연이 아님을 알 수 있다.

<표 9-1> 부산광역시 성격별 등록규제 현황 분석

합계	경제적 규제	진입	가격	거래	품질	사회적 규제	규제방식			규제영역					행정적 규제
							투입	성과	시장유인	환경	산업재해	소비자안전	사회적차별	공공복리 및 사회질서	
272	148	142	1	5	-	46	38	-	8	24	-	19	-	3	78

사회적 규제의 경우 세부기준인 규제방식에 의한 분류에 따라 살펴보면 전체 46건의 사회적 규제 중 투입기준규제가 38건(82.6%)으로 절대 다수를 차지하고 있고, 다음으로 시장유인적인 규제가 8건(17.4%), 성과기준 규제는 없는 것으로 나타났다. 이는 부산광역시의 사회적 규제가 규제의 강도가 높고, 규제의 효과가 낮은 투입기준 중심의 규제에 지나치게 의존하고 있기 때문에 규제순응에 부정적으로 작용할 우려가 있는 것으로 나타났다. 따라서 사회적 규제의 품질을 제고하기 위해서는 성과기준 규제나 시장유인적인 규제와 같은 규제방식의 전환을 적극적으로 모색할 필요가 있는 것으로 나타났다. 사회적 규제를 규제영역별로 분류한 결과를 보면, 46건의 사회적 규제 중에서 환경규제가 24건(52.2%)이고, 안전규제가 19건(41.3%), 공공복리 및 사회질서 규제가 3건(6.5%)으로 나타났다. 그런데 사회적 차별에 관한 규제와 산업재해 관련 규제가 등록되어 관리되고 있지 않은 점은 다각도의 검토를 요한다. 이 부분은 중앙행정기관의 규제정책방향과 어떻게 조율할지의 문제와 맞물려있

기 때문에 좀 더 심층적인 분석이 요구된다.

2. 지방정부 규제등록·관리에 대한 조사 분석

부산광역시 본청과 16개 구·군청 규제등록 및 관리 업무 관련 공무원 총 201명을 대상으로 2015년 8월 17일~28일까지 설문조사를 실시하였다. 응답자 총 201명 중에서 42.3% 인 85명은 남자, 57.7%인 116명은 여자로 나타났다. 근무지별로 본청 근무자는 전체 응답자의 21.8%인 44명, 구·군청 근무자는 78.2%인 158명이 설문에 응답하였다. 경력별로는 20년 이상 근무자가 39.3%로 79명이 응답했고, 10~15년 미만(17.5%), 15~20년 미만(17.4%)로 10년 이상 경력을 가진 공무원의 응답비중이 높았다. 직급별로는 7급 응답자의 비중이 48.0%(95명)로 가장 높았고, 6급이 33.3%(66명)을 차지하였다. 기타 8급 12.6%, 9급 4.0%가 응답했다.

<표 9-2> 응답자 특성

		빈도	%			빈도	%
성별	남자	85	42.3	근무지	본청	44	21.8
	여자	116	57.7		구·군	158	78.2
경력	5년 미만	32	15.9	직급	4급	1	0.5
	15-10년 미만	19	9.5		5급	3	1.5
					6급	66	33.3
	10-15년 미만	36	17.9		7급	95	48.0
	15-20년 미만	35	17.4		8급	25	12.6
	20년 이상	79	39.3		9급	8	4.0

부산광역시 본청과 구·군 공무원간의 규제관리시스템에 대한 인식차이에 대한 T-검정 결과는 주민의견 청취, 네거티브 방식으로 규제설계시스템의 변화, 신설규제에 대한 합리적 심사, 등록규제의 합리적 분류 등에 대해서는 유의수준 0.1하에서 본청 공무원의 인식이 보다 긍정적인 것으로 평가되었다.

1) 규제등록·관리의 효과

(1) 내부성과의 향상

규제등록 및 관리시스템에 대한 전반적인 만족도 수준은 3.42점이었고, 행정업무에 대한 도움 정도에 대한 인식은 평균 3.31점, 규제등록·관리시스템을 통한 규제개선효과에 대한 인식은 3.32점으로 나타나 개선의 여지가 아직 많은 것으로 해석할 수 있었다. 교차분석 결과에 따르면, 규제등록·관리시스템을 통한 행정업무 도움정도에 대해 4~6급은 3.49점으로 7~9급(3.21점)보다 높게 인식해 해당 시스템을 통한 행정업무에 대한 효율성 증가에 대한 인식이 고위직 공무원에서 높은 것으로 나타났다. 규제등록 시스템의 행정업무에 도움 정도에 대하여 본청 공무원(3.59점)이 구·군(3.23점) 공무원 보다 높은 것으로 인식했다.

(2) 외부성과의 향상

① 주민만족도

규제등록 및 관리시스템을 통한 규제개선노력이 주민만족도 개선에 도움이 되는지에 대한 인식은 평균 3.23점, 규제등록 및 관리 시스템을 통한 주민체감 규제개혁효과에 대해서는 평균 3.11점으로 낮게 나타났기 때문에 규제개혁이 현장의 목소리를 반영하는 강도를 지속적으로 높여야함을 알 수 있다. <그림 9-2>에 나타난 바와 같이 주민이 체감하는 규제개혁효과가 낮다고 생각하는 이유에 대하여 응답자의 40.9%가량이 규제개혁과정에서 주민참

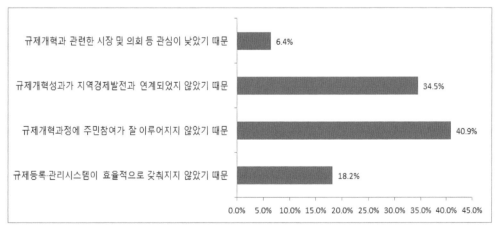

<그림 9-2> 주민체감 규제개혁 효과가 낮다고 생각하는 이유 분석

여가 이루어지지 않았기 때문으로 답했고, 34.5%는 규제개혁의 성과가 지역경제발전과 연계되지 않고 있기 때문으로 인식하였다. 규제개혁 효과가 높다고 생각하는 이유에 대해서는 규제개혁의 성과가 지역경제발전과 연계성이 높기 때문이라는 응답이 31.8%로 나타났고, 규제등록·관리시스템의 효율성과 자치단체장 및 의회 등의 높은 관심 때문이라는 응답 비중이 26.2%, 22.4%로 각각 나타났다.

주민이 체감하는 규제개혁의 효과가 낮다고 인식하는 이유에 대하여 7~9급 하위직 공무원의 경우 주민참여가 이루어지지 않았기 때문이라는 응답비율이 39.3%로 가장 높았고, 다음 지역경제발전과의 연계성을 32.1%가 답했다. 4~6급 고위직 공무원 역시 주민참여(44.8%)와 지역경제발전의 연계성(37.5%)을 이유로 들었다. 주민이 체감하는 규제개혁 효과가 높다고 답한 응답자를 대상으로 그 이유에 대하여 4~6급의 경우 지역경제와의 연계성(37.5%), 효율적인 규제관리시스템(27.1%) 등을 답했다. 반면 7~9급 공무원의 경우 시장 및 의회의 관심(26.3%), 지역경제와의 연계성(26.3%), 규제등록·관리시스템의 효율성(26.3%) 등에 대한 고른 응답분포를 보였다.

규제등록·관리시스템에 따른 규제개선의 효과성과 규제등록·관리시스템 도입과 규제개선 노력에 따른 주민만족도 향상에 대하여 유의수준 0.05하에서 통계적으로 유의미하게 부산광역시 본청 공무원이 구·군 공무원에 비해 성과가 높은 것으로 인식하는 것으로 나타났다. 부서별 규제등록·관리시스템에 대한 성과 인식은, 규제·등록 및 개혁시스템에 대해 느끼는 전반적인 만족도에 대하여 경제관련 부서 3.26점, 비경제관련 부서 3.56점으로 비경제관련 부서의 만족도가 높았다.

② 사회적·경제적 효과

<표 9-3>에 의하면 규제등록·관리시스템의 도입과 규제개선 노력으로 인한 사회·경제적 성과에 대한 인식은 주민 복지 향상 3.45점, 사회 약자 보호 3.41점, 사회적 안정성 확대 3.44점, 사회적 갈등 비용 감소는 3.25점인 반면, 지역경제 발전 3.58점, 일자리 창출 3.46점, 투자활성화는 3.54점으로 나타났다. 규제등록 및 관리시스템의 도입에 따른 개선효과가 사회적 영역보다는 경제적 분야의 성과가 높은 것으로 인식되고 있어, 사회적 분야에 대한 성과를 높일 수 있는 방안 마련이 요구된다.

<표 9-3> 지방규제 등록·관리시스템의 사회·경제적 성과

	조사항목	Mean	Std
사회적 성과	주민의 복지향상에 기여하였다.	3.45	1.048
	사회적 약자 보호에 기여하였다.	3.41	1.095
	사회적 안전성 확대에 기여하였다.	3.44	1.080
	사회적 갈등 비용 감소에 기여하였다.	3.25	1.138
경제적 성과	부산시의 지역경제발전에 도움이 되었다.	3.58	1.077
	부산시의 일자리창출에 도움이 되었다.	3.46	1.142
	부산시의 투자활성화가 되었다.	3.54	1.140

규제등록·관리시스템의 사회·경제적 성과에 대하여 4~6급 공무원의 경우 사회적 약자 보호에 기여했다는 답변이 3.65점으로 7~9급(3.23점)보다 높게 나타났다. 규제등록·관리시스템의 사회·경제적 성과에 대한 부산광역시 본청과 구·군 공무원간 인식 차이는, 주민 복지 향상 기여와 관련해서 본청 3.76점, 구·군 3.34점으로 유의수준 0.05하에서 통계적으로 의미 있는 차이를 보였다. 부산광역시 본청 공무원은 규제등록·관리시스템의 도입과 규제개선의 영향으로 주민의 복지향상이 크다고 인식하였다. 사회적 약자보호, 사회적 안전성 확대, 사회적 갈등에 대한 비용감소 등의 효과에 대하여 유의수준 0.05와 0.01하에서 통계적으로 유의미한 차이를 나타냈지만, 지역경제발전, 일자리 창출, 투자활성화 등 경제적 효과에 대해서는 본청과 구·군 공무원 간에 인식의 차이를 나타내지 않았다. 부서별 규제등록·관리시스템의 사회·경제적 성과에 대하여 사회 안전성 확대 측면에서 유의수준 0.1하에서 통계적으로 의미 있는 차이를 보였다.

2) 규제등록시스템의 분석

첫째, 누락규제 발굴시스템과 관련하여 부산광역시 공무원은 시민이 체감하는 규제 중 규제등록 대장에 등록된 규제는 78.15%라고 답해 부산광역시 규제 중 약 21.85%가량이 누락되어 있다고 인식하였다. 그러므로 점진적으로 누락규제를 발굴하는 작업이 요구되는 것으로 해석할 수 있었다. 부산광역시 공무원은 규제발굴에 대한 적극성은 3.68점으로 높았기 때문에 긍정적으로 해석되었다. 직급간의 부산광역시 규제등록에 대한 인식은 미세한 차이가 있었는데, 부산광역시 전체 규제 등록상황에 대하여 4~6급의 고위직 공무원의 경우 80.31%가량이 등록되어 있다고 답했고, 7~9급 공무원은 76.97%가량이 등록되어 있다고 응답하였다. 고위직 관료에 비해 하위직(7~9급) 공무원일수록 규제여부를 구분하는데 어려움 있는 것으로 응답해 공무원의 직급 차이에 따라 규제여부에 대한 판단에 대한 인식의 차이가 있었다. 부산광역시 본청 공무원과 구·군 공무원의 부산광역시 누락규제에 대한 인식의 분석 결과, 부산광역시 전체 규세에 대하여 본청공무원은 병균 21.37%가량이 누락되었다고 인식했고, 구·군 공무원의 경우 21.99%로 인식의 차이가 없는 것으로 나타났다. 부서 특징별 부산광역시 전체 누락 규제에 대한 인식은 경제관련 부서의 경우 23.85%, 비경제부서 20.67%로 답했다. 규제발굴의 적극성 측면에서 비경제 부서(4.24점)가 경제관련 부서(3.84점)에 비해 보다 적극적이라고 인식하였다.

둘째, 신설규제 심사시스템과 관련하여 신설규제 심사는 3.59점으로 나타났기 때문에 부산광역시 공무원들은 규제신설 과정에서 심사가 합리적으로 이루어지고 있는 것으로 판단하였다. 그러나 규제영향분석을 통한 체계적이고 심사는 이루어지고 있지 못하기 때문에 중요 규제에 대해서는 좀 더 심도 깊은 검토가 필요한 것으로 판단된다.

셋째, 장기존속규제(일명 노후규제) 폐지 시스템과 관련하여 상대적으로 장기존속규제에 대한 폐지와 관리가 3.38점으로 부족한 것으로 인식하고 있어서 일정 부분 장기존속규제의 정비 역시 요구되고 있음을 반증하는 것으로 해석되었다. 특히 전문가들은 특정 지역에서 이해관계자들이 깊이 관여하여 일정 집단에게 유리한 규제가 지속된다면 반드시 검토해야 한다고 지적하고 있다.

넷째, 규제분류의 혁신과 관련하여 규제의 합리적 분류 3.48점, 규제등록·관리시스템의 정착 3.42점, 규제등록·관리시스템의 평가 및 사후관리 3.47점으로 나타났다. 등록규제의 분류 관리는 비교적 안정적으로 잘 이루어지고 있는 것으로 해석할 수 있었다. 평소 응답자가 가지고 있는 규제개선과 관련된 인식은 진입규제(4.96점), 가격규제(4.48점), 거래규제(4.62점) 등 경제적 규제에 대한 추가적인 규제 완화의 필요성을 강하게 인식하고 있었다. 사회적 규제인 환경규제(2.67점), 산업재해규제(2.64점), 안전규제(2.41점), 사회적 차별에 대한 규제(3.30점) 등 사회적 규제의 강화 필요성에 대한 인식이 높았다. 단순한 행정적 규제의 경우 4.63점으로 완화에 대한 인식이 높았다.

직급별 규제에 대한 인식조사 결과는 <표 9-4>에 나타난 바와 같이, 규제의 유형별 규제 개혁에 대한 인식에 대하여 사회적 규제인 '사회적 차별에 대한 규제'에 대하여 4~6급 공무원이 3.64점으로 7~9급(3.08점)에 비해 보다 통계적으로 유의미하게 완화되어야 한다고 인식하고 있었다. 유형별 규제에 대한 인식에 대해서는 경제적 규제인 거래규제와 관련하여 부산광역시 본청(5.07점) 공무원이 구·군(4.50점) 공무원에 비해 완화되어야 한다고 인식하

<표 9-4> 직급별 규제의 강화 및 완화에 대한 인식

		직급	N	Mean	Std	T	p
경제적 규제	진입규제	4~6급	70	5.16	1.471	1.355	.177
		7~9급	128	4.87	1.422		
	가격규제	4~6급	69	4.61	1.638	.818	.415
		7~9급	128	4.41	1.570		
	거래규제	4~6급	70	4.81	1.544	1.127	.261
		7~9급	128	4.55	1.551		
사회적 규제	환경규제	4~6급	70	2.84	1.612	1.328	.187
		7~9급	128	2.55	1.267		
	산업재해규제	4~6급	70	2.71	1.505	.699	.486
		7~9급	127	2.57	1.366		
	안전규제(소방안전, 소비자안전 등)	4~6급	70	2.40	1.527	.122	.903
		7~9급	128	2.38	1.292		
	사회적 차별에 대한 규제	4~6급	70	3.64	2.050	2.094	.038
		7~9급	128	3.08	1.672		
행정적 규제		4~6급	66	4.85	1.339	1.439	.152
		7~9급	123	4.55	1.350		

주 : 규제가 강화되어야 한다(1점)~규제가 완화되어야 한다(7점)

고 있었다. 나머지 규제에 대해서는 본청 공무원과 구·군 공무원간에 인식 차이를 나타내지 않았다. 규제유형에 따른 강화 및 완화의 인식에 대해서는, 사회적 규제인 환경규제, 산업재해규제, 안전규제로 유의수준 0.05하에서 비경제부서가 경제관련 부서에 비해 규제강화가 필요하다고 인식하였다. 사회적 차별에 대한 규제 역시 유의수준 0.1하에서 비경제부서가 규제강화의 필요성을 인식하였다. 반면 경제적 규제와 행정적 규제에 대하여 부서별로 인식의 차이를 보이지 않았다.

3) 규제관리시스템의 분석

첫째, 규제개혁 네트워크 구축 측면에서 규제변화와 관련하여 이해관계자와 주민에 대한 의견청취는 3.34점으로 비교적 낮고, 주민홍보에 대한 인식 역시 3.31점으로 매우 낮았다. 주민 체감 효과가 낮다가 인식하는 이유에 대해서 부산광역시 본청 공무원의 경우 낮은 주민참여(44.8%), 구·군청 공무원 역시 낮은 주민참여(39.9%)라고 답하였기 때문에 규제개혁의 주민 체감만족도를 제고하기 위해서는 주민참여가 대폭 요구됨을 알 수 있다.

둘째, 공무원의 의식개혁 측면에서 규제개혁과 관련된 역할에 대하여 '규제의 발굴과 개혁 역할의 자기업무와의 관련성'에 대한 인식은 3.51점으로서 규제개혁에 대한 업무 공감대는 비교적 높은 것으로 나타났다. 직급별 인식 차이를 살펴보면, 4~6급의 경우 3.83점으로 7~9급(3.36점)보나 높았나. 이러한 결과를 통해 하위식 공무원들이 규제개혁업무를 자기 업무로 내면화하여 민원인과 접점에서 만나는 것이 바람직한 것으로 보인다. 그리고 규제개혁과 자신의 업무와 관련성에 대한 인식 역시 비경제부서의 공무원이 유의수준 0.05하에서 높게 인식하였다.

셋째, 규제방식의 전환 측면에서 '포지티브 방식' '네거티브 방식'으로 규제설계방식의 전환에 대해서는 3.51점으로 비교적 높게 나타났다. 교차분석 결과, 4~6급의 경우 3.65점으로 7~9급(3.43점)보다 높았지만, 통계적으로 유의미하지는 않았다. 본청의 경우 4.12점으로 나타나 구·군 3.74점보다 높았다. 규제대상자에게 자율성과 창의성을 부여하는 네거티브 규제방식은 아직은 현장에서 폭넓게 작용되지 않고 있지만, 점진적으로 확대되고 있는 것으로 판단된다.

넷째, 규제품질 관리 강화 측면에서 규제품질 관리의 타당성은 3.55점, 규제심사의 합리성 3.59점으로 나타났기 때문에 규제품질관리를 위한 부산광역시의 지속적인 노력이 따르고 있음을 확인할 수 있다. 교차분석 결과, 규제의 품질에 대한 관리에 대하여 유의수준 0.05하에서 비경제 부서가 경제관련 부서에 비해 보다 긍정적으로 평가하였다. 그리고 규제의 합리적 분류 3.48점, 규제등록·관리시스템의 정착 3.42점, 규제등록·관리시스템의 평가 및 사후관리 3.47점으로 상대적으로 높게 나타나지는 않았는데, 이는 규제품질의 향상을 위해서 규제개선 프로세스를 지속적으로 개혁하는 작업이 요구됨을 의미한다.

제4절 지방규제 등록·관리시스템 개혁 방안

1. 부산광역시 규제개혁의 방향

부산광역시에서 규제를 등록하고 관리하는 중요한 이유는 뚜렷한 정책목적이 있기 때문이다. 본 연구에서는 먼저 부산광역시에서 내부성과의 향상을 목적으로 했다는 점에 주목하였다. 본청과 16개 구·군청의 관련 공무원들의 규제등록 및 관리시스템에 대한 전반적인 만족도나 행정업무에 대한 도움 정도는 그리 높지 않았고, 규제등록·관리시스템을 통한 규제개선효과에 대한 인식 역시 높지 않아 개선의 여지가 아직 많은 것으로 판단된다. 그러므로 내부성과의 향상을 위해 지속적으로 등록규제를 개선하고 관리하는 노력이 요구된다. 특히 일선의 하위직 공무원들과 구·군청 공무원들이 규제개혁에 공감하고 함께 추진하는 것이 중요한 정책방향으로 확인되었다.

부산광역시에서 규제를 등록하고 관리하는 더 중요한 이유는 외부성과의 향상을 위해서이다. 첫째, 규제등록 및 관리시스템을 통한 규제개선노력이 주민만족도 개선에 도움이 되는지에 대한 인식, 규제등록 및 관리 시스템을 통한 주민체감 규제개혁효과에 대한 인식 역시 낮게 나타났기 때문에 규제개혁이 현장의 목소리를 지속적으로 반영할 수 있는 장치 마련이 요구된다. 주민이 체감하는 규제개혁효과가 낮다고 생각하는 이유 역시 규제개혁과정에서 주민참여가 이루어지지 않았고, 규제개혁의 성과가 지역경제발전과 연계되지 않고 있기 때문으로 인식하였다. 따라서 지역경제발전이라는 정책목표를 명확히 하되, 주민참여를 활성화할 수 있는 정책방향이 요구된다.

둘째, 규제등록·관리시스템의 사회적 성과와 경제적 성과에 대한 인식은 극명하게 차이를 보였다. 주민복지향상, 사회적 약자 보호, 사회적 안전성 확대, 사회적 갈등 비용 감소에 대한 인식은 매우 낮은 반면, 지역경제 발전, 일자리 창출, 투자활성화 등은 매우 높게 나타났다. 규제등록 및 관리시스템의 도입에 따른 개선효과가 사회적 영역보다는 경제적 분야에서 높은 것으로 인식되고 있어, 사회적 분야에 대한 성과를 높일 수 있는 방안 마련이 요구된다. 2015년 부산광역시는 16개 구·군의 사례를 포함한 규제개선 사례 70선을 선정하여 발표하였는데, 사례분석 결과도 유사한 결론에 이르고 있다. 즉, 부산광역시 본청과 관련된 25건의 규제개선사례 중에서 경제적 규제인 진입규제 완화 건수가 21건으로 대부분을 차지하고 있었다. 지역투자 활성화와 일자리 창출을 위해서는 진입규제의 대폭 완화에 방점을 두는 것은 좋지만, 지역주민의 삶의 질과 관련된 사회적 규제에 대해서는 거의 관심을 보이지 않고 있기 때문에 부산광역시의 입장에서는 균형 잡힌 시각을 가질 필요가 있는 것으로 나타났다. 행정자치부 역시 생활규제 정비계획에 방점을 둘 계획이라고 한 점에서 고무적인 정책방향으로 평가된다.

2. 부산광역시 규제등록시스템의 개혁

부산광역시에서 행정업무의 효율성을 제고하여 내부성과를 향상하고, 주민만족도와 사회·경제적 성과를 제고하여 외부성과를 향상하기 위해서는 먼저 규제등록시스템을 체계적으로 개선하는 작업이 요구된다.

첫째, 누락규제 발굴시스템의 정비가 요구된다. 부산광역시 공무원은 시민이 체감하는 규제 중 20% 이상이 누락되어 있다고 인식하였다. 그러므로 점진적으로 누락규제를 발굴하는 작업이 요구되는 것으로 해석할 수 있었다. 부산광역시 공무원은 규제발굴에 대한 적극성이 매우 높기 때문에 긍정적으로 해석되었다.

둘째, 신설규제 심사시스템의 활성화가 요구된다. 부산광역시 공무원들은 규제신설 과정에서 심사가 합리적으로 이루어지고 있는 것으로 판단하였다. 현재 부산광역시의 경우 고시와 지침의 경우에도 규제일 때는 심사하고 있고, 실제 행정계획과 행정협의사항 그리고 각종 규정의 경우에도 규제로 관리되어있는 점을 감안하면, 부산광역시의 규제신설 때 심사가 폭넓게 합리적으로 이루어지고 있는 것으로 평가된다. 그러므로 행정자치부의 가이드라인과 현장의 요구를 감안하면서 단계적으로 접근하되, 규제 신설에 따른 영향분석을 체계적으로 보완하는 노력도 요구된다.

셋째, 장기존속규제(일명 노후규제) 폐지 시스템의 활성화가 요구된다. 부산광역시 공무원들은 장기존속규제에 대한 폐지와 관리가 상대적으로 부족한 것으로 인식하고 있어서 일정 부분 장기존속규제 정비 역시 요구되고 있음을 반증하는 것으로 해석되었다. 장기존속규제에는 고착된 이해관계와 복잡한 절차가 내재되어 있는데, 지방정부에도 광역의회와 기초의회가 저항하는 정치가 내재되어있을 수 있기 때문에 부산광역시에서 주민참여와 주민의견청취 기회를 확대하면서 적극적으로 장기존속규제를 정비하는 노력이 요구된다.

넷째, 부산광역시의 등록규제의 개선을 위해서는 규제분류의 혁신이 필요하다. 부산광역시 공무원들은 규제의 합리적 분류, 규제등록·관리시스템의 정착, 규제등록·관리시스템의 평가 및 사후관리에 비교적 긍정적으로 평가하였다. 즉, 등록규제의 분류 관리는 비교적 안정적으로 잘 이루어지고 있는 것으로 해석할 수 있었다. 그리고 진입규제, 가격규제, 거래규제 등 경제적 규제에 대한 추가적인 규제 완화의 필요성을 강하게 인식하고 있었고, 사회적 규제인 환경규제, 산업재해규제, 안전규제, 사회적 차별에 대한 규제 등은 강화 필요성이 있음을 인지하고 있었다. 단순하지만 규제대상에게 실질적인 부담을 지우는 행정적 규제의 경우 완화 필요성을 인식하고 있었다. 이처럼 규제개혁의 정책방향을 잡기 위해서는 성격별 규제분류의 필요성은 강하게 요구되지만, 너무 방대한 작업이기 때문에 현장에서는 한계가 많은 것으로 인식되었다.

3. 부산광역시 규제관리시스템의 개혁

부산광역시에서 규제개혁의 성과를 효율적으로 달성하기 위해서는 규제관리시스템을 체계적으로 개선하는 작업이 요구된다.

첫째, 규제개혁 네트워크 구축은 등록규제를 합리적으로 관리하기 위한 기반의 역할을 한다. 부산광역시 공무원들은 규제의 등록, 폐지, 수정 등 규제변화와 관련하여 이해관계자와 주민에 대한 의견청취는 비교적 잘 이루어지지 않고, 주민홍보 역시 적극적으로 이루어지지 않고 있는 것으로 인식하였다. 그리고 주민 체감 효과가 낮다고 인식하는 이유에 대해서 부산광역시 본청 공무원의 경우 낮은 주민참여를 1순위로 응답했고, 구·군청 공무원 역시 낮은 주민참여를 1순위로 답했기 때문에 규제개혁의 주민 체감만족도를 제고하기 위해서는 주민참여가 대폭 요구됨을 알 수 있다. 더불어 국가 전체적으로 규제개혁의 성공적 지속가능성을 위해서는 담당 공무원이 힘을 낼 수 있도록 관련 조직을 제도하여 네트워크가 지속되게 하는 것이 중요한 것으로 나타났다.

둘째, 규제개혁의 주체이면서 동시에 당사자이기도 한 공무원의 의식개혁이 수반되지 않으면 규제관리와 규제개선은 연목구어가 될 수 있다. 부산광역시 공무원들은 규제개혁과 관련된 역할에 대하여 '규제의 발굴과 개혁 역할의 자기업무와의 관련성'에 대한 인식은 비교적 높게 나타났기 때문에 규제개혁에 대한 업무 공감대는 비교적 높은 것으로 나타났다. 다만, 직급별 인식 차이가 매우 컸기 때문에 하위직 공무원들이 규제개혁업무를 자기 업무로 내면화하여 민원인과 접점에서 만나는 것이 바람직한 것으로 보였다. 더불어 전문가들은 부산광역시 공무원들이 적극적으로 규제개혁 업무를 수행하도록 유도하기 위해서는 시장의 리더십이 중요한 것으로 제안하였다. 행정자치부 지방규제혁신과 담당자 역시 지방자치단체 규제개혁의 성공의 핵심요인으로 지방자치단체장의 관심도를 꼽았다. 그리고 그는 등록규제 정비와 더불어 규제개혁 교육의 중요성에 방점을 두고 있는 것으로 나타났다.

셋째, 규제방식의 전환이 합리적일 경우 과감한 혁신이 요구된다. 규제대상자에게 자율성과 창의성을 부여하는 네거티브 규제방식은 현장에서 점진적으로 적용되고 있는 것으로 나타났다. 부산광역시 도시계획과는 2014년 7월 부산광역시 도시계획조례 제30조에 근거하여 용도지역 건축제한을 네거티브 방식으로 전환(건축할 수 없는 건축물 열거)하여 규제대상자의 자율성을 부여하였다. 부산광역시의 경우 85건의 인·허가 규정 현황을 살펴보면, 24건 (28%)이 네거티브 규제방식이며, 61건(72%)은 포지티브 방식인 것으로 나타났다. 그리고 행정규제의 핵심인 인·허가 업무 처리 시 투명성을 제고하기 위해 조례 등 네거티브 시스템 도입 추진을 계획하고 있다.

넷째, 규세품질 관리 상화를 위한 설차석 합리성의 강화가 요구된다. 부산광역시 공무원들은 규제품질 관리의 타당성, 규제심사의 합리성에 대해 비교적 긍정적으로 인식하였기 때문에 규제품질관리를 위한 부산광역시의 지속적인 노력이 따르고 있음을 확인할 수 있다. 그리고 규제품질의 향상을 위해서 규제개선 프로세스를 지속적으로 개혁하는 작업이 요구됨을 확인하였다. 부산광역시는 사회적 약자를 위한 규제와 안전규제 등 착한 규제는 2014년 감축규제에서 제외하면서 일자리 창출과 투자활성화를 위해서 걸림돌이 되는 규제는 완화하고, 시민안전과 건강을 위한 규제는 보완하거나 강화하는 시스템을 유지하고 있다. 그뿐만 아니라 상위법령 근거 없는 규제, 위임범위 벗어난 일탈규제, 위임사항 소극 적용한 규제, 상위법 제·개정사항 미반영 규제 등 '불합리한 지방규제 개선방안'을 마련하고 있다. 그리고 불합리한 지방규제 4대 분야(국토, 산업, 농림축산 등) 정비로 일자리 창출 및 시민불편 해소에 기여하는 노력을 보이고 있는 것으로 나타났다. 그러므로 규제영향분석 등 절차적 합리성을 제고할 수 있는 장치들을 보완한다면, 규제품질관리의 수준이 더욱 제고될 것으로 판단되었다.

제5절 결론

본 연구에서는 부산광역시 본청 272건의 등록규제를 성격별로 재분류하여 정책적 시사점을 도출하였다. 그리고 심층면접과 설문조사를 통해 부산광역시에 적합한 규제등록 및 관리시스템은 무엇인지 탐색하였다. 부산광역시 본청 272건의 등록규제를 근거 법령과 관련 조문을 치밀하게 내용 분석한 결과, 경제적 규제가 148건(54.4%)으로서 가장 많았고, 행정적 규제가 78건(28.7%), 그리고 사회적 규제는 46건(16.9%)을 차지하고 있는 것으로 나타났다. 설문조사 결과 본청과 16개 구·군청의 관련 공무원들의 규제등록 및 관리시스템에 대한 전반적인 만족도나 행정업무에 대한 도움 정도는 그리 높지 않고, 규제등록·관리시스템을 통한 규제개선효과에 대한 인식 역시 그리 높지 않아 개선의 여지가 아직 많은 것으로 해석할 수 있었다. 규제등록 및 관리시스템을 통한 규제개선노력이 주민만족도 개선에 도움이 되는지에 대한 인식, 규제등록 및 관리 시스템을 통한 주민체감 규제개혁효과에 대한 인식 역시 낮게 나타났다. 규제등록 및 관리시스템의 도입에 따른 개선효과가 사회적 영역보다는 경제적 분야에서 높은 것으로 인식되고 있어, 사회적 분야에 대한 성과를 높일 수 있는 방안 마련이 요구되는 것으로 나타났다.

본 연구의 분석결과를 바탕으로 다음과 같은 정책제언이 가능하다. 첫째, 사회적 성과의 향상을 위한 규제개혁 노력이 요구된다. 2013년 이후 지금까지 일자리 창출과 투자활성화를 위한 규제개혁에 방점을 두었다면, 주민복지향상과 사회적 약자보호, 그리고 사회적 안전성 확대를 위한 규제개혁을 위한 설계와 정책추진이 요구된다. 현상에서 지역주민의 목소리를 들으면서 삶의 질 향상을 위한 생활 공감규제 측면에서 누락규제 발굴과 등록 그리고 개선 작업이 필요하다. 둘째, 주민체감 규제개혁 효과를 제고하기 위해서는 주민참여와 주민의견 청취 기회를 대폭 확대해야한다는 점이다. 지금까지 기업의 현장애로 개선에 초점을 맞추었다면, 지역주민들의 민원사항을 체계적으로 수렴하는 노력이 필요하다. 셋째, 규제개혁의 지속성을 유지하기 위해서는 리더십과 참여가 매우 중요하다는 점이다. 먼저 부산광역시장의 지속적인 관심이 관련 공무원들이 힘을 얻을 수 있는 첫 번째 요건이다. 공무원들의 업무는 대부분 규제업무임에도 불구하고 규제개혁이라는 것은 관련 부서의 일이지 자신과는 관련이 없다는 인식이 팽배해있기 때문에 서로간의 소통과 공감이 요구된다. 이때 관련부서와 관련 공무원의 규제개혁 성과평가를 지속하여 적극적으로 규제개선을 위한 인센티브 구조를 제공해야 한다는 점이다. 넷째, 조직과 시스템이 안정화되어 지속성을 갖지 않으면 규제개혁의 성과가 활짝 꽃피기 어렵다는 점이다. 규제개혁 관련 조직이 임시조직으로 머물러 있다가 리더십의 교체와 함께 단절될 경우 주민체감도가 높은 성과를 창출하기 어렵기 때문에 관련 조직의 제도화와 관련 시스템의 법제화를 방점을 두고 챙겨야한다는 점이다.

본 연구는 다음과 같은 한계를 지니기 때문에 후속연구 과제를 제시하면 다음과 같다. 첫째, 부산광역시 16개 구·군의 등록규제 현황과 관리 현황을 비교분석하는 연구가 요구되지만 충분하게 검토하지 못했다. 규제가 현장에서 고객과 만나는 접점이 대부분 구·군청 단위이기 때문에 우선적으로 연구가 요구되는 부분으로 후속연구로 미루기로 한다. 이때 구·군의 규제개혁사례를 포함한 「부산광역시 규제개선사례 70선」을 중심으로 일자리창출효과를 구체적으로 확인하는 연구가 요구된다. 가령 규제개선효과 분석에서 부산시정 5대 목표를 규제개선 대표사례와 연결하고, 민원인과 이해관계자에게 일사리 창출 여부를 확인하는 다소 방대한 작업이 요구된다. 자연스럽게 '규제 맵'을 활용하여 '규제 경로'를 파악하는 작업이 병행될 필요가 있다. 2015년 8월 31일 면담한 행정자치부 지방규제혁신과 담당자에 의하면, 현재 새로운 규제등록 매뉴얼을 만들고 있으며 9월 2일 지방자치단체 규제업무 담당자들을 대상으로 교육을 진행한다고 한다. 그는 지방규제에 대해서도 중앙정부 규제와 마찬가지로 유형별 분류를 하지만, 42,000건이 넘는 지방자치단체 능복규제를 대상으로 성격별 분류를 하는 작업은 너무 방대한 작업이기 때문에 어렵다고 판단하고 있었다. 그러므로 부산광역시 16개 구·군의 등록규제 현황과 관리 현황을 비교분석하는 연구부터 우선적으로 수행하는 것이 현실적인 것으로 판단된다. 둘째, 부산광역시 미등록규제 발굴을 위한 방대한 작업이 요구되지만 시간과 비용의 제약 때문에 검토하지 못하였다. 먼저 누락규제 발굴이 성과로 인식되는 문화와 시스템을 확산하는 정책방향이 요구된다. 다만, 연구자의 시간과 비용의 제약 때문에 후속 연구 과제로 미룰 수밖에 없는 한계가 있다. 2015년 8월 31일 면담한 행정자치부 지방규제혁신과 담당자에 의하면, 지방자치단체는 먼저 규제와 비규제를 구분하고, 등록세와 부담금 등 조세 역시 규제이지만 등록할 필요가 없기 때문에 행정자치부에서 일단 큰 틀에서 등록규제와 비등록규제를 구분한다고 하는데 지방자치단체별로 차이가 있는 것이 사실이라고 한다. 그는 법령정보시스템을 통해 타 지방자치단체의 규제를 확인이 가능하여 표준화가 가능하지만 시간이 많이 걸리기 때문에 점진적으로 작업을 하는 것이 옳다는 입장이었다. 그러면서 그는 유형별 분류는 지침에 근거를 두고 있지만, 성격별 분류는 법적 근거가 없어 지자체에서 별도로 해야 할 유인이 없기 때문에 의견수렴이 필요한 것으로 판단하였다.

셋째, 타 (광역)지자체 등록규제시스템과 비교연구가 요구되지만 후속연구로 미룬다. 2015년 8월 31일 면담한 행정자치부 지방규제혁신과 담당자에 의하면, 법률을 먼저 확인하고 위임여부를 검토하고 조례와 규칙의 경우까지 경로를 확인하는 작업은 너무 방대하여 광역자치단체를 중심으로 광역표준화연구의 필요성을 제안하였다. 즉, 2014년 행정자치부에서 지방자치단체의 등록규제의 차이 문제를 극복하기 위해 표준화 연구를 실시하였으나 너무 방대한 작업이었다고 하면서 등록규제 광역표준화 비교연구를 실시를 권하였다. 이는 광역자치단체 간의 공동연구로 진행하는 것이 타당할 것으로 판단되며, 체계적이고 통일적인 규제개혁시스템을 갖추는 데 크게 기여할 것으로 예상된다.

넷째, 부산광역시의 규제개혁에 대한 기업인과 주민들에 대한 체계적인 조사 작업이 요구된다. 이는 규제개혁을 위한 중장기계획 수립이라는 큰 틀에서 기초 작업으로 분류할 수 있다. 실제 규제개혁 추진과정에서 중앙부처의 장벽 문제에 직면하게 되는데, 전문가를 통해 탄생한 행정자치부의 실무지침과 가이드라인이 기업인에게는 구속적일 수도 있다는 지적을 한다. 현장의 기업인들은 이를 중앙부처에 건의하면 더 큰 장벽으로 작용하는 악순환과정을 하소연하고 있는 것이다. 그러므로 부산의 30대 기업 정보를 바탕으로 하되 다양한 수준의 기업을 대상으로 규제로 인한 애로사항 조사가 요구된다.

연구문제

1. 부산광역시에서 주민체감 규제개혁 효과가 낮은 이유는 무엇인가?
2. 부산광역시의 누락규제발굴시스템이 합리적으로 작동하고 있는가?
3. 부산광역시의 규제신설 때 심사가 합리적으로 이루어지고 있는가?

제10장 4차 산업혁명과 규제개혁

제1절 서론

　OECD 국가에서 규제개혁에 주목한 시기는 1차와 2차 오일쇼크가 발생하면서 지속적인 경제 불황이 이어진 1960년대~1970년대였다. 불합리한 규제가 경제의 발목을 잡고 있으며, 이러한 규제가 양산되는 구조를 정부가 제대로 통제하지 못함에 따라 규제개혁 정책이 주목 받기 시작하였다(OECD, 2002). 그렇지만 한번 탄생한 규제는 나름대로의 이해관계를 형성 하면서 지속되는 경로의존성을 보이고 있다. 역대 정부는 지속적으로 이름과 무늬만 다른 규제개혁의 구호를 내세웠지만, 여전히 규제는 산업발전의 발목을 잡는 존재로 낙인 찍혀있 는 상태이다.

　문재인정부에서는 4차 산업혁명이라는, 기존의 산업구조와는 차원이 다른 환경변화에 직 면하자 포괄적 네거티브 규제로 대표되는 혁신적인 규제개혁을 표방하면서 경로창조를 시도 하고 있다. 2016년 다보스포럼 이후 제4차 산업혁명은 한국을 비롯한 대부분의 선진국들에 서 가장 뜨거운 이슈이다. 4차 산업혁명(The Fourth Industrial Revolution)이란 인공지능 등 의 발전에 기초한 기술혁명으로 자율주행자동차와 로봇공학 등 등 물리적 기술, 사물인터넷 과 블록체인 등 디지털기술, 유전공학과 합성생물학 등 생물적 기술 등을 융합하는 신기술 들에 의해 주도되고 있다(Schwab, 2016).

　이러한 맥락에서 접근할 때, 이 연구에서는 다음과 같은 연구문제를 제기하고 해답을 찾 아가고자 한다. 정부가 제4차 산업혁명 정책이라고 제시하는 각종 규제개혁정책들이 4차 산 업혁명의 개념과 가치에 부합되는가? 정부규제개혁정책들이 제4차 산업혁명의 개념과 가치 에 부합된다면, 산출된 정책결과(policy result)가 무엇인가? 만일 정책결과가 나오지 않았다 면, 향후 각각의 정책이 의도하는 정책결과를 산출하기 위한 정책혁신 방안은 무엇인가?

　이 연구는 통합적 혁신정책의 관점에서 규제개혁정책 영역에서의 혁신의 증진뿐만 아니 라, 혁신성과의 확산 및 이전을 위한 정책과정을 중심으로 분석하였다. 선행연구를 살펴보면, 1948년 정부수립 이후 노무현 정부까지 대통령별로 규제개혁의 성과와 효과에 대한 평가가 역사적 맥락에서 이루어졌다(최유성·이종한, 2008: 489-519). 물론 역사적 관점에서 규제개혁정책의 변동을 살펴보는 것도 중요하지만, 이 연구의 시간적 범위는 2016년 다보스포럼에서 4차 산업혁명 시대가 선포되고 2017년 5월 문재인정부가 들어서면서 4차 산업혁명 논의가 본격화된 이후 지금까지로 하면서 규제개혁 접근방식의 변화와 혁신적인 규제개혁사례들을 집중 분석해보고자 한다. 그러므로 이 연구에서는 문재인정부의 4차 산업혁명과 관련된 규제개혁 정책 중 포괄적 네거티브 규제방식 등의 규제개혁 접근방식도 연구범위에 포함되었다. 특히 포괄적 네거티브 규제방식을 대표하는 규제샌드박스 사례를 중심으로 논의하였다. 연구의 방법은 주로 질적 분석에 의존하였으며, 문헌분석을 토대로 정부관계자와 이해관계자를 대상으로 심층면접을 실시하였다.[3]

제2절 이론적 배경

1. 4차 산업혁명과 규제개혁의 의의

1) 정부규제의 개념과 유형

정부규제(governmental regulation)란 바람직한 경제사회 질서의 구현을 위해 정부가 시장에 개입하여 기업과 개인의 행위를 제약하는 것이다(최병선, 1994). 「행정규제기본법」제2조 제1항에 따르면, 행정규제란 국가 또는 지방자치단체가 특정한 행정목적을 실현하기 위하여 국민의 권리를 제한하거나 의무를 부과하는 것으로, 법령 또는 조례·규칙 등에 규정되어 있는 사항이다.

규제대상에 따른 규제의 유형으로는 경제적 규제(economic regulation)와 사회적 규제(social regulation)가 있다(최병선, 1993: 39-49). 경제적 규제란 기업의 본원적 경제활동이라 할 수 있는 특정 산업분야에 대한 진입, 생산제품 또는 서비스의 가격, 이윤, 품질 등에 대한 규제이다. 사회적 규제(social regulation)란 민간부문인 기업과 개인의 사회적 행위에 대한

---

3) 이 글은 김창수(2020)와 김창수(2022)의 4차 산업혁명과 관련된 규제혁신 연구결과를 수정 보완한 것이다. 한국행정연구원 규제연구센터(2022)는 포괄적 네거티브 규제의 성과로서 지난 3년간 규제샌드박스 600건 이상 승인을 받았고, 이중에서 80% 이상 실증특례로 승인받았다고 한다. 그리고 2021년 규제샌드박스 신청경험이 있는 350개 기업 대상 설문조사 결과 88%가 규제샌드박스에 만족한다고 답변했다고 한다. 한편 실증사업을 제한하는 부가조건이나 규제갈등의 문제점을 비판하고, 그리고 규제샌드박스 운영부처와 소관부처 간의 협업 필요성을 제기했다.

규제이다. 즉, 기업의 사회적 행위인 환경오염, 산업재해, 소비자 안전사고 등을 규제하는 정부의 활동이다. 문재인 정부의 규제개혁 추진방향에는 4가지 추진과제가 있는데, 미래 신산업 지원, 일자리 창출 지원, 민생부담 해소 과제의 경우 경제적 규제 개혁과 관련되고, 국민편익 증진 과제는 사회적 규제 개혁과 관련된다. 한편 OECD(1997)는 경제적 규제와 사회적 규제 외에 행정적 규제(administrative regulation)를 추가하고 있는데, 정부의 업무수행과 관련된 서류작업이나 요건, 그리고 행정적인 요식행위를 행정적 규제로 분류한다(최유성, 2007: 107-109).

2) 4차 산업혁명과 규제개혁 그리고 규제원칙의 변화

4차 산업혁명은 초연결 환경에서 생성되는 양적·질적으로 풍부한 데이터를 활용하여 최적 의사결정을 통해 제품 및 서비스에 지능화된 서비스적 가치를 극대화함으로써 새로운 부가가치를 창출하는 지식서비스 혹은 제조-서비스 융합이 핵심이다(한형상, 2017). 규제개혁(regulatory reform)이란 규제제도의 불합리한 요소를 혁신하는 과정(불합리한 규제는 보완, 불필요한 규제는 폐지, 필요한 규제는 신설)이다. 규제개혁의 큰 방향은 경제적 규제(특히 진입규제)는 대폭 완화하고 사회적 규제는 합리적으로 강화하며 행정적 규제는 감축(cutting red tapes)하는 것이다.

행정규제기본법 제5조(규제의 원칙)에 따르면, 첫째 국가나 지방자치단체는 국민의 자유와 창의를 존중하여야 하며, 규제를 정하는 경우에도 그 본질적 내용을 침해하지 아니하도록 하여야 한다. 둘째, 국가나 지방자치단체가 규제를 정할 때에는 국민의 생명·인권·보건 및 환경 등의 보호와 식품·의약품의 안전을 위한 실효성이 있는 규제가 되도록 하여야 한다. 셋째, 규제의 대상과 수단은 규제의 목적 실현에 필요한 최소한의 범위에서 가장 효과적인 방법으로 객관성·투명성 및 공정성이 확보되도록 설정되어야 한다(이재훈·장은혜·조용혁, 2019: 47-53). 그러면 4차 산업혁명시대에 어떠한 규제원칙이 요구되는가?

행정규제기본법 제5조의2(우선허용·사후규제 원칙)에는, 첫째, 규제로 인하여 제한되는 권리나 부과되는 의무는 한정적으로 열거하고 그 밖의 사항은 원칙적으로 허용하는 규정 방식(네거티브 리스트), 둘째, 서비스와 제품의 인정 요건·개념 등에 장래의 신기술 발전에 따른 새로운 서비스와 제품도 포섭될 수 있도록 하는 규정 방식(포괄적 개념 정의), 셋째, 서비스와 제품에 관한 분류기준에 장래의 신기술 발전에 따른 서비스와 제품도 포섭될 수 있도록 분류기준을 유연하게 정하는 규정 방식(유연한 분류체계), 넷째, 그 밖에 신기술 서비스·제품과 관련하여 출시 전에 권리를 제한하거나 의무를 부과하지 아니하고 필요에 따라 출시 후에 권리를 제한하거나 의무를 부과하는 규정 방식(성과중심 관리체계) 등 규제혁신의 핵심내용이 담겨있다.

점진주의자들은 개혁성공의 방정식을 '개혁의 속도=개혁사업의 폭×개혁사업의 빈도'라고 정의하여 점증모형의 한계를 보완하고 있다(Lindblom, 1979). 이 방정식에 의하면 개혁이 바람직한 결과를 가져오는 한 그 변화의 속도가 빠를수록 좋다고 한다. 대폭적인 개혁전략은 실패할 확률이 높기 때문에 소폭적인 개혁전략을 분산하여 사용하되 개혁의 빈도를 높이면 개혁의 속도는 빨라지고, 결국 개혁의 성공 확률이 높아진다고 한다. 이것이 점진주의 개혁의 지혜인데, 우리의 경우에도 다양한 규제혁신정책을 실험적으로 허용하여 규제개혁의 속도를 높이는 규제개혁의 방향과 전략이 필요해 보인다.

2. 역대정부의 규제개혁의 진화와 4차 산업혁명

역대 정부의 규제개혁의 진화 과정을 분석하고, 이것이 문재인 정부의 규제개혁정책변동과 어떻게 연결되는지 논의하고자 한다(https://blog.naver.com/koreareg). 정책의 근본적인 수정이 이루어지거나 새로운 정책으로 완전히 대체되기 보다는 정책의 기본적 특성을 유지하면서 정책내용의 부분적인 수정이 이루어지는 정책유지의 성격이 강한 것으로 분석된다.

OECD(1998: 3)에서는 규제개혁의 발전단계를 세 단계로 구분하고 있다. 첫째는 정부의 각종 규제에 따른 국민이나 기업의 부담을 완화하기 위한 규제완화(deregulation) 단계이다. 절차와 구비서류의 간소화, 규제순응비용의 감소 및 규제폐지를 통한 규제총량비용의 감소 등의 특징이 나타난다. 우리나라의 경우 김영삼정부와 김대중정부 시기가 이에 해당한다고 볼 수 있다. 둘째는 규제영향평가와 규제기획제도 등을 통해 개별규제의 질적 관리에 초점을 두게 되는 규제의 품질개선(regulatory quality improvement) 단계이다. 셋째는 제도화를 통해 전반적인 규제관리체계가 사회경제적 목표를 달성하는 규제관리(regulatory management) 단계이다. 노무현정부의 경우 규제의 품질개선과 규제의 관리단계에 접어들었다고 볼 수 있다(최유성·이종한, 2008: 489-494).

1) 규제개혁 준비단계(1948~1993): 정부수립 이후 노태우 정부까지

경제개발단계(1948년~1980년)에 경제적·사회적 개입수단은 규제라기보다는 해외원조의 배분과 정부의 경제개발계획에 따른 산업정책으로 평가된다(최유성·이종한, 2008: 494-497). 규제개혁정책 형성시기(1980년~1993년)에 전두환정부는 한편으로는 경제자유화를 실시하여 정부주도의 규제 지대(rent)를 철폐하고 시장경제를 활성화하고자 하였으나 다른 한편으로는 사회민주화 요구를 통제하는 이중성을 보였다. 성장발전을 위한 제도개선위원회를 발족하였으며 창업관련 행정규제 및 절차의 개선이 이루어졌다. 노태우정부는 사회규제 요구에도 어느 정도 부응하여 OECD에서 요구하는 규제개혁 정책의 형성기로 볼 수 있다. 민·관합동 경제법령정비협의회를 구성하고, 행정규제완화위원회와 행정규제완화 민간자문위원회를 설치하였다(최유성·이종한, 2008: 497-505).

2) 김영삼정부(1993~1998): 규제개혁 거버넌스의 다원화와 행정규제기본법 제정

김영삼정부는 대통령직속의 행정쇄신위원회(1993년 4월 구성, 일반행정규제), 총무처 소속 행정규제합동심의회(1993년 5월 구성, 사전규제 심사), 공정거래위원회 소속 경제규제개혁위원회(1997년 4월, 경제규제), 통상산업부 소속 기업활동규제심의위원회(1993년 8월 구성, 경제규제), 대통령직속 규제개혁추진회의(1997년 4월 구성, 일반행정과 경제규제)를 구성하는 등 규제개혁 전담기구를 다원화하였다. 무엇보다 1997년 8월에는 행정규제기본법을 제정하였고, 정부 말기에는 규제일몰제, 규제영향분석제도, 규제법정주의 등을 도입함으로써 규제개혁을 위한 제도적 틀을 마련하였다(최유성·이종한, 2008: 505-509).

3) 김대중정부(1998~2003): 규제개혁위원회로 일원화

김대중정부는 1998년 4월 18일 행정규제기본법에 따라 대통령 소속 법정 상설기구로서 규제개혁위원회를 설치하여 규제개혁 추진 기구를 일원화하였다. 또한, 독자적인 규제개혁 담당 행정조직으로 규제개혁조정관실을 국무총리실 산하 국무조정실 내에 발족하였다. 김대중정부는 IMF 구제금융을 받으면서 강압적인 규제완화 요구에 대응해야했기 때문에 규제의 총량적 감축목표(50%)를 강압하였으나 지속적인 성과를 거두기 어려웠다. 규제등록심사제, 규제영향평가, 규제일몰제, 신설·강화되는 규제에 대한 사전심사제도 등 OECD에서 제안하는 규제제도를 도입하였으나 실질적인 성과를 보이지는 못했다.

4) 노무현정부(2003~2008): 규제개혁추진체계의 이원화

2004년 7월까지는 김대중정부의 규제개혁추진체계를 유지하였으나 2004년 8월부터는 대통령주재 규제개혁추진회의, 국무총리가 관장하는 규제개혁장관회의, 그리고 이에 대한 실무추진 한시조직인 규제개혁기획단(덩어리규제 개혁)을 국무총리실에 설치하여 기존의 규제개혁위원회와 병립하는 이원화된 추진체계를 통해 대통령의 확고한 지지를 바탕으로 실무기구가 효율적인 규제개혁을 추진하도록 하였다. 그리고 규제신고센터를 설치하여 규제민원을 처리했다.

특이한 점은 2004년 7월 국회가 여야합의로 규제개혁특별위원회를 구성하여 2005년 6월까지 규제개혁을 추진했다는 것이다. 이 시기에 규제영향분석제도, 규제지도의 작성, 행정부담의 측정 등 효율적인 규제개혁수단이 도입되었지만, 여전히 실질적인 규제개혁 성과를 도출하지는 못했다.

5) 이명박정부(2008~2013): 국가경쟁력강화위원회(규제개혁)와 규제개혁위원회(규제심사) 분리

리먼 브라더스(Lehman-Brothers) 서브프라임 모기지론 사태로 인한 세계경제위기 때 집권한 이명박 정부는 집권기부터 규제개혁을 주요 국정과제로 채택했으며 규제일몰제, 한시적 규제 유예(Temporary Regulatory Relief: TRR), 규제등록제 정비, 유사규제의 정비 및 관리대상 규제에 대한 연구를 수행했다. 그러나 이런 적극적인 규제개혁에도 불구하고 이명박정부의 규제개혁에 대한 평가는 긍정적이지만은 않다. 행정규제 간소화, 국민편익 개선을 위한 규제개혁이 압도적으로 많았음에도 불구하고 이명박정부의 규제개혁은 기업 친화적으로 인식되어 규제개혁의 성과가 국민들에게 제대로 알려지지 못했다. 집권 중반 이후 제시된 동반성장과 공정사회의 논리는 거래비용을 높이는 품질 낮은 규제가 양산되는 계기가 되기도 했다. 국가경쟁력강화위원회와 규제개혁위원회로 규제개혁과 규제심사를 분리해 집권기에 높은 성과를 얻긴 했지만 상시 규제개혁시스템의 구축에는 이르지 못했으며 의원입법에 대한 규제심사의 부재는 여전했다. 규제심사가 여전히 불완전하게 이루어지는 측면이 있었으며 규제개혁 과정에서 다수의 정부부처가 참여하는 데 행정비용이 과도히 초래되기도 했다(이혁우, 2012: 3).

이명박정부 규제개혁체계의 가장 큰 특징은 규제심사와 규제개혁 부서의 분리에 있다. 규제개혁위원회를 통해서는 신설·강화 규제에 대한 심사를, 규제개혁정책 관련 대통령을 보좌하는 국가경쟁력강화위원회에서는 덩어리규제 개혁 등 불합리한 주요 규제들에 한해 개혁을 실시한 것이다. 이런 규제개혁추진체계의 이원화는 1998년 규제개혁위원회가 수립된 이후에도 몇 차례에 걸쳐 시도된 바 있다. 이명박정부의 규제개혁체계는 노무현정부의 시도를 제도화시킨 것으로 강력한 규제개혁의 실시에 상당한 기여를 한 것으로 평가받고 있다. 대표적인 것이 국무총리실 내에 기업현장의 애로를 개선하기 위하여 민관합동 규제개혁추진단을 별도로 설치한 사례이다. 국가경쟁력강화위원회 위원장에 정권의 실세를 임명하고 매달한 번씩 규제개혁관련 실무회의에 대통령이 직접 참여해 챙기면서 다양한 이해관계자가 얽혀 어려움을 겪었던 다양한 규제개혁과제가 해소될 수 있었다(이혁우, 2012: 14-18).

6) 박근혜정부(2013~2017): 민관합동 규제개선추진단과 제4차 산업혁명의 시작

박근혜정부 규제개혁의 상징어는 손톱 밑 가시 규제 제거였는데, 민관합동 규제개선추진단을 통해 규제비용총량제(cost-in, cost-out), 등록규제감축, 자율경쟁 규제개혁(전국규제지도), 생활 속 규제개선(시민체감도 개선), 지역현장 맞춤형 규제 등을 추진하였다. 박근혜정부는 규제개혁의 3대 정책방향을 설정하여 추진해 나갔다. 첫째, 과감한 규제개혁으로 기업투자와 일자리를 창출하여 경제 활성화를 뒷받침하였다. 둘째, 대한민국이 한 단계 도약하기 위해 필요한 경제·사회 체질개선의 동력(momentum)으로 규제개혁을 추진했다. 셋째, 규제비용총량제와 규제개혁신문고 등 규제시스템의 획기적 개편과 공직자의 행태 개선 등을 통해 규제개혁의 체감도를 높여 나갔다. 박근혜 정부는 네거티브 시스템 및 일몰원칙 적용, 규제민원처리를 위한 규제개혁 신문고 운영 등의 시스템 개혁을 추진하였다(김동연, 2014: 53-73).

한편 2016년 1월 다보스 포럼 이후 4차 산업혁명이 3차 산업혁명인 정보화 혁명에 이어 우리나라 경제에 활력을 불어넣을 수 있는 해법으로 대두되고 있다. 3차 산업혁명을 넘어 4차 산업혁명에 진입하였음을 가장 처음 언급한 인물은 현 세계경제포럼(World Economic Forum) 회장인 Klaus Martin Schwab이다(정재승, 2019: 243-314). 그의 저서 「제4차 산업혁명」은 물리학 기술, 디지털기술, 바이오기술 등 신기술(emerging technology)이 4차 산업혁명을 이끌고 있으며, 이들 기술이 서로 단절되어있지 않고 요소기술 간 융·복합을 하고 있음을 제시했다. 그는 4차 산업혁명의 도래의 근거로 기술 융·복합, 인공지능의 현실화, 독일 인더스트리 4.0과 같은 제조업 분야의 혁신 등을 강조했다(최유성·안혁근·심우현·박정원, 2017). 우리나라에서 4차 산업혁명과 그에 따른 규제개혁의 본격적인 적용은 2017년 5

월 출범한 문재인정부에서 이루어진다. 2004년부터 특정 공간에 규제를 유예하는 특구제도라든지, 2008년 세계경제위기 때는 규제집행시간을 유예하는 등 규제유예제도들이 자양분이 되면서 문재인 정부 때는 포괄적 네거티브 규제로 자리 잡게 된다.

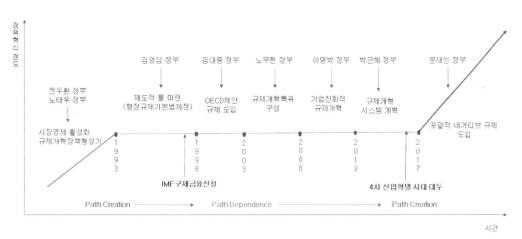

<그림 10-1> 규제개혁정책의 진화와 변동

3. 분석틀

이 연구에서는 제4차 산업혁명시대에 대비하는 문재인정부의 포괄적 네거티브 규제방식, 즉 입법방식의 유연화와 혁신제도인 규제샌드박스의 도입을 통한 규제개혁의 성과와 한계를 평가하고자 한다. 문재인 정부의 규제혁신 패러다임은 기존 네거티브 리스트 규제(원칙허용-예외금지) 개념을 확대하여, 입법방식의 유연화와 규제샌드박스 도입을 중심으로 하는 포괄적 네거티브 규제(사전허용-사후규제)로 전환을 추진하는 것이다. <그림 10-2>에 나타난 바

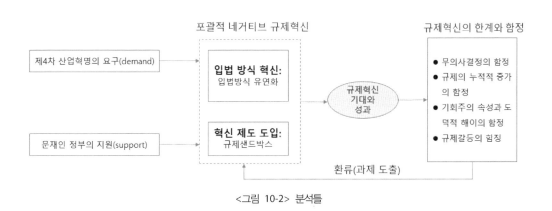

<그림 10-2> 분석틀

와 같이 환경적인 측면에서 제4차 산업혁명에 따른 요구와 문재인정부의 전폭적인 지원으로 규제혁신이 이루어지고 있는데, 이에 따른 규제혁신 성과를 평가하고, 기대하지 못했던 여러 가시 함성들에 대해 탐색하고 분석하고자 한다.

제3절 포괄적 네거티브 규제혁신의 성과와 기대

1. 포괄적 네거티브 규제의 도입과 기대

문재인 정부의 규제개혁 추진방향의 4가지 추진과제에는 미래 신산업 지원, 일자리 창출 지원, 민생부담 해소, 국민편익 증진 과제가 있었다. 그 중에서도 4차 산업혁명과 관련된 추진과제는 미래 신산업 지원과 관련된 것이었다.

<표 10-1> 문재인정부의 규제개혁 추진방향의 변화와 기대

기간	핵심정책가치	주요 기대
2017년~2019년	미래신산업지원	① 신산업 분야 네거티브 규제 전환 ② 신산업 규제개선 로드맵 구축 ③ 창업·벤처기업 규제 혁파
2020년	경제혁신: 4차 산업혁명 기반강화	① 네거티브규제 전면 확산 ② 규제샌드박스 보완·발전 ③ 미래 대비 선제적 규제혁파
2021년	K-규제혁신 플랫폼 안착	① 규제샌드박스 ② 네거티브 전환 ③ 규제혁신 로드맵 ④ 적극행정 ⑤ 현장공감 규제혁신

문재인 정부는 4차 산업혁명, 코로나19 등 경제·사회 전반의 변화에 대응하여 규제혁신 제도·방식·행태의 근본적 전환을 추진하였다. 이를 통해 ① 규제혁신 플랫폼 구축, ② 핵심규제 개선, ③ 범정부 적극행정 추진을 통해 9,000여건 이상의 규제개선 성과를 창출하였다. 이를 통해 우리나라는 2018년 이후 2021년까지 38개 회원국 대상 OECD 규제정책 평가 결과 상위권을 유지하고 있다(관계부처합동, 2022).

2. 포괄적 네거티브 규제의 진화: 입법방식의 혁신과 혁신제도의 도입

1) 입법방식의 혁신

문재인 정부 규제혁신의 중요한 특징은 신산업·신기술을 법령개정 없이도 이용할 수 있도록 입법방식을 유연화한 것이다. 규제와 관련한 주요 개념 및 용어의 정의를 현재는 없지만 추후 등장할 수 있는 산업과 기술까지 포함하는 '포괄적' 개념으로 수정하고, 유연한 제품·서비스 분류와 유연한 입법방식 등을 도입하였다. 정의규정에 요건과 기준이 결합되어 있거나 기능과 종류를 세세하게 구분하고 있어 신기술, 신산업의 진입장벽으로 작용하기 때문에 신제품 등이 법령에 저촉되지 않도록 항만운송사업법시행령 상의 '선박급유업'을 '선박연료공급업'으로 포괄적으로 정의하여 LNG와 전기 등 다양한 연료공급사업이 가능하게된 사례를 소개할 수 있다(중소벤처기업부, 2019). 이렇게 되면 신산업, 신기술 개발이 훨씬 수월해진다. 예를 들어 항공법 시행규칙에 의해 드론은 농업·촬영·관측 분야에만 허용되었으나, 국민안전·안보 등을 저해하는 경우 이외의 모든 분야에 허용됨으로써 각 분야에서 다양한 형태의 드론이 등장할 수 있게 되었다. 그러나 2017년 이후 전문가들의 면담결과를 종합하면, '입법방식의 유연화'를 통한 규제혁신 성과는 문재인 정부 규제개혁에서 '아픈 손가락'으로 묘사할 정도로 획기적인 성과를 보여주지는 못했다는 평가를 받고 있다.

2) 혁신제도의 도입

문재인 정부는 기존 규제에도 불구하고, 신사업을 시도해 볼 수 있도록 2019년 1월 이후 '규제샌드박스'도 본격 도입했다. 우리 정부도 혁신적인 제품·서비스에 대해 시범사업, 즉 임시허가를 내주고 기존 규제를 탄력적으로 면제·유예·완화해주는 방식을 도입했다. 시범사업에 문제가 있으면 사후규제를 하겠다는 것이다. 규제샌드박스는 행정규제기본법 개정 및 분야별 6개 법률 체계를 단계적으로 도입한다. 규제샌드박스 추진을 위한 거버넌스는 국무조정실이 원칙과 방향을 설정하고 5개 정부부처가 역할을 분담하고 있다.[4]

행정규제기본법은 포괄적 네거티브 규제전환 기본방향·원칙을 규정하고 있으며, 개별 규제혁신 4법인 정보통신융합법, 산업융합촉진법, 금융혁신법, 규제자유특구법은 분야별 규제특례 부여 방식, 사후책임 확보 방안 등을 규정하고 있다(정준화, 2018). 신기술·신서비스

---

4) 규제개혁포털 홈페이지(https://www.better.go.kr/).

의 실증 테스트가 가능토록 실증목적 규제특례 제도 도입, 혁신금융서비스업으로 지정 받은 경우 금융규제 특례 적용, 융·복합 신산업 실증규제 특례제도 도입, 지역특구 내에서 규제 제약 없이 신기술 등의 실증·사업화 지원 등의 근거를 마련한 이러한 5가지 법률을 묶어서 일명 규제혁신 5법이라고 하였는데, 지금은 스마트도시법과 연구개발특구법 개정이 더해져 규제혁신 7법이라고 할 수 있다.

3. 규제샌드박스의 기대와 성과

1) 규제혁신 3종 세트를 통한 규제샌드박스 성과

문재인 정부는 신기술·신산업의 육성과 국민의 생명·안전·환경 등 공익적 가치 보호를 균형 있게 추구한다. 문재인정부는 새로운 융합 제품·서비스가 기존 규제에 막혀 지체되는 일이 없도록 규제혁신 3종 세트를 새롭게 도입했다. 첫째, 규제 신속 확인의 경우 분야별 규제 존재여부와 구제적인 내용을 문의·회신 요청한 후 30일내 회신이 없을 때에는 규제가 없는 것으로 간주한다. 둘째, 임시허가의 경우 법령이 모호·불합리할 때 기존규제의 적용 없이 조기 출시한다. 셋째, 실증을 위한 특례의 경우 법령이 모호·불합리·금지할 때 기존규제 적용 없이 테스트한다. 10년 동안 공유경제를 담당해온 국민공유숙박플랫폼 관계자는 실증특례의 효과를 다음과 같이 설명한다.

> 근데 규제샌드박스는 되게 꽉 막혔던 것에 대한 숨통 같은 거였어요. 사업이 되고 안 되고를 떠나서 '규제 때문에 아무것도 할 수 없다'라는 그 안타까움 거기에서 실증 자체가 되게 좋았고요, 그리고 지금 이 시점에서 내년에 코로나19 이후에 엄청나게 많은 외국인들이 올 텐데, 많은 중소 호텔이 문을 닫았습니다. 그래서 외래 관광객 숙소가 엄청나게 부족할거든요. 그랬을 때 규제샌드박스를 통해서 저희가 4,000명 호스트, 20,000개 객실 정도 합법적으로 제도권 안에서 확보할 수 있기 때문에 그런 문제를 해결하고, 그러면서 성장할 수 있는, 전 세계적으로도 에어비앤비를 넘어설 수 있는 초유의 사례를 만들 수 있다는 그런 생각, 그런 어떤 사업을 할 수 있다는 것, 사회적으로 기여할 수 있다는 것, 이것 자체가 규제샌드박스 때문에 가능했던 것이고요, 2019년 11월 27일 공유숙박 관련돼서 실증특례 지정이 됐습니다(공유숙박플랫폼 관계자 토론, 2021. 10).

그러나 코로나19 상황이 지속되는 상황에서 자가 격리 숙소 문제를 해결하면서 규제샌드박스 안에서 버텼지만, 이후에 어떻게 지속가능성을 확보해야 할지에 대한 과제를 안고 있다. <표 10-2>의 주관부처별 승인현황을 살펴보면, 2019년에는 금융위원회가 77건, 2020년에

<표 10-2> 규제샌드박스 승인 성과

구분	승인			임시허가			실증특례			적극행정		
	합계	'19	'20	합계	'19	'20	합계	'19	'20	합계	'19	'20
계	404	195	209	46	21	25	329	158	166	29	16	13
ICT융합 (과기부)	86	40	46	33	16	17	43	20	23	10	4	6
산업융합 (산업부)	102	39	63	13	5	8	75	22	53	14	12	2
혁신금융 (금융위)	135	77	58	-	-	-	135	77	58	-	-	-
규제자유특구 (중기부)	65	39	26	-	-	-	65	39	26	-	-	-
스마트도시 (국토부)	16	-	16	-	-	-	11	-	11	5	-	5

출처: 국무조정실·규제개혁위원회. (2021). 「2020규제개혁백서」 : 53.

는 산업부가 63건으로 가장 많은 과제를 승인하였다. 특히, 2020년부터 스마트도시 분야 규제샌드박스가 도입되어 국토부가 주관부처로 추가되었다. 그리고 전체 404개 과제 중 185개 (46%)가 시장출시(27건) 되었거나 실증테스트(158건) 중이며, 이러한 원활한 시장 출시는 기업의 투자·매출·고용 증가 등의 성과로 이어지고 있다. 첫째, 기업들이 자체 투자를 확대하고, 유망 사업에 대한 벤처캐피탈 등의 투자유치로 총 1조 4,344억 원의 투자가 이루어졌다. 특히, 규제자유특구에서 대규모 투자가 이루어짐으로써 규제샌드박스를 통해 지역균형 발전의 토대를 구축하였다. 둘째, ICT·산업융합 분야에서만 총 518억 원의 매출이 발생하는 등 코로나19로 인한 경기둔화에도 불구하고 꾸준한 매출상승이 나타나고 있다. 특히, 이 분야는 전체 승인기업 중 중소기업 비율이 74%에 달하여 규제샌드박스가 중소기업 매출 신장에 도움이 되고 있는 것을 알 수 있다. 셋째, 규제샌드박스 승인기업에서 2,865명의 고용이 창출되었다. 이는 규제샌드박스가 신기술 분야의 새로운 일자리를 만들어내는 역할을 하고 있음을 의미한다. 특히, 혁신금융과 규제자유특구 분야 고용이 가장 크게 증가하는 등 규제샌드박스가 핀테크 발전 및 지역 고용 창출에 기여하고 있다. 넷째, 2020년 조사 결과 일반기업의 인지도는 70.7%로'19년 3월 대비 50% 가까이 상승하였고, 승인기업의 만족도는 2년 연속 90%대를 유지하고 있다. 올해 신설된 신청기업의 만족도도 92%로 조사되는 등 규제샌드박스에 대한 기업들의 인지도 및 만족도는 높은 수준을 나타내고 있다(국무조정실·규제개혁위원회, 2021: 54-56).

2) 규제자유특구의 지정과 지역혁신 성장 기대

지역특화발전특구 분야는 법 시행 이후 10개 시·도 특구계획을 공고하였으며, 제2차 규제자유특구 우선협의 대상에 경남 등 10개 지역이 선정됐다. 규제 자유특구 우선협의 대상이란 지역특구법 시행령 제42조 제1항에 따라 중기부와 시·도간 사전협의를 거쳐 선정된 계획으로 완결된 특구계획은 아니지만, 신청 전까지 계획의 보완 및 구체화가 이뤄지면 관계부처의 협의나 위원회 등의 심사절차 진행이 가능하다고 판단되는 특구계획을 말한다(『산업일보』, 2022. 3. 2).

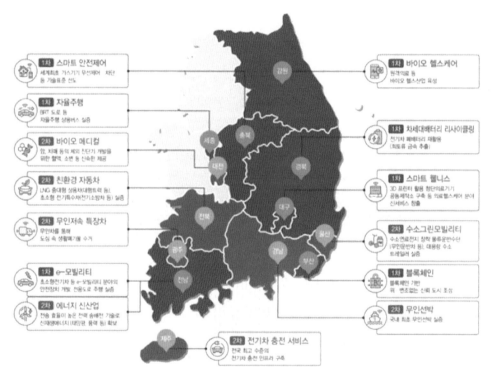

출처: 관계부처 합동(2020)

<그림 10-3> 중소벤처기업부의 규제자유특구 지정

<그림 10-3>에 나타난 바와 같이 정부는 2019년 1차와 2차에 걸쳐 14개 규제자유특구를 지정하였다. 개별 기업이 신청하는 타분야(ICT융합·산업융합·금융혁신)와 달리 지자체가 신청하고 재정·세제가 지원되는 지역단위 규제샌드박스이다. 지역산업 육성을 위해 지역

특성에 맞는 규제자유특구 선정한다. 2차례에 걸쳐 14개 지역특구, 39건의 특례사업 승인한 것이다(관계부처합동, 2020). 2020년 지정된 3, 4차 특구는 한국판 뉴딜의 두 가지 핵심축인 그린 뉴딜, 디지털 뉴딜 분야를 중심으로 10개가 추가 지정되어, 앞으로 한국판 뉴딜의 전진 기지로서 규제자유특구의 역할이 확대될 것으로 기대되고 있다. 그리고 규제자유특구 시행 2년차인 2020년부터 1, 2차 지정 특구를 중심으로 경제적 성과가 점점 가시화되고 있다. 7,309억 원의 투자(공장설립 등 투자 6,757억 원, 벤처캐피털 투자 552억 원)를 유치하고, 1,255개 신규 일자리 창출, 149개 기업 이전, 13개 공장 신설하는 등 지역 혁신성장을 뒷받침하고 있다(국무조정실·규제개혁위원회, 2021, 59-61).

제4절 규제혁신의 함정

2021년 11월 면담한 규제개혁전문가에 따르면, 규제를 수행하는 공직실무자 시각과 규제를 이행해야 하는 규제대상자의 시각은 다르다면서 규제 실행의 어려움과 한계가 혁신의 족쇄가 될 수 있음을 명심해야 한다고 했다. 그리고 공무원의 입장에서 보면 규제는 책임이면서도 권한이기 때문에 놓치지 않으려는 행태도 있다고 꼬집었다. 무엇보다 이해관계가 복잡해질수록 규제수단 역시 복잡해지기 때문에 규제개혁의 양면성(two faces)을 이해해야 한다고 제언했다. 규제영향분석에서 규제도입에 따른 비용 측면을 강조하는 이유이기도 하다. 그러므로 규제혁신 성과의 이면에 도사리고 있고 놓치기 쉬운 함정에 주목할 필요가 있다. 여기서 제시되고 토론되는 규제혁신의 함정은 연구자가 정부 관계자와 전문가 면담, 그리고 규제혁신평가·적극행정심사 등 참여관찰과 포럼 참여를 통해 확인한 현장을 바탕으로 규제정치이론의 관점에서 탐색적으로 구성해본 것이다.

1. 무의사결정의 함정

법률 특허 지원단을 하면서 규제샌드박스 신청하려는 기업들을 도운 경험이 있고, 또 한편 과기부, 중기부, 산업부 규제샌드박스에 사전심의위원을 수행한 경험이 있는 한 변호사는 규제샌드박스에서 나타나는 무의사결정(non-decision-making)을 신랄하게 비판했다.[5]

---

5) 무의사결정론(non-decision making theory)은 정책의제설정에 있어서 지배엘리트의 이해관계와 일치하는 사회문제만 정책의제설정이 된다는 이론이다(정정길, 1997: 265-268). 자연스럽게 지배집단의 이해관계를 반영하는 의사결정자의 가치

정말 답답했던 게 본심의 전에 사전 심의위원회가 열리잖아요, 근데 사전 심의에 들어가기 전에 일단 창구역할을 하는 기관에서 서류 접수를 하는 단계부터 쉬운 건 아닙니다. 즉 서류를 그냥 일방적으로 접수한다고 되는 것은 아니고요, 여러분들이 도와주고 계시지만 그것도 사전에 어느 정도 규제에 대한 확인을 거치는 단계가 있게 되는데 거기서도 현실에서는 풀리지 않는 문제가 있는데 규제에 관해서 이견이 있는 경우들이 많이 있어요. 그 관문을 일단 통과하는 건 전제로 하고 이제 사전심의 단계에 올라가는데, 그때 이미 주무부처와 함께 연석회의를 하거든요. 제가 심의위원으로 참여했던 회의에서는 무려 3개 부처에서 관련된 이슈여서 3개 부처에서 과장님하고 사무관님이 두 분씩 총 여섯 분이 오셔서 샌드박스 주관하는 과기부 외에 신청한 기업의 대표와 직원 1명 그래서 2대 6의 상태로 심의를 진행하는데, 불수용 입장을 강력하게 고수하는 경우에는 본심의위원회 상정이 안 되죠. 그런 경우를 많이 봤어요. 왜냐하면 주무부처가 절대 반대하는 그런 이슈는 여러 가지로 걱정거리가 많은 거잖아요? 그것을 과기부나 중기부 또는 산자부가 강행한다고 해서 그것이 잘 작동 될 가능성이 없고, 주무부처가 본 심의에서 필요한 부가조건을 적극적으로 제시한다든지 할 거기 때문에 굉장히 삐걱거리게 됩니다(K변호사 토론, 2021. 10).

이러한 무의사결정은 의제설정단계뿐만 아니라 심의 단계 전반에서 작용하기 때문에 핵심이해관계자인 주무부처의 판단과 배치되는 사안이 최종 결정되기는 매우 어려운 한계가 있다.

설득을 거쳐 본 심의에 상정되더라도 여전히 불수용 입장을 고수하는 경우를 또 직접 체험을 했어요. 그렇게 하면 위원장께서 보류 처분을 내리십니다. 보류는 처분이 아니죠. 그냥 의결을 하지 않으세요. 거기에는 정부 위원과 민간 위원이 다 함께 거의 이십여 분이 와서 어렵게 회의를 하고 계신데도 시민위원들이 통과를 강력히 주장하는 지지 발언을 많이 하시더라도 주무부처의 장관님께서 표결을 강행하지 않으십니다. 이렇게 해서 보류된 것들이 굉장히 많습니다(K변호사 토론, 2021. 10).

2. 규제의 누적적 증가현상의 함정

규제샌드박스 심의과정에서 본 규제와 달리 부가규제가 누적적으로 증가하는 함정에 빠질 수가 있다. 역시 이와 관련한 실무경험이 많은 변호사는 다음과 같이 부가조건이 붙어 또 다른 규제가 누적적으로 증가하는 규제피라미드 현상(pyramiding regulation)을 비판했다.[6]

나 이익에 대한 잠재적인 도전을 억압하고 방해하는 결과를 초래하는 결정이 나타난다(Crenson, 1971; Bachrach and Baratz, 1962: 948; Cobb & Elder, 1972: 64~67; Schattschneider, 1960: 69).

6) 정부규제 중에서도 특히 부동산 관련 가격규제는 많은 경제사회적 부작용을 파생시키는데, 규제가격이 지나치게 낮을 때 기업은 채산을 맞추기 위해 제품이나 서비스의 질을 저하시키기도 한다. 이를 막기 위해 품질에 대한 규제가 더해지는 피라미드 현상이 나타난다(최병선, 1993: 341-343).

주무부처와 또 산하기관과 함께 부가조건을 구체적으로 만들어 붙이게 되는데 이건 본 심의에서 충분히 심의가 되지 않은 것입니다. 그래서 여기서 붙는 부가조건이 실제 사업을 수행할 때 수익성이 나기 어려울 정도로 큰 실무적인 규제가 되는 경우가 많습니다. 이런 상황에서 사업을 신청하는 회사들은 다 중소기업 또는 스타트업들이잖아요? 수익을 내지 못한단 얘기는 결국 자본금을 계속 소진해 나가야 된다는 얘긴데, 일단 2년 동안 버틸 체력이 있어야 됩니다. 그런데 2년 후에 관련 법령이 개정될지가 불확실한 상황에서 아무도 투자를 하지 않죠. 투자를 할 만한 것이라면 그 기업의 생존과 플러스 사업 수행성과까지 이미 다 판가름이 나있는 굉장히 양호한 상태의 안건입니다. 정말 기존에 본적이 없고 혁신성이 뛰어났는데, 한 번 시도해 봤으면 하는데 이 어려운 관문을 통과하더라도 이제 수익성 문제라든지 법령 개정 문제가 그럴수록 더 불리하거든요. 그럴수록 또 반대 입장이 있기 때문에 결국 투자자들의 투자를 이끄는데 실패하니까 기업이 규제샌드박스의 지정을 받은 그 기업은 죽음의 계곡을 지나야 합니다(K변호사 토론, 2021. 10).

부가조건을 충족하는 과정에서 자본금을 소진하거나 근거법률 마련에 실패하게 되면 파산과 부도에 이르는 경우가 많다는 함정이 도사리고 있는 것이다. 규제주체의 불확실성을 회피하기 위한 보험가입 요구 등 합리적 선택이 비극적 결론에 이르는 한계에 직면하는 것이다.

근데 부가조건이 뭐 보험을 가입하라 라든지 하는데 보험 같은 경우만 말씀드리더라도 새로운 모델이니까 보험회사의 보험 상품이 있을 리가 없잖아요. 그러면 보험 회사를 찾아다니면서 보험 상품을 만들어 달라고 이제 구걸을 해야 됩니다. 정말 6개월이 걸리는 일입니다. 근데 보험료가 또 굉장히 과다하게 책정됩니다. 보험회사 입장에서는 아무도 안 해주는데 어떻게 만들어주겠다고 하더라도 기존의 보험 상품의 수익성에 대한 데이터가 전혀 없기 때문에 보험료를 주먹구구식으로 책정하게 되죠. 보험료는 굉장히 과다하죠. 그렇게 해서 보험이라도 가입해야 규제샌드박스 사업 개시 결정을 내려 주는데 이제 그때부터 여러 가지 부가조건과의 싸움에 가게 되는데, 제가 본 것 중에 부가조건 17개까지 붙은 것을 봤습니다. 일단 사업 시행 범위가 제한돼있는 건 뭐 말할 수 없고요, 고객 수 등에서 여러 가지로 정말 최소한으로 실증하도록 하는데 사업하는 기업 입장에서는 자본금을 계속 소진해 나가야 하는 희망 고문에 빠져 있는 상태죠. 잘 아시는 합승 택시 모델 같은 경우는, 서울시에서 고작 3개 구에서 밤 11시가 넘은 시간에 동성만 매칭 시키게 되지 않습니까? 2년 동안 법이 개정될 지 확실하지 않은 상황에서 그냥 자본금을 소진해야 돼요. 그러다가 이제 파산과 부도에 이르면 더 이상 신청 기업이 사업을 진행할 수 없기 때문에 규제샌드박스 실증이 종료되게 되겠죠. 문제는 해결되는 겁니다(K변호사 토론, 2021. 10).

그리고 그는 다음과 같이 부가조건으로서 인증규제 등 실무적인 행정적 규제(administrative regulation)가 누적으로 증가하는 현상을 비판했다.

이런 소위 말하는 생존 게임을 계속 해야 되는데 또 한 가지 말씀드릴 것은 이 부가조건도 규제인데, 규제샌드박스 신청할 때 미처 생각지 못한, 해본 적이 없는 것이기 때문에 실무적인 걸림돌들이 있는 걸 못 발견하는 경우가 있어요. 대표적인 게 인증규제 같은 건데 그 사업을 시행하는데 있어서 그 기기가 출시되면 인증을 받아야 되는 인증규제는 같이 안 풀린 겁니다. 그러면 인증기관에 가면은 기존의 인증기준이 없기 때문에, 즉 새로운 기기니까 그리고 새로운 서비스니까 인증을 내줄 수가 없어요. 그걸 또 6개월, 1년을 씨름을 해야 되는데, 아무래도 소극적이죠. 왜냐하면 그 몇 십, 몇 백 고객을 위해서 제한적으로 일시적으로 서비스하는 것을 위해서 인증기준을 만들어 주기란 굉장히 어렵잖아요. 그래서 이런 것들을 뚫고 진행해야 되는 실무적인 문제점을 많이 봤습니다(K변호사 토론, 2021. 10).

마지막으로는 그는 문재인정부에서 진입규제의 완화를 통해 자리 잡기를 기대하는 스타트업들이 실제 현장에서 자리를 잡기 어려운 비극적 현실을 얘기했다.

그래서 이런 제한적인 허가 조건이 실제 사업검토를 통해서 위원회 의결로 시행하게 해주는 거니까 큰돈을 벌 수는 없더라는 겁니다. 적어도 그 사업 지체에서 수익을 낼 순 있을 정도로 해줘야지민 정말 허가해 주는 겁니다. 체력이 약한 벤처 스타트업 기업이 투자를 새롭게 받을 수 없는 상태에서 큰 적자를 봐가면서 진행할 수가 없기 때문이고요, 또 처음에 시작해 보고 문제점이 발견되지 않은 특례를 확대 해주어야 되는데 실제 특례가 확장이 되기란 정말 어렵습니다. 그리고 결국 이렇게 상장에 실패하면 시장에서 확인된 것이기 때문에 결국 대기업이 그 자리를 진출하게 되는 사례도 있게 되는 것 같습니다(K변호사 토론, 2021. 10).

3. 기회주의 속성과 도덕적 해이의 함정

과학기술정보통신부 주무과장의 경우 규제샌드박스를 설계하고 운영하는 입장에서 이해관계자인 기업이 전문지식이 부족하고 준비가 되지 않았거나, 국회입법과정이 만만치 않은 상황에서 주무부처의 애로를 이해해주길 바라고 있었다.

그런데 막상 그 샌드박스를 하다보니까 어려운 점이 몇 가지가 있어요. 첫째는 샌드박스 신청을 들어오는 기업들이 규제라든가 이걸 어떻게 규제샌드박스에서 설명하고 통과시킬 것인가 하는 거에 대해서 상당히 좀 지식이 떨어집니다. 그러다보니까 저희 팀도 그렇고 같이 일하고 있는 산하 기관에서 굉장히 오랫동안 컨설팅을 해줘야 돼요. 둘째는 저희가 또 임시허가가 끝나면 2년이거든요. 그리고 또 추가 필요해서 4년인데, 임시허가 4년까지 그 제도 정비가 안 될 가능성도 없지 않아 있어서, 그 제도 정비 시까지 자동으로 연장하는 것을 추진하고 있지만, 요즘 국회에서 법 개정하는 게 쉽지는 않거든요. 이렇게 좀 통과를 시켰고, 실증 특례 기간이 지나면 임시허가로 자동으로 연장하는 것은 저희가 금년에 아주 일찍 제안하고 협의해서 법안을 통과 요청했지만, 아직까지도 안 되는 그런 상황입니다(과학기술정보통신부 관계자 토론, 2021. 10).

그리고 그는 규제샌드박스 신청기업이 기회주의적 속성에 빠지거나 무임승차하려는 경향에 대해서 쓴 소리를 하였다.[7] 기업들의 이러한 도덕적 해이는 주무부처의 무의사결정의 경향을 가속화시킬 수 있기 때문에 상호존중과 소통 그리고 제도개선이 요구되는 부분이기도 하다.

제가 좀 말씀드리고 싶은 것은, 규제샌드박스를 운영하다 보니까 몇 가지 문제점이 있어요. 그런 경험을 좀 공유하고 싶은데요, 첫째는 최근 들어서 규제샌드박스가 거의 3년째 되었는데, 요즘 통과된 것들을 자세히 보시면 새로운 것이 많지 않습니다. 한 50% 이상 정도는 아주 유사하거나 기존에 통과 됐던 사례들을 약간 변형한 것들이에요. 그렇다 보니까 어떤 문제가 발생하느냐면, 옛날에는 통과시켜 줘야 했는데, 이번에 또 통과시켜 줘야 되는지 회의감이 듭니다. 기존에 있으니까 통과시켜 줘야지 하다보면 실증특례나 임시허가의 취지가 망가지는 경향이 생겨요.
또 한 가지는 무임승차입니다. 쉽게 앞선 사업자의 사업 모델을 모방해서 후사업자는 아주 쉽게 큰 비용 없이 들어와서 그냥 실증특례를 받아가는 그런 경향도 생기고요. 심지어 어떤 규제부처 같은 경우에는, 아주 작은 지역에서 위험성이 좀 있으니까 아주 제한적으로 실증을 해보고 싶어 해요. 그런데 실증특례를 허가해 주면, 너도나도 들어 갈까봐서 그냥 소극적으로 되는 경향이 있어요. 정말 규제 부처 입장에서 한 번 해보니 너도나도 돌아오는데 이걸 막을 방법이 없으니 '차라리 그냥 막아두자'라고 생각하는 경향도 있습니다(과학기술정보통신부 관계자 토론, 2021. 10).

4. 규제갈등의 함정

규제샌드박스의 미처리과제 발생의 근본원인은 이해관계자 간의 갈등으로 파악된다. 그리고 이러한 갈등을 어떻게 조정할 것이냐가 핵심 현안으로 떠오르고 있다.

제가 얼마 전에 총리실 회의에 가서도 좀 혼났는데요, 미처리과제가 한 41건 됩니다. 그 중에 한 22건은 6개월 이상 됐고요, 심지어 2019년 때 들어온 과제도 처리하지 못한 건도 있습니다. 근데 이런 미처리 과정의 과제 중에 가장 큰 원인은 갈등입니다. 이해관계자의 갈등입니다. 그런데 이해

---

7) 주인과 대리인 양측이 갖는 정보가 같지 않은 비대칭적 정보의 상황이 발생할 경우, 더 많은 정보를 갖고 있는 대리인으로서는 이러한 기회를 자신에게 유리하도록 이용해보려는 유혹을 갖게 되는데, 이를 '기회주의 속성'(opportunism)이라고 부른다. 정보의 비대칭성은 위임계약 체결 단계에서 발생하는 역선택(reverse selection)의 문제와 위임계약의 체결 후에 발생하는 도덕적 해이(moral hazard)의 문제를 발생시킨다(North, 1990). 공식제도(formal institution)는 기회주의적 행동(opportunism)을 극복하고 계약이행을 감시하고 통제하는 데 드는 거래비용을 감소시켜 효율적인 대응을 가능하게 한다(하연섭, 2003).

관계자의 갈등을 잘 처리해야 되는데, 생각보다 이해관계자 갈등이 어려운 게 제3자의 관점에서 볼 때는 좀 이해 안 되는 않는 부분도 없지 않아 많아요. 그리고 규제를 주관하는 부처 입장에서는 다양한 이해관계자들을 보다보니까 저희보다 다른 관점에서 이해관계를 보고 있습니다. 이해관계의 갈등을 어떻게 조정해나갈 거냐하는 것이 어쩌면 샌드박스 시즌2가 되겠죠(과학기술정보통신부 관계자 토론, 2021. 10).

전문가들은 '타다'와 같은 공유택시를 놓고 발생한 기존 택시업계와의 갈등 역시 규제영향분석을 하지 않아 사회적 비용 측면을 고려하지 못했는데, 강력한 이익집단 간에 비용과 편익이 집중되는 이해관계 갈등이 첨예했던 사례로 분석된다(Wilson, 1986: 430) 무엇보다 공정한 규칙을 토대로 합의형성을 유도하는 것이 정부의 중요한 정책과제로 평가된다.

10년 동안 공유경제를 담당해온 국민공유숙박플랫폼 관계자는 실증특례의 효과에도 불구하고 우리나라 규제샌드박스 안에서는 내국인 숙박을 불허하고, 외국 숙박업체에는 내국인 숙박을 허용하면서 역차별로 인해 발생한 갈등상황을 다음과 같이 설명했다.

숙박중앙회가 규제샌드박스 실증특례 공유숙박을 반대할게 아니고, 아무 제도에서 상관없이 치외법권적인 자유를 누리면서 지금 사업하고 있는 에어비앤비에 대해서 비난을 먼저 해야 됩니다. 현실적으로, 규제샌드박스 공유숙박은 기존 사업을 살리는 돌파구에요. 그런데 좀 아쉬운 점이 있습니다. 규제샌드박스니까 저희는 제한된 범위에서 자유를 누리면서 뭘 하는 줄 알았는데, 에어비앤비는 아무 규제를 안 받는 거예요. 한국이 (공유숙박을 하는) 220개 나라 중에 유일하게 내국인 숙박이 불법인 유일한 나라라고 하면 그 제도를 바꿔야 되지요.
규제샌드박스 영역 내에서 하라고 하는데, 그러면 규제샌드박스 밖에서 있는 탈법은 제재를 해야 되잖아요. 제재해야 된다고 하면서 왜 에어비앤비 그냥 놔둬요? 이렇게 얘기하면 제재할 근거가 없다고 합니다. 근데 2년이 됐단 말이에요. 현장에 가서 내년 사업을 위해서 투자자를 만나면, 투자자들이 하는 얘기가 "아니 거대 플랫폼이 있고, 독점하고 있고, 규제 하나도 안 받고 있는데, 규제샌드박스 이게 실증 특례냐, 제약이지?" 그래서 어려움이 있습니다(공유숙박플랫폼 관계자 토론, 2021. 10).

2021년 11월 면담한 규제혁신 전문가 역시 외국의 경우 공유민박에 대해 시설규제만 하고 세금만 부과한다면서 왜 샌드박스를 하는지 이해하기 어렵다고 한다. 충분한 소통을 통해서 규제합의를 형성을 필요가 있는 지점이라고 할 수 있다.

국내·외 플랫폼 간 공정경쟁이 안되면 안방 다 뺏긴다는 입장에서 공유숙박 위홈 대표인 한국공유경제협회장은 '타다금지법'의 경우 정부 입장을 이해하지만, 근시안적이며, 두 살짜리 몸에 맞춰져 있기 때문에 제도의 틀을 다시 짜야하고, 국내외 플랫폼 공정경쟁을 보장하지 않으면 안방을 다 잃는다고 비판하고 있다.

국회가 통과시킨 '타다금지법'은 모빌리티산업이라는 큰 집을 보지 않고 거실부터 지은 꼴입니다. 나중에 집을 올릴 때 거실이 걸림돌이 될 겁니다. 일단 정부에게 이 분야 모든 정책을 멈추라고 제안하고 싶습니다. 어떤 법이든 섣불리 만들면 앞으로의 변화에 유연하게 대처할 수 없죠. 이제라도 집단지성을 발휘해 모빌리티와 공유경제라는 큰 패러다임에 맞는 제도적 틀을 완전히 새로 짜야 합니다.
한국공유경제협회를 이끌고 있는 조○○ 회장은 이번 임시국회에서 '타다금지법'을 통과시킨 정부·여당의 행태를 근시안적이며 미래지향적이지도 않았다고 지적하며 이같이 제안했다. 조○○ 회장은 현장에서 변화를 체감하기 힘들다면서 해외 플랫폼업체를 막지 않더라도 적어도 공정하게 경쟁할 순 있게 해야 한다고 촉구했다(이데일리, 2020. 3. 17).

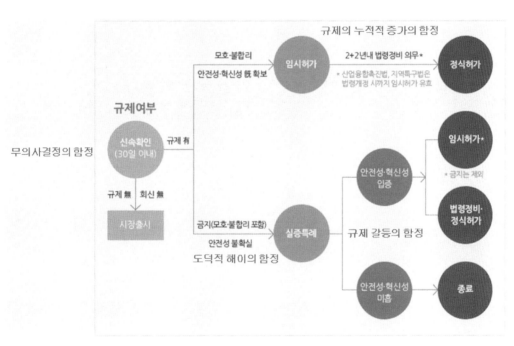

<그림 10-4> 규제혁신의 몇 가지 함정

제5절 결론

1. 분석결과의 해석과 제안

문재인 정부에서는 제4차 산업혁명이라는 기존의 산업구조와는 차원이 다른 환경변화에 직면하자 포괄적 네거티브 규제로 대표되는 혁신적인 규제개혁을 표방하면서 경로창조를 시도하였다. 이러한 맥락에서 이 연구는 문재인정부의 4차 산업혁명과 관련된 규제개혁의 핵심이라고 볼 수 있는 포괄적 네거티브 규제방식의 성과와 한계를 집중적으로 분석하였다.

2017년 이후 9,000여건 이상의 포괄적 네거티브 규제혁신의 성과가 나타났다. 입법방식의 유연화를 통해 신산업의 진입장벽이 완화되었고, 2019년 이후 행정규제기본법을 포함한 규제혁신 7법, 즉 규제샌드박스 입법완성과 규제혁신 3종 세트의 도입으로 규제 신속 확인, 임시허가, 실증특례 등이 획기적인 성과를 보이기 시작했다.

<표 10-3> 규제혁신의 함정 분석결과와 혁신방안

당사자	혁신함정의 유형	입장	이해관계	혁신방안
규제 대상자	무의사결정	부정 (-)	주무부처의 이익 관철	소통장치 마련
규제 대상자	규제의 누적적 증가	부정 (-)	규제대상자 부담 증가	부가조건 분석 강화
규제 주체	기회주의 속성과 도덕적 해이	부정 (-)	규제대상자 이익 증대	인센티브 메커니즘 설계
쌍방당사자	규제갈등	중립	역차별 발생	갈등영향분석

첫째, 무의사결정이 진행되기 전에 소통하고 협력하는 장치마련이 필요하다. 4차 산업혁명과 혁신성장을 정부가 주도하기보다는 산업현장이 주도하는 의제설정과정이 필요하다. 실증특례의 성공을 위해서 현장에서 고군분투하는 한 변호사의 제도적·절차적 보완을 요청하는 의견을 경청할 필요가 있다.

> 그래서 또 운영 주관사의 문제도 있는데요. 특히 어떤 진흥원에서 이런 것을 실증특례하고 계시는데, 여러 스타터기업들의 의견을 모아서 결론을 말씀드리고 좀 건의를 하면 진흥원에서도 잘 해주고 계시지만 장기적으로는 일을 운영하는 것을 민간의 입장을 잘 이해하는 민간 회사가 민간 위탁으로 하고 진흥원이 오히려 이를 감독하는 역할로 바꾸시는 게 어떤가라는 의견이 있고요, 또 실증특례 부여 후 실증범위를 계속 확대해 주셔야 됩니다. 처음에 예를 들어 150대라고 해놓고 시작했

으면 6개월 지나면 이것을 2배, 3배, 4배로 확대를 해주셔야 그 사업이 계속될 수 있을 뿐만 아니라 그리고 규제 개선의 희망이라도 생길 수 있고 점점 더 실증의 정도와 깊이가 더해가는 것입니다. 근데 이 실증 범위 확대에 대해서 법령에 아무런 얘기가 없습니다. 즉, 재량에 맡겨져 있는 것이죠. 주관기관의 재량에 맡겨져 있기 때문에 이것을 요구해도 어떤 법에 정해진 절차도 없고 해서 실증 범위를 확대해 줄 수 있는 절차적 보장이 없는 상황이에요. 이 실증 범위 확대에도 역시 제도적으로 민간이 주도하는 협의체를 설치해서 담당해 주셨으면 하는 것입니다(K변호사 토론, 2021. 10).

둘째, 부가조건을 면밀하게 분석하여 불확실성에 대비할 필요가 있다. 규제혁신 5법의 집행과정을 지속적으로 점검하여 정책혁신을 유지해야 한다. 규제정책은 가설적 성격을 지니기 때문에 '오차가능성과 잠정성'을 이해하는 것이 중요하다(이혁우, 2021: 16-17)

셋째, 규제대상자의 기회주의적 속성을 막는 인센티브 메커니즘을 작동시킬 필요가 있다. 협력적 거버넌스에 기초한 정책집행을 통해 현장의 수용성을 제고하는 노력이 요구된다. 과기부의 담당과장의 깊은 속내를 들여다보면 기업의 입장에서도 정부 관계자들의 고민을 이해하고 접근하는 태도가 요구된다.

하나 부탁드리고 싶은 것은 우리 규제샌드박스 실증특례나 임시허가로 들어오신 분들이 오해하는 게 있습니다. 실증 특례 받으면 솔직히 많은 분들이 말씀하셨지만 사업허가 받았다고 생각하는 겁니다. 또 수익성이 나게 조건을 좀 풀어 달라 그러는데, 해당 기업 부처 입장에서는 그건 안정성에 우려가 돼서 최선으로 했는데, 그걸 어떻게 풀어 주냐 하는 그 관점의 차이가 굉장히 큽니다. 그런 것들이 우리가 3년째 제대로 운영하다 보니까 규제 부처 입장에서는 갈수록 움츠러들어요. 차라리 안 해주고 말지 하는 생각이 강합니다. 그래서 실증특례라고 하는 것들은 그야말로 최소한의 범위 내에서 한 번 실증을 통해 안정성이나 이런 것들을 시험해보자라는 취지인데, 물론 비즈니스가 제대로 안되기 때문에 어려운 점이 있다는 걸 알지만, 그 제도 취지를 먼저 같이 공유하고 공감하고 또 충분한 기간, 꼭 2년이 가지 않더라도 어느 순간이라도 충분한 데이터가 확보됐다 그러면 그걸 제도 개선으로 이어가는 노력으로 가는 게 훨씬 더 낫지 않겠나 생각이 듭니다(과학기술정보통신부 관계자 토론, 2021. 10).

넷째, 갈등해소장치의 마련이 필요하다. 가시적인 산출에 매몰되지 않고 현장의 문제해결을 통해 성과가 나타나는지 지속적으로 확인해야 한다. 특히 4차 산업혁명에 따른 혁신성장과정에서 새로운 산업의 시장 진입으로 인한 다양한 갈등을 해결해나가는 조정 역할도 요구된다(채종헌, 2019).

한편 포괄적 네거티브 규제의 한계와 함정을 극복하려는 노력도 중요하지만, 정부에서 지속적인 규제혁신 정책의 성과를 얻기 위해서는 현장과 소통하는 정책기조의 유지 강화와 더

불어 국회에 상정된 관련 근거 법률의 제·개정을 통한 제도적 기반의 제공, 중앙정부와 지방정부의 협력구조의 재설계를 통한 혁신성장의 지원, 규제자유특구지정을 통한 지역예산 배정의 확내 등의 정책방안이 필요하다. 그리고 대통령령인 「석극행성 운영규정」에 따라 불합리한 규제를 개선하는 등 공공의 이익을 위해 창의성과 전문성을 바탕으로 적극적으로 업무를 처리하는 적극행정 차원의 논의도 필요하다(박영원, 2020). 윤석열 정부에서도 제4차 산업혁명 시대에 우리 산업이 서로 폭넓은 연결을 이루고 융합하는 속도가 증가하도록 규제제도가 산업을 지원하고 혁신을 촉진하는 방향으로 작동하기를 기대한다.[8]

2. 민선 7기 지방정부 규제혁신의 성과와 토론

1) 민선 7기 2020년 규제혁신 추진현황

부산광역시는 규제혁신 성과를 2020년 기준으로 살펴보면, 시민 삶의 질 제고를 위한 규제혁신으로 요약할 수 있다. 시민체감 규제혁신 성과창출과 지역경제 활성화의 제고라는 두 축으로 규제혁신을 추진하였다(김창수, 2021: 162-193). <표 10-4>에서는 2021년 1월 28일 기준 첫째, 적극적인 현장소통을 통한 시민체감 규제혁신 추진 성과를 나타내고 있다. 시민 아이디어 공모로 209건 제안, 10건의 수용(행정안전부 2건, 부산시 8건 우수과제 선정)이 이루어졌다. 찾아가는 현장규제신고센터 운영을 통해 3개 산단 등 34회 방문, 12건 발굴, 3건의 수용이 이루어졌다. 민관합동 규제발굴단을 통해 47건 발굴, 4건 수용, 2건 부처협의 중이며, 자치법규 규제입증책임제를 통해 15건 발굴, 7건의 수용이 이루어졌다. 둘째, 지역 혁신성장 및 경제 활성화를 위한 규제 발굴·개선이 이루어졌다. 지역특화규제 100건 발굴, 10건의 수용, 포괄적 네거티브규제 전환 39건 발굴, 16건의 수용이 이루어졌다. 신기술·신산업육성 규제혁신 TF(26개의 부서·기관) 운영을 통해 9건 발굴, 1건 부처협 중이다. 코로나 위기극복 지역경제 활성화를 위한 규제 집중 발굴을 통해 60건 발굴, 9건 수용이 이루어졌다(부산광역시 기획관, 2021 : 4-5).[9]

---

8) 「규제신설 땐 기존 규제 2배 폐지, 정부 대신 민간주도 경제성장」(『동아일보』, 2022. 6. 17). 윤석열 정부에서도 과잉기대에 따른 규제개혁의 함정에 빠지지 않도록 세심한 접근이 요구된다.

9) <표 10-4>에서 중점과제 제외는 조세·보조금 지원 등 재정지원, 단순민원, 기건의, 제도개선 등이다. 개선완료는 수용 과제 중 법령, 조례 개정 완료를 의미하고, 장기검토는 규제개선의 필요성은 있으나 연구용역, 이해관계자 협의 등이 필요하여 규제개선 여부를 바로 결정하기 어려운 과제로 장기적으로 검토·추진이 필요하다.

<표 10-4> 부산광역시 규제혁신 추진시책별 추진현황

(단위 : 건)

사 업 명	추 진 결 과				
	발굴과제	중점과제	수용 (개선완료)	검토(협의)중	불수용 (장기검토)
합계	491	174	60(21)	16	98(20)
지자체 지역특화 규제	100	41	10(6)	2	29(4)
코로나 위기 극복 규제 발굴	60	34	9(5)	2	23(7)
시민 아이디어 공모	209	30	10(2)	2	18(6)
찾아가는 현장규제신고센터	12	12	4(2)	3	5(1)
민관합동규제발굴단	47	11	4	2	5(2)
네거티브규제 전환	39	28	16(6)	4	8
신산업 규제혁신 TF	9	3	-	1	2
규제입증책임제	15	15	7	-	8

출처 : 부산광역시 규제혁신추진단(2021: 2)

<표 10-5>에서는 <표 10-4>에서 확인한 중점과제 174건의 수용 여부(수용률 34.5%)를 나타내고 있는데, 불수용 사유는 안전, 이해관계, 소상공인보호, 의지부족, 예산 과다소요, 법률 취지 등이다. 특히 중앙부처 건의과제의 수용률이 낮음을 알 수 있다.

<표 10-5> 규제혁신 건의과제 처리현황

(단위 : 건)

구분		합계	수용		검토 중	불수용	
			개선완료	개선 중		장기검토	불수용
2020년 (174건)	계	174	21	39	16	20	78
	자체	43	10	17	3	2	11
	중앙	131	11	22	13	18	67

출처 : 부산광역시 규제혁신추진단(2021 : 2)

2) 2020년 규제혁신 구체적 추진실적 분석

<표 10-6>에 나타난 바와 같이 지역특화규제 100건 발굴, 10건의 수용이 이루어졌다. 그리고 10건 모두의 소관부처가 중앙정부에 치우쳐있음을 알 수 있다. 규제개혁의 성격이 행정절차 개선과 관련된 행정적 규제의 완화에 초점을 두고 있음을 알 수 있다.

<표 10-6> 지자체 지역특화규제 중 수용과제

연번	건 의 과 제	소관부처
1	지역화폐(지역사랑상품권) 충전금 계좌 명의 등록	금융위원회
2	일반건강검진 실시기간 한시적 연장	보건복지부 / 고용노동부
3	UAV(드론 등) 디지털 기술과 연계한 지적재조사사업 추진	국토교통부
4	집단급식소 영업승계시 신고절차 완화	식품의약품안전처
5	개발제한구역 내 저온저장고 설치기준 완화	국토교통부
6	양식장 관리선으로 사용할 수 있는 어선 확대(부산지역)	해양수산부
7	어항구역내 공유수면 점·사용료 감면	해양수산부
8	노래연습장 직권말소 규제 완화	문화체육관광부
9	재산세 분납제도 개선	행정안전부
10	지방세 세목별 과세내역 국세청홈택스 연계	행정안전부

출처 : 부산광역시 규제혁신추진단(2021 : 3-4)

그리고 <표 10-7>에 나타난 바와 같이 코로나 위기극복 지역경제 활성화를 위한 규제 집중 발굴을 통해 60건 발굴, 9건 수용이 이루어졌다. 9건 중에서 7건이 중앙부처 소관이다.

<표 10-7> 코로나 위기 극복 규제 발굴 수용 과제

연번	건 의 과 제	소관부처
1	멸실인정 차량에 대한 말소등록제도 개선	국토교통부
2	현금지원제도 비수도권 재정자금 분담비율 조정	산업통상자원부
3	부산시 중소기업 자금지원 사업 이차보전 지원회수 확대	부산시(혁신경제과)
4	고용유지지원금 지원 절차 간소화 및 지원확대	고용노동부
5	개발행위에 대한 심의제외 대상 추가	부산시(도시계획과)
6	공업지역 안에서의 건폐율(방화지구) 완화	부산시(도시계획과)
7	소규모 물량 공사에 대한 공사비 산정기준	국토교통부
8	재활용 공공처리율 제고를 위한 국고보조사업 업무처리 지침 개정	환경부
9	화물운수종사자 교육 절차 개선	국토교통부

출처 : 부산광역시 규제혁신추진단(2021 : 5-6)

<표 10-8>에 나타난 바와 같이 시민 아이디어 공모로 209건 제안, 10건의 수용(행안부 2건, 부산시 8건 우수과제 선정)이 이루어졌다. 주로 범위 확대와 기준완화 등 진입규제 완화와 관련된 내용이 많은 것을 알 수 있다.

<표 10-8> 시민 아이디어공모 수용 과제

연번	건 의 과 제	소관부처
1	임산부 자녀의 어린이집 입소순위 가산점 부여	보건복지부
2	재외국민 출국신고 온라인 신청 가능	행정안전부
3	대중버스 창유리 자외선 차단으로 쾌적한 환경 조성	경찰청
4	노인복지주택의 입소자격 중 부양가족 범위 확대	보건복지부
5	기초생활수급 부양의무자 부양능력 기준 완화	보건복지부
6	어디서나 이륜자동차 봉인발급 가능	국토교통부
7	직업소개소 휴업 및 직권말소 규정 신설	고용노동부
8	거동불편자의 국적취득 신청 조건 완화	법무부
9	과태료 중가산금 지방세 중가산금과 동일한 수준으로 조정	법무부
10	생태계교란 생물 지정 전 사육중인 개인에 대한 구제방안 마련	환경부

출처 : 부산광역시 규제혁신추진단(2021 : 6-7)

<표 10-9>에 나타난 바와 같이 찾아가는 현장규제신고센터 운영을 통해 3개 산단 등 34 회 방문, 12건 발굴, 3건의 수용이 이루어졌다.

<표 10-9> 찾아가는 현장규제신고센터 수용과제

연번	건 의 과 제	소관부처
1	정관농공단지 공장배치기준 입주업종 변경	부산시(산업입지과)
2	공장등록 기업 편의를 위한 건축물 용도기준 개선	산업통상자원부
3	준주거 및 준공업지역 가로구역별 건축물 높이지정 운용 개선	부산시(건축정책과)
4	캠핑카 개조에 따른 개별소비세 부과방법 개선	기획재정부

출처 : 부산광역시 규제혁신추진단(2021 : 8)

<표 10-10>에 나타난 바와 같이 민관합동 규제발굴단을 통해 47건 발굴, 4건 수용, 2건 부처협의 중이다.

<표 10-10> 민관합동 규제발굴단 수용과제

연번	건 의 과 제	소관부처
1	청소년의 기망행위로 게임제공업자의 위반에 대한 행정처분 면제 신설	문화체육관광부
2	게임제공업의 폐업신고 간소화	문화체육관광부
3	근로시간 단축에 따른 탄력근로제 확대	고용노동부
4	고압가스 저장설비에 대한 고압가스 적용기준 개선	산업통상자원부

출처 : 부산광역시 규제혁신추진단(2021 : 8)

<표 10-11>에 나타난 바와 같이 포괄적 네거티브규제 전환의 경우 39건 발굴, 16건의 수용이 이루어졌다. 무엇보다 포괄적 개념정의와 유연한 분류체계 등 입법방식의 혁신을 통해 진입규제가 대폭 완화되면서 규제혁신의 성과가 시민들과 기업들에게 나타나고 있음을 알수 있다.

<표 10-11> 네거티브규제 전환 수용과제

연번	건 의 과 제	소관부처
1	보험계리사 및 손해사정사 영어시험종류 확대(보험업법 시행규칙)	금융위원회 보험과
2	관광사업 진흥을 위한 보조금 지원범위 유연화(부산시 관광 진흥 조례)	부산시 (관광진흥과)
3	공동체 활성화를 위한 도시재생사업 공동이용시설 범위 확대 (부산시 도시재생 활성화 및 지원에 관한 조례)	부산시 (도시재생정책과)
4	지역건설산업 범위 확대(부산시 지역건설산업 활성화 촉진에 관한 조례)	구군(동구)
5	공유기업 개념 확대(부산시 동구 공유경제 활성화 조례)	구군(동구)
6	주민참여 예산제 활성화를 위한 정의규정 유연화(부산시 영도구 주민참여 예산제 운영 조례)	구군(영도구)
7	문화예술의 개념 확대(부산시 영도구 지역문화진흥 조례)	구군(영도구)
8	아동·여성 폭력 피해자 개념 확대(부산시 영도구 아동·여성 안전지역연대 운영 조례)	구군(영도구)
9	공유기업 개념 확대(부산시 영도구 공유경제 활성화 조례)	구군(영도구)
10	긴급 지원을 위한 위기상황으로 인정하는 사유 확대(부산시 남구 긴급 지원에 관한 조례)	구군(남구)
11	도로명 주소시설 유지관리 위탁업체 선정기준 완화(부산시 북구 도로명주소에 관한 조례)	구군(북구)
12	공직자윤리위원회 위원 위촉 확대(부산시 사하구 공직자윤리위원회 구성과 운영에 관한 조례)	구군(사하구)
13	고문변호사 위촉범위 확대(부산시 사하구 고문변호사 운영 조례)	구군(사하구)
14	건설종사원 채용기준 완화(부산시 사하구 건설종사원 운영 규정)	구군(사하구)
15	기계식 주차장차 철거시 완화범위 확대(부산시 금정구 주차장 설치 및 관리 조례)	구군(금정구)
16	관광 활성화를 위한 지원대상 확대(부산시 금정구 관광진흥 조례)	구군(금정구)

출처 : 부산광역시 규제혁신추진단(2021 : 9-10)

그리고 <표 10-12>에 나타난 바와 같이 자치법규 규제입증책임제(담당 공무원이 해당 규제를 유지해야 하는 이유를 입증하지 못할 경우 해당 규제를 폐지하는 제도)를 통해 15건 발굴, 7건의 수용이 이루어졌다.

<표 10-12> 규제입증책임제 수용 과제

연번	건 의 과 제	소관부처
1	도로복구 원인자 부담금 징수금 분할납부 규정 신설	부산시(도로계획과)
2	한옥 우수건축자산의 지원 규정 완화	부산시(도시재생정책과)
3	소규모주택정비사업의 사업시행계획 인가의 경미한 변경사항 완화	부산시(도시정비과)
4	기반시설 부지제공에 따른 용적률 등의 완화 시설 확대	부산시(도시정비과)
5	새마을장학금의 지급 정지 규정 개선	부산시(자치분권과)
6	새마을장학금 신청서의 과도한 정보요구 완화	부산시(자치분권과)
7	새마을장학금 장학생 추천서의 과도한 정보수집 완화	부산시(자치분권과)

출처 : 부산광역시 규제혁신추진단(2021 : 11)

연구문제

1. 4차 산업혁명은 규제정책에 어떤 영향을 미치는가?

2. 우선허용·사후규제 원칙은 '시간적 규제유예 기법'인 TRR과 어떤 관계가 있는가?

3. 역대정부 규제개혁 정책에서 경로의존성을 확인할 수 있겠는가?

4. 문재인 정부의 규제개혁의 속도(빈도×폭)를 살펴볼 때 규제개혁의 성과를 성공적으로 평가할 수 있겠는가?

5. 문재인 정부의 '공간적 규제유예 기법'을 활용한 14개 규제자유특구의 성과를 평가할 수 있겠는가?

6. 규제샌드박스는 TRR과 규제자유특구 등과 어떤 연관이 있는가?

7. 민선7기 부산광역시 규제혁신의 성과를 평가해보시오.

◆ 참고문헌

고한산・김창수. (2007). 이슈네트워크의 변화와 환경규제정책변동. 「지방정부연구」, 11(1): 69-95.

관계부처합동. (2020). 「규제샌드박스 발전방안: 시행 1년 평가와 향후 보완대책」, 2020. 1. 23.

관계부처합동. (2022). 「2022년 규제정비 종합계획」, 2022. 2. 15.

국무조정실. (2021). 「2021 규제혁신 추진방향」, 2021. 1. 14.

_____. (2017). 「새 정부 규제개혁 추진방향」. 2017. 9. 7.

_____. (2018). 「신산업 현장애로 검토과제(91건)」. 2018. 1. 22.

국무조정실・규제개혁위원회. (2021). 「2020규제개혁백서」.

국토해양부 4대강 살리기 추진본부. (2009). 「4대강 살리기 마스터플랜」.

김경민. (2022). 1회용컵 보증금제도 시행 유예 관련 쟁점과 과제, 「이슈와 논점」, 국회입법조사처, 2022.
        6. 10.

김동연. (2014). 박근혜 정부의 규제개혁, 「한국경제포럼」, 제7권 제1호.

김승욱・김재익・정용래・유원근. (2004). 「시장인가? 정부인가?」. 서울: 도서출판 부키.

김어준. (2011). 「닥치고 정치: 김어준의 명랑시민 정치교본」. 푸른숲.

김영평. (1995). 「불확실성과 정책의 정당성」. 서울: 고려대학교 출판부.

_____. (1982). 오차의 수정에 대한 정당성. 「한국행정학보」, 16: 209-225.

김영평・최병선・최도철. (2006). 「규제의 역설」. 서울: 삼성경제연구소.

김영훈. (1998). 「규제행정의 이론과 실제」. 서울: 선학사.

김용우. (2010). 「정부규제와 규제행정」. 서울: 대영문화사.

김용환. (2005). 「리바이어던: 국가라는 이름의 괴물」. 서울: (주)살림출판사.

김익성. (2011). SSM 현황과 대책. 「중소기업 포커스」. 제20호. 중소기업연구원.

김인환. (1993). 우리나라 환경규제의 실효성과 한계. 「환경논총」제31권. 서울대학교 환경대학원.

김일중. (1998). 「규제와 재산권: 법경제학적 시각으로 본 정부 3부의 역할」. 서울: 자유기업센터.

김정오・김창수. (2008). 사행성 게임물과 과잉규제의 역설. 「지방정부연구」, 12(2).

김정욱. (2010). 「나는 반대한다: 4대강 토건공사에 대한 진실 보고서」. 서울: 느린걸음.

김재광. (2018). 규제재설계에 따른 행정작용법적 함의: 포괄적 네거티브 규제체계를 중심으로, 「법학논총」
        제38권 2호, 전남대학교 법학연구소.

김재홍. (2002). 「진입규제의 이론과 실제」. 서울: 한국경제연구원.

김재훈. (1997). 집권과 분권의 조화: 환경규제를 중심으로. 「한국행정학보」, 31(1): 39−55.

김준석. (2006). 「정부규제에서 규제 거버넌스로: 뉴욕 상수원수질관리제도 심층분석과 한강상수원관리에
        의 함의」, 경기개발연구원.

김창수. (2008). 「환경정책의 구조와 논리: 갈등과 협력의 대위법」. (주)한국학술정보.

_____. (2009). 「관료제와 시민사회: 비판과 협력의 이중주」. (주)한국학술정보.

_____. (2011). 포스트 4대강 사업과 낙동강 상수원의 딜레마: 남강댐 물 분쟁의 제도적 프레임 분석. 「한국행정논집」, 23(2): 459-486.

_____. (2020). 규제개혁정책, 「한국 제4차 산업혁명 정책: 평가와 혁신」, 임마뉴엘.

_____. (2020). 공공갈등 조정의 성공조건: 구포가축시장 갈등 조정 사례의 분석. 「지방정부연구」, 제24권 제3호(2020 가을): 47-71.

_____. (2021). 부산지역 규제혁신의 성과와 과제. 「2020 지역과학기술정책총서」, 부경대학교 과학기술정책 전문인력 육성지원사업단.

_____. (2021). 영풍석포제련소를 둘러싼 딜레마와 정책대응: 기회손실, 지역의존성, 그리고 상징적 대응. 「정부학연구」, 제27권 제1호(2021): 159-188.

_____. (2022). 포괄적 네거티브 규제혁신의 성과와 한정. 「인문사회과학연구」, 23(3).

김창수·김성우. (2015). 「부산광역시 등록규제 현황분석과 합리적 관리방안 연구」. 부산발전연구원.

김창수·김성우. (2016). 지방규제 등록·관리의 성과와 개혁: 부산광역시의 경험. 「지방정부연구」, 19(4): 219-239.

김태윤·정재희·허가형. (2008). 한국 정부의 규제영향분석의 수준: 평가틀의 도출 및 평가 결과. 「규제연구」, 17(2).

김태윤·정재희·허가형. (2008). 한국 정부의 규제영향분석의 수준: 평가틀의 도출 및 평가 결과. 「규제연구」, 17(2).

김환영. (2010). 「4대강 사업을 말한다: 무엇이 옳고 무엇이 그른가」. 서울: 동쪽나라.

김혜나·손영호. (2020). 「자연은 파괴되고 고향은 사라지고: 영풍석포제련소와 연화광산의 환경오염에 관한 기록과 고찰」. 도서출판 참.

도모노 노리오. (2006). 「행동경제학: 경제를 움직이는 인간 심리학의 모든 것」. 이명희 역. (2007). 지형.

류충렬. (2015). 「규제의 파르미콘」. 서울: 대영문화사.

문경민. (2000). 「새만금리포트」. 서울: 중앙M&B.

문태훈. (1999). 「환경정책론」서울: 형설출판사: 3-13.

민경석. (2010). 4대강 살리기 성공전략. SAPA News & Platform 2010년 2호(통권 16호).

박선영. (2020). 「주요 국가간 산업재해율 변화 추이 비교분석」, 산업안전보건연구원, 103.

박영원. (2020). 적극행정의 주요 내용과 향후 과제, 「이슈와 논점」, 제1625호, 국회입법조사처.

박정수. (2020). 「혁신성장을 위한 산업규제 개혁 방향」, 산업연구원.

박종원·김창수·서재호·최현숙. (2022). 「통합적인 화학물질 관리체계 개선방안 연구」, 부경대학교 산학협력단

박 준. (2009). 한국의 사회갈등과 경제적 비용. 「CEO Information」. 삼성경제연구소.

박창근. (2009). 운하를 넘어 생명의 강으로: 4대강 정비 사업의 실체를 밝힌다. 「환경과 생명」, 통권 59호: 110-126.

박창희. (1998). 「천리벌판 적시는 강: 낙동강 1300리 역사현장을 가다」. 부산: 인쇄골.

배용수. (2013). 「규제정책론」. 서울: 대영문화사.

배응환. (2001). 정책네트워크모형의 행정학연구에 적용탐색. 「한국행정연구」, 10(3): 258-298.

백완기. (1989). 「행정학」. 서울: 박영사.

부산광역시. (2005). 「도시계획시설사업 실시계획변경인가」. 부산광역시 고시 제2005-108호.

부산광역시 기획관. (2021). 2021년도 주요업무계획.

부산광역시 규제개혁추진단. (2021). 2020년 규제개선과제 추진현황.

부산·경남생태도시연구소 생명마당. (2019). 「낙동강 참여형 물환경 공동조사 및 유역협력체계 구축방안 연구」, 한국수자원공사. 2019. 5.

사공영호. (1995). 가부장적 행정문화와 규제관료의 포획에 관한 연구. 서울대학교 행정학박사학위논문.

4대강 살리기 추진본부. (2010). 「4대강 살리기: 생명이 깨어나는 새로운 대한민국」.

서준경. (2009). 정책딜레마의 사회적 구성: 프레임 분석을 중심으로. 소영진 등. 「딜레마와 제도의 설계」. 서울: 나남출판.

선정원. (2016). 「규제개혁과 정부책임」. 서울: 대영문화사.

송병주·김창수. (2002). 해양환경오염 인과구조의 분석: 제도와 행위자의 정책대응구조를 중심으로. 「한국사회와 행정연구」, 13(4).

송정원. (2005). 「카르텔 및 불공정거래행위 규제」. 서울: 박영사.

심준섭. (2004). 불확실성과 정책오차의 이중성: 신용카드사 규제정책을 중심으로. 「한국행정학보」, 38(6): 131-153.

양승일. (2006). 그린벨트정책의 규제정치분석: Wilson의 규제정치이론의 적용을 중심으로. 「도시행정학보」, 19(1): 83-87.

양승일·신순범. (2006). 정책과정과 현실사이의 정책오차 분석. 「정부학연구」, 12(1): 263-290.

유광호. (1999). 「관료제도론: 이론, 역사, 실제」. 서울: 대영문화사.

유한별. (2020). 규제 정책 도입 과정에서 민간 이해관계자의 행태에 관한 연구: 규제혁신형 플랫폼 택시 도입에서 업계 간 갈등을 중심으로, 「규제연구」, 제29권 제2호.

윤순진. (2009). 이명박 정부 1년과 녹색의 변질. 「창비주간논평(2009. 3. 4)」.

윤영선. (2009). 「4대강 살리기 사업의 추진배경과 낙동강 프로젝트의 파급효과」. 한국건설산업연구원.

윤인주. (2021). 신산업 규제혁신정책에 대한 기업인식 수준 연구: 규제 샌드박스제도를 중심으로, 「융합사회와 공공정책」, 제14권 제4호.

이민영. (2006). 게임산업의 규제에 관한 행정법적 고찰. 「정보통신정책」, 18(14): 41-42.

이민창. (2001). 정책변동의 제도론적 분석: 그린벨트와 영월댐 사례를 중심으로. 서울대학교 대학원 행정학 박사학위논문.

_____. (2014). 지방정부 규제개혁에 관한 소고. 「서울행정학회포럼」 통권 27호: 12-15.

이상돈. (1999). 「토지이용 및 개발계획·사업의 환경성 검토기준에 관한 연구」. 한국환경정책·평가연구원.

이선우. (2002). 정책갈등의 문화적 분석. 박종민 편. (2002). 「정책과 제도의 문화적 분석」. 서울: 박영사.

106-131.

이재훈·장은혜·조용혁. (2019). 「규제혁신 이론연구(Ⅰ)」. 한국법제연구원.

이정훈. (2006). 사행성 게임물에 대한 형사책임. 「중앙법학」, 8(4): 35-68.

이종범 등. (1994). 「딜레마 이론: 조직과 정책의 새로운 이해」. 서울: 나남출판.

이종수. (2000). 「행정학사전」. 서울: 대영문화사.

이종수 등. (2014). 「새행정학 2.0」. 서울: 대영문화사.

이준구. (1992). 「미시경제학」. 서울: 법문사.

_____. (1999). 「재정학」. 서울: 다산출판사.

이하영·이민창. (2011). 의약품 리베이트 자율규제의 한계: 제도론적 접근. 「행정논총」, 49(1): 139-165.

이해영. (2006). 「한·미 FTA, 낯선 식민지」. 메이데이.

이혁우. (2009). 규제개념에 관한 소고. 「행정논총」, 47(3): 335-358.

_____. (2021). 「규제관리론」. 서울: 윤성사.

임일섭. (1999). 「행동규칙과 자생적 시장질서」. 서울: 자유기업센터.

전국경제인연합회 규제개혁팀 편. (2003). 「사례로 본 이런 저런 규제」. 서울: FKI미디어.

전상경. (2005). 「정책분석의 정치경제(제3판)」. 서울: 박영사.

전재경. (1999). 「환경규제개혁의 평가와 방향: OECD접근을 중심으로」. 한국법제연구원.

정용덕 등. (1999). 「합리적 선택과 신제도주의」. 서울: 대영문화사.

정우성·송정현. (2020). 규제혁신관점에서 본 한일 규제샌드박스제도 비교분석, 「한국지적정보학회지」. 제22권 제1호.

정재승. (2019). 「열두 발자국」. 어크로스.

정정길. (1997). 「정책학원론」. 서울: 대명출판사.

_____. (2000). 「행정학의 새로운 이해」. 서울: 대명출판사.

정정화. (2002). 환경규제권한 배분의 정치과정: 오염배출업소 규제권한의 시·도 위임과정 비교분석. 「한국지방자치학회보」, 15(1).

정주용·조광래. (2009). 정책오차 수정의 조건: 수도권 기업 지방이전 사례를 중심으로. 「한국정책학학보」, 18(3): 91-120.

정준금. (1995). 사회적 위기에 대한 정책대응과정 분석: 낙동강 페놀오염사건을 중심으로. 「한국행정학보」 제29권 제1호.

정준표. (1993). 집단행동과 게임이론. 「한국정치학회보」, 27(2): 110-112.

정준화. (2018). 4차 산업혁명 대응현황과 향후 과제, 「입법·정책보고서」, 제16호. 국회입법조사처.

조익준. (2001). 환경정책결정과정에서 NGO의 역할제고방안에 관한 연구: 영월댐 건설·새만금 간척사업 사례를 중심으로. 동국대학교 행정대학원 석사학위논문.

중소벤처기업부. (2019). 「지역혁신성장과 국가균형발전을 위한 한국형 규제샌드박스 규제자유특구제도」, 2019. 11.

참여연대. (2006). 「도박게임 사태 책임 규명 보고서」, 2006년 9월 21일.

채종헌. (2019). 신산업의 등장과 갈등관리의 중요성, 「이슈페이퍼」, 통권77호. 한국행정연구원.

최병선. (1993).「정부규제론: 규제와 규제완화의 정치경제」. 서울: 법문사.

_____. (2009). 규제수단과 방식의 유형 재분류.「행정논총」, 47(2): 1-30.

_____. (1992). 최근의 환경규제수단의 평가.「행정논총」, 30(2).

최병선 등. (2000). 한국의 규제정책 실증연구의 경향과 분석.「행정논총」, 39(3): 140-166.

최병성. (2010).「강은 살아있다: 4대강 사업의 진실과 거짓. 서울: 황소걸음.

최유성. (2007).「규제등록 및 관리제도 개선방안에 관한 연구」. 한국행정연구원.

최유성·안혁근·심우현·박정원. (2017).「4차 산업혁명에 대응하는 규제개혁 연구: 공유경제와 디지털 헬스케어 분야를 중심으로」, 한국행정연구원.

최유성·이종한. (2008). 규제개혁,「한국행정 60년, 1948-2008 제2권: 국정관리」. 법문사: 489-519.

최재송·이명석·배인명. (2001). 공유재 문제의 자치적 해결: 충남 보령시 장고도 어촌계의 사례를 중심으로.「한국행정연구」, 10(2).

최종렬. (2007). 무조건적 소모의 사회: 바다이야기를 중심으로.「사회이론」, 제31권: 167-219.

최종원. (1997). 정책집행연구의 이론적 틀에 대한 비판적 고찰.「한국정책학회보」, 7(1): 173-206.

최진욱. (2006). 규제가 국가경쟁력에 미치는 영향.「규제연구」, 제15권 제1호: 3-25.

하연섭. (2003).「제도분석: 이론과 쟁점」. 서울: 다산출판사.

한국언론재단. (2001).「언론개혁과 자율규제(영국왕립언론 위원회 사례연구)」. 커뮤니케이션북스.

한국게임산업진흥원. (2007).「2006년 대한민국 게임백서」.

한국법제연구원. (2000).「2000년대 환경상황의 변화와 환경규제정책」.

한국소비자보호원. (2006).「게임관련 소비자피해 실태 및 개선방안 연구」.

한국행정연구원. (1999).「규제영향분석서 사례연구」. 국무조정실 규제개혁조정관실 연구용역 최종보고서.

한국행정연구원 규제연구센터. (2022). 네거티브 규제의 성과와 발전방안. 제12차 규제영향평가포럼 브리프.

한형상. (2017).「Knowledge Service & Engineering R&D」, 한국산업기술평가관리원(KEIT).

홍승헌. (2021). 포괄적 네거티브에서 유연한 규제로: 혁신친화적 신산업 규제혁신 원칙의 모색,「규제연구」,제30권 제1호.

행정학용어표준화연구회. (1999).「행정학용어사전」. 서울: 새정보 미디어.

홍준형. (2011).「행정법」. 서울: 법문사.

환경부. (1999).「환경규제개혁: 환경규제 이렇게 달라졌습니다」.

_____. (2020).「환경백서」.

환경부 기획관리실. (2002).「2002년도 규제개혁 추진계획」.

환경부·4대강 살리기 추진본부. (2010).「낙동강 살리기의 진실」.

황승흠. (2006). 게임과 사행행위 혼용 정책의 법적 분석.「중앙법학」, 제8집 제4호: 69-85.

황인욱·박성용. (2022). 저성장 극복을 위한 규제개선 방안: 규제샌드박스를 중심으로,「국회입법조사처 NARS 입법·정책」, 제103호.

공정거래위원회(http://www.ftc.go.kr/)

규제정보포털(https://www.better.go.kr)

한국소비자원(http://www.kca.go.kr/)

Axelord, Robert M. (1984). *The Evolution of Cooperation.* Basic Books.

_____. (1981). The Emergence of Cooperation Among Egoists. *American Political Science Review,* 75.

Bachrach P. and M. Baratz. (1962). Two Faces of Power, *APSR,* Vol. 56.

Bartlett, Robert V. (1994). Evaluating Policy Success and Failure. *Environmental Policy in the 1990s: Toward A New Agenda(2nd ed.),* A Division of Congressional Quarterly Inc.

Barzley, Michael. (1993). The Single Case Study as Intellectually Ambitious Inquiry, *Journal of Public Administration Research & Theory(J-PART),* No. 3.

Bendor, J B. (1985). *Parallel Systems: Redundancy in Government.* Berkeley, CA: University of California Press.

Bowen, Elinor R. (1982). The Pressman-Wildavsky Paradox: Four Agenda or Why Models Based on Probability Theory Can Predict Implementation Success and Suggest Useful Tactical Advice for Implementers, *Journal of Public Policy,* 2(1): 1-22.

Breyer, Stephen G., Stewart, Richard B., and Sunstein, Cass R. (2009). *Administrative Law and Regulatory Policy.* Aspen Publishers.

Coase, Ronald. (1960). The Problem of Social Cost. *Journal of Law and Economics,* 3.

_____. (1988). *The Firm, the Market and the Law.* The University of Chicago Press.

Cobb, Roger W. & Charles D. Elder. (1972). Participation in American Politics: The Dynamics of Agenda-Building, Boston: Allyn & Bacon.

Crenson, Matthew A. (1971). *The Unpolitics of Air Pollution,* Baltimore: John Hopkins University Press.

DiMaggio, Paul J. & Waiter W. Powell. (1983). The Iron Cage Revisited: Institutional Isomorphism and Collective Rationality in Organizational Fields. *American Sociological Review,* 48: 147-160.

Dunleavy, P. (1985). Bureaucrats, Budgets and the Growth of the State: Reconstructuring an Instrumental Model. *British Journal of Political Science,* 15(3): 299-328.

_____. (1991). *Democracy, Bureaucracy and Public Choice,* London: Harvester Wheatsheaf: 177-181.

Dunn, W. (1981). *Public Policy Analysis,* Englewood Cliffs: Prentice Hall.

Fox, C. J. and H. T. Miller. (1995). *Postmodern Public Administration: Toward Discourse.* Sage Publications, Inc.

Fukuyama, Francis. (1995). *Trust: Social Virtues and the Creation of Prosperity.* New York: The Free Press.

Hall, Peter and Rosemary Taylor. (1996). Political Science & the Three New Institutionalism. *Political Studies,* 44.

Hardin, G. (1968). The Tragedy of the Commons. *Science,* 162: 1243-1248.

Hawkins, Keith. (1984). Environment and Enforcement: Regulation and the Social Definition of Pollution, Oxford: Clarendon Press.

Hayek, Friedrich A. (1973). *Law, Legislation, and Liberty: Rules and Order.* The University of Chicago Press.

_____. (1982). *Law, Legislation, and Liberty.* London: Routledge and Kegan Paul. Paperback edition.

Hayes, Michael T. (2001). *The Limits of Policy Change: Incrementalism, Worldview, and the Rule of Law.* Whashington, D.C.: Georgetown University Press.

Healey, Patsy. (1997). *Collaborative Planning: Shaping Places in Fragmented Societies,* Palgrave Publishers Ltd.

Hogwood, Brian W. & B. Guy Peters. (1983). *Policy Dynamics.* New York: St. Martin's Press.

Hudock, Ann. (1999). NGOs and Civil Society: Democracy by Proxy? Polity Press.

Hudson, Barclay. (1979). Comparison of Current Planning Theory: Counterparts and Contradictions. *Journal of American Planning Associations,* 45(4).

Ikenberry, G. John. (1988). Conclusion: An Institutional Approach to American Foreign Economic Policy, *International Organization,* 42(1): 219-243.

Kettle, Donald F. (2002). *The Transformation of Governance: Public Administration for Twenty-First Century America.* Baltimore: The Johns Hopkins University Press.

Kingdon, John W. (1984). *Agenda, Alternatives, and Public Policies.* Little, Brown and Company.

Kingsley, J. Donald. (1944). *Representative Bureaucracy: An Interpretation the British Civil Service.* Yellow Springs, Ohio: The Antioch Press: 19-41.

Krasner, S. (1988). Sovereignty: An Institutional Perspective. *Comparative Political Studies,* 21(1).

Landau, Martin. (1969). Redundancy, Rationality, and the Problem of Duplication and Overlap. *Public Administration Review,* 29(4): 346-358.

_____. (1977). The Proper Domain of Policy Analysis. *American Journal of Political Science.* 21(2): 423-427.

Lester, James P. (1994). New Federalism? Environmental Policy in the States, in *Environmental Policy In The 1990s: Toward A New Agenda, 2nd ed.,* A Division of Congressional Quarterly Inc., Washington, D.C.

Libecap, Gary, D. (1989). *Contracting for Property Rights,* Cambridge University Press.

Lindblom, Charles. E. (1965). *The Intelligence of Democracy: Decision through Mutual Adjustment.* New York: The Free Press.

_____. (1979). Still Muddling, Not Yet Through, *PAR,* 39(6).

Lindblom, Charles E. and Edward J. Woodhouse. (1993). *The Policy-Making Process(3rd ed.).* New Jersey: Prentice Hall.

Linz, Juan J. (1994). Presidential or Parliamentary Democracy: Does It Make a Difference? in *The Failure of Presidential Democracy,* Linz Juan J. and Arturo Valenzuela. (editors). Baltimore: The Johns Hopkins University Press.

Mahoney, James. (2000). Path dependence in historical sociology. *Theory and Society,* 29(4): 507-548.

Massey, Andrew. (1993). *Managing the Public Sector: A Comparative Analysis of the United Kingdom and the United States,* Edward Elgar Publishing Company.

Meyer, John W. and Brian Rowan. (1997). Institutionalized Organizations: Formal Structure as Myth and Ceremony. *American Journal of Sociology,* 83: 340-363.

Mitnick, Barry M. (1980). *The Political Economy of Regulation.* New York: Columbia University Press.

Mueller, Dennis C. (1979). *Public Choice.* Cambridge University Press. 배득종 역. (1992). 「공공선택론」. 서울: 나남.

Niebuhr, Reinhold. (1960). Moral Man and Immoral Society. 이한우 역. (2004). 「도덕적 인간과 비도덕적 사회」. 서울: 문예출판사.

North, Douglass C. (1990). *Institutions, Institutional Change and Economic Performance,* Cambridge University Press.

OECD. (1997). *The OECD Report on Regulatory Reform: Synthesis,* Paris, OECD.

OECD. (2002). *Regulatory Policies in OECD Countries: From Interventionism to Regulatory Governance.* OECD Reviews of Regulatory Reform.

OECD. (2003). *From Red Tape to Smart Tape: Administrative Simplification in OECD countries.* OECD Books.

Olson, M. (1965). *The Logic of Collective Action: Public Goods and the Theory of Groups.* Cambridge, Mass.: Harvard University Press.

Ostrom, Elinor. (1990). *Governing the Commons: The Evolution of Institutions for Collective Action.* Cambridge: Cambridge University Press.

Ostrom, Elinor, Roy Gardner and James Walker. (1997). *Rules, Games, and Common-Pool Resources,* Ann Arbor: The University of Michigan Press.

Peltzman, Sam. (1976). Toward A More General Theory of Regulation. Journal of Law and Economics, 19(2): 211-240.

Pierson, Paul. (2004). *Politics in Time: History, Institutions, and Social Analysis.* Princeton University Press.

Powell and DiMaggio. (1991). *The New Institutionalism in Organizational Analysis.* Chicago: University of Chicago Press.

Pressman & Wildavsky. (1983). *Implementation(3rd ed.),* Berkeley: University of California Press.

Putnam, Robert. D. (1994). *Making Democracy Work: Civic Traditions in Modern Italy.* Princeton University Press.

_____. (1993). The Prosperous Community: Social Capital and Public Life. *The American Prospect,* 13: 35-42.

Rawls, John. (1971). *A Theory of Justice*. Mass.: Harvard University Press.

Rhodes, R. A. W. (1996). The New Governance: Governing Without Government. *Political Studies,* 44(3): 652-667.

_____. (1997). *Understanding Governance: Policy Network, Governance, Reflexivity, and Accountability.* Buckingham, Philadelphia: Open University Press.

Rhodes, R. A. W. & David Marsh. (1992). Policy Networks in British Politics. in R. A. W. Rhodes & David Marsh(eds). *Policy Networks in British Government,* Oxford: Clarendon Press.

Rosenbloom, D. H. & R. D. Schwartz(eds.). (1994). *Handbook of Regulation and Administrative Law,* Marcel Dekker.

Sabatier, Paul. (1988). An Advocacy Coalition Framework of Policy Change and the Role of Policy-oriented Learning Therein, *Policy Sciences,* 21.

Sabatier, P. & D. Mazmanian. (1980). The Implementation of Public Policy: a framework of analysis, *Policy Studies Journal,* 8(4): 538-560.

Schattschneider, E. E. (1960). *The Semi-Sovereign People,* New York: Holt Reinhart & Winston, 1960.

Schwab, Klaus. (2016). *The Fourth Industrial Revolution. Crown Business.*

_____. (2018). *Shaping the Fourth Industrial Revolution.* Portfolio Penguin.

Shambaugh Ⅳ, George E. and Paul J. Weinstein Jr. (2003). *The Art of Policy Making: Tools, Techniques, and Process in the Modern Executive Branch.* Addison Wesley Longman, Inc.

Smith, Adam. (1776). An Inquiry into the Nature and Causes of the Wealth of Nations. harmondsworth: Penguin Books.

Stigler, George J. (1971). The Theory of Economic Regulation, *Bell Journal of Economics and Management Science.* Spring.

Streeter, Calvin L. (1992). Redundancy in Organizational Systems, *Social Service Review,* 66(1): 97-111.

Sunstein, Cass R. (1990). *After the Rights Revolution: Reconceiving the Regulatory State,* Harvard University Press.

Svendsen, Gert Tinggaard. (1998). *Public Choice and Environmental Regulation,* Edward Elgar Publishing, Inc.

Thaler, Rechard H. and Cass R. Sunstein. (2008). *Nudge: Improving Decision about Health, Wealth, and Happiness.* 안진환 역. (2009). 「넛지: 똑똑한 선택을 이끄는 힘」. (주)웅진씽크빅.

Vigoda, Eran. (2002). From Responsiveness to Collaboration: Governance, Citizens, and the Next Generation of Public Administration. *PAR,* 62(5).

Wight, Jonathan B. (2002). Saving Adam Smith: A Tale of Wealth, Transformation, and Virtue. Pearson Education, Inc. 안진환 역. (2003). 「아담 스미스 구하기」. 생각의 나무.

Williamson, O. (1985). *The Economic Institution of Capitalism: Firms, Markets, Relational Contracting.* New York: The Free Press.

_____. (1975). *Markets and Hierarchies: Analysis and Antitrust Implications.* New York: Free Press.

Wilson, James Q. (1980). *The Politics of Regulation, ed.,* New York: Basic books, Inc.

_____. (1986). *American Government, 3rd ed.,* Lexington, MA.: D. C. Heath and Company.

Wolf, Jr. C. (1988). *Market or Governments.* MIT Press.

Wright, Jonathan B. (2002). *Saving Adam Smith: A Tale of Wealth, Transformation, and Virtue.* Prentice Hall. 안진환 역. (2003). 「아담 스미스 구하기」. 생각의 나무.

Yin, Robert K. (1994). *Case Study Research: Design and Methods, Second Edition,* Sage Publications.

Young, Oran R. (1979). *Compliance and Public Authority: A theory with International Applications.* Baltimore: The Johns Hopkins University Press.

◆ 색인

김창수(金昌洙)

약 력
고려대학교 정경대학 행정학과 졸업
서울대학교 행정대학원 행정학 석사
서울대학교 대학원 행정학 박사
미국 오리건대학교 정책기획학과 Visiting Scholar
현) 부경대학교 행정복지학부 교수
　　　부산광역시 적극행정위원회 위원
　　　게임물관리위원회 규제입증위원회 위원
　　　한국지방정부학회 회장

주요논저
『수질환경정책의 구조와 논리: 한강과 낙동강의 스키마와 메타포』
『공공갈등과 행정이론』
『관료제와 시민사회: 비판과 협력의 이중주』
『행정학의 구조와 논리』
『정책학의 구조와 논리』

정부규제의 구조와 논리

개정판 인쇄   2022년 9월 1일
개정판 발행   2022년 9월 1일

지은이   김창수
펴낸이   채종준
펴낸곳   한국학술정보㈜
주 소   경기도 파주시 회동길 230(문발동)
전 화   031) 908-3181(대표)
팩 스   031) 908-3189
홈페이지   http://ebook.kstudy.com
E-mail   출판사업부 publish@kstudy.com
등 록   제일산-115호(2000. 6. 19)

ISBN   979-11-6801-606-4 93330